U0837512

图解服务的细节
100

笑う店には客来たる　楽しむ人には福が舞う

餐饮创业实战6

喜气的店客常来，快乐的人福必至

［日］宇野隆史 著
佟凡 译

人民东方出版传媒
People's Oriental Publishing & Media
東方出版社
The Oriental Press

序　言

在我开始做居酒屋生意的时候，这一行还没有年轻人当店主。面对尝尽人生酸甜苦辣的大叔大妈经营的历史悠久的店铺，我这样的年轻人再怎么努力也难以企及。

那些老店随着二十世纪八十年代泡沫经济的破裂逐渐消亡。我非常喜欢那些大叔的店，所以内心感到十分遗憾。

另一方面，几乎从同一时期开始，女孩子们开始参加各种联谊聚会，也开始能喝酒了。过去只有男人会去酒吧这种地方，从八十年代开始女孩子们也开始喝鸡尾酒了。这样一来，街上出现了越来越多能提供啤酒和果酒的店，让女孩子们也能毫无顾忌地入内。

既然顾客是年轻的女孩了，在我这个毛头小子眼里就可以按照自己的标准考虑菜品了。我那时觉得自己认为好吃的东西顾客也会喜欢，既然时代是这样发展的，那么我也能开一家吸引很多女孩子的居酒屋了吧。作为男人，毕竟还是希望能有很多女孩子来店里。在开居酒屋之前，我还开过各种各样的店，比如咖啡馆，不过从来没想着要吸引男顾客。

既然顾客是年轻的女孩子，她们喜欢的都不是需要厨师锻炼十年甚至二十年才能做好的专业菜品，而是轻松愉快的菜品。当时，我用乌冬面做过意大利面，做过千层面口感的饺子，顾客们都开心地说，“这道菜真有趣”，“啊，好吃！快告诉我怎么做的”。

我们店的主旨是让顾客开心，让他们露出笑容。不单单是菜品，热情的服务态度、打扫得干干净净的店铺、总是保持整洁的制服，这些努力都是为了让顾客露出笑容。为此，我每天都在拼命思考该做些什么努力。不过比起厨师的辛勤钻研，这些都没什么大不了的。有一个从我的店里独立出去开店的年轻人，最近开了分店，他为了让顾客感受到自己的热情，总是穿着鲜红的圆领长袖衫。门一开，顾客看到穿着鲜红长袖衫的店主一定会觉得眼前一亮，同时会觉得这家店别有一番趣味。

也会有拼命努力却不被顾客接受的情况。不过大多时候，只要店里的员工能够带着开心的笑容工作，顾客的心情就不会差。如果顾客走的时候能说一句“我很开心”，店里的员工也一定会感到开心，脸上自然而然地浮现出笑容吧。

笑容会像波纹一样向四周扩散。如果只是一个人听落语（日本单口相声），完全不会觉得有趣，只有到曲艺场和其他顾客一起笑，才能发自内心地享受落语。我想店铺与曲艺场是一样的。

顾客来店里吃饭一定会比一个人在家吃饭喝酒快乐吧。所以只要能让一位顾客开心，让他露出笑容，就能逐渐吸引更多的顾客来到店里。那些人多的店不都是在有了起色之后，才越来越受欢迎的吗？

每个人都能够露出笑容。所以不管是以前没开过店的人，还是虽然开店很久却为经营烦恼的人，都具备能让生意兴隆的“最重要的武器”。

只要始终保持笑容，人生就会变得快乐。所以，不仅是为了生意兴隆，如果我的想法能让读者更快乐地度过人生，我将备感荣幸。

宇野隆史

目　录

Part 1
刚开始做事情时，谁都是“摸着石头过河”
任何人都能做到的生意兴隆的开店方法

Part 3
正因为是新手才能战胜行家
宇野隆史，与独立开店的前店员讨论开一家优秀店铺的秘诀

Part 1

刚开始做事情时，谁都是『摸着石头过河』

任何人都能做到的生意兴隆的开店方法

1

零基础开店秘诀

❖“不着边际”的做法可以打造生意兴隆的店铺

我的店铺（居酒屋）是修行的地方，希望拥有自己的店铺、以打造自己的小世界为目标的年轻人可以在这里积累经验。我总是对店里的年轻人说，去厨师学校学习做饭要交学费，而在我的店里能学到所有独立开店需要的知识，还能拿工资，你们不觉得很划算吗？

店里的年轻人一般工作几年就会独立出去自己开店，但是刚开始的时候大家都会手忙脚乱。我的店里很少有读到大学毕业的年轻人，他们都不是学霸，也没有在某条道路上有专业级别的能力。虽说我的店铺是让以独立开店为目标的年轻人修行的地方，但很少有人从一开始就有独立开店的念头。

这些年轻人几乎都没有在饭店工作过，会犯些意想不到的低级错误。比如，甚至会有人在我说了“甜虾去头”之后只留下头，把身子扔掉。但是没有关系，就连这个年轻人如今也出人头地有了自己的店铺。

只要在饭店工作几年，自然就能掌握做饭的常识。只要不打算成为顶级厨师，记住居酒屋提供的几种菜品并不是什么难事。但是想象力并不能靠记忆掌握，因此我认为“不着边际”的人更适合开店。因为**他们不会被常识束缚，想法不会被条条框框限制。**比如，从我家店里独立出去的一个年轻人会在兑水烧酒里像搅拌棒一样插上烤鸡杂串端给顾客，是不是很有意思？

也会有一些品行不良的年轻人来我店里打工，不过我觉得越是坏孩子，越要在我们店里被好好教育一番。因为这些年轻人如果能在我的店里改头换面自己开店，将会成为我们店的一笔巨大财富，因为他们能对后来到店里打工的年轻人说“连我都能独立开店，你也没问题”。从他们口中说出的话比我的话更有说服力。而且一点儿坏坏的气质更有魅力，顾客们如果听到“不良店主”关心地对自己说“最近好吗”，一定会很开心。

至于菜品，独立开店后能做什么就做什么。

我刚才提到的做烤鸡杂串烧酒的年轻人在做铁板烧。虽说铁板烧不需要多么高超的做饭技巧，不过那个年轻人的厉害之处在于做过炒面之类的菜品后，会立刻在顾客眼皮底下把用过的铁板清理得锃亮，然后开始做下一份。锃亮的铁板看起来很帅气吧。收拾得越干净，店铺越会显得生机勃勃。这就是我希望店里的年轻人能记住的，让自己的店铺更出色的方法。

如今的时代有很多自由职业者，我想告诉这些年轻人的就是，开一间居酒屋是能让任何人拥有梦想的职业。

如果不把居酒屋老板看成与银行、证券公司、大型制造公司的职员平起平坐的职业，没有人会想要走上这条路。因此我经常对店里的年轻人说，就算大学毕业成为优秀公司的员工，大部分人也挣不了大钱。但如果有了自己的店并去努力挣钱，任何人都能买得起好房子，开得起好车，过上比普通公司员工更好的生活。就算学历不高也不用一辈子为生计发愁。从我的店里独立出去的前辈们已经证明了这一点。

我从心底认为经营居酒屋是不错的生意。

❖迫切希望“拥有自己的店铺”，就能实现独立开店

你们任何一个人都能够独立开店——这句话我对店里的年轻人说得嘴皮都要磨破了。只要迫切希望“拥有自己的店铺”，任何一个年轻人都能独立开店。

可能有人会怀疑：只要有迫切的希望就真的能改变如今的自己吗？但是，如果始终抱有一个信念，这本身就具有强大的力量。前些日子我看了一部纪录片，讲的是一位得了难治之症的男子，他始终坚信自己能够痊愈，最终真的克服了疾病。

与疾病相比，开一家店铺根本不是什么难事。如果希望拥有自己的店铺，可以将写有“拥有自己的店铺”的纸条贴在房间里每天都能看到的地方，比如厕所的墙上，或者床上方的天花板上。每天早上一睁眼就能看到。不断看着纸上的文字，自己开店的想法就会越来越强烈。然后开始每天自然而然地思考要如何让来到自己店里的顾客感到高兴，这一切都会成为通往独立方向的力量。

我的店里有一个年轻人在独立开店前，遇到交通事故瘫倒

在床。这次事故他完全没有责任，结果却落到了只有眼睛能动的地步，我第一次收到他的信时能感受到他失落的心情。他说自己躺在医院的病床上时就已经开始思考现在的自己能开一家什么样的店了。

虽然有不少人想过“总有一天要开店”，但想做和去做之间有天壤之别。只有抱着强烈的“去做”的信念，才能实现梦想。

那个年轻人住的医院位于离车站很远的住宅区，他听医院的护士说那附近没有能让女性毫无顾忌进入的饭店。那个年轻人的父母就住在附近，他知道附近确实只有些鸡肉串店、烤肉店和当地大叔才会去的饭店。于是他在附近开了一家女性也能毫无顾忌地进入的卖铁板烧的店铺，招牌菜是什锦烧。他现在会坐着轮椅去店里，在店里打工的年轻人感受到了他的热情，整个饭店都显得生机勃勃。这是很了不起的。

无论是谁，只要迫切希望拥有自己的店铺，日常的工作也会变得完全不同。

不久前我去自己的一家店里看了看，有一个年轻人做刺身拼盘的方法完全不行，将刺身装到盘子里之后总是需要不停用手调整。如果不能在把刺身放到盘子里之后立刻端到顾客面前，就不会好吃。正是因为他独立开店的想法太弱，所以无法站在顾客的视角看问题。他接待客户的能力很厉害，如果能有强烈的独立开店意识就能一下子成长很多，真是很可惜。

我店里的年轻人都不是专业厨师，所以没办法像寿司店的手艺人那样切出漂亮的刺身。但是他们放搭配刺身的芥末时都不会直接用手，而会用筷子夹起来放进盘子中。整套动作干脆利落，顾客看到后会觉得刺身一定很好吃。如果有独立开店的想法，就能认真思考自己能为顾客做些什么了。

顺便提一句，虽然刚才谈到的刺身拼盘不是店长做的，但是放任年轻人用错误的方法做拼盘依然是店长的不对。因为如果店长不好好教育年轻人，就算年轻人有了自己的店，也无法让店铺生意兴隆。

❖只要能操办一场愉快的婚礼，开店绝对能成功

我到现在为止参加过 100 多场婚礼，大部分是从我的店里独立出去的年轻人的婚礼。我仔细思考过，能操办一场好的婚礼的人一定能成功开店。

因为结婚典礼上的来宾都会给红包，他们会带来 30000 日元或者 50000 日元的红包，如果在婚礼结束后能让来宾觉得满意，就说明这场婚礼给他们带来的感动让他们觉得钱没有白给。能“制造”这种感动的人一定能成功地开自己的店。

婚礼是人生中最重要的仪式。也许有人会将其全部交给会场和婚庆公司操办，不过如果无法独立思考如何导演这样一场华丽的演出，就无法开出有趣的店铺。请好好想一想，在开店时是否能不将店铺的装修全部交给装修公司，不将菜单制作全部交给专业人员？即使规模不大，也应该自己操办一场温馨的婚礼。

有一个刚刚独立不久的年轻人在餐厅举行了婚礼。婚礼开始时他说：“今天，我的第二家店临时开业，请好好享受这家一日限定服务的饭店吧。”有了这一句话，参加婚礼的人一下子变

得开心起来。

也有年轻人在自己不到十坪的店里分三次举行婚礼。他用啤酒券代替伴手礼，对来宾说："有了这张券，来店里的时候可以免费兑换一瓶啤酒，有效期三年。"虽然很质朴，但很有创意。

这些婚礼给我留下了很多有趣的回忆。比如，包括新郎在内，所有人都穿着夏威夷衬衫的婚礼；在酒店举办的婚礼却铺满了榻榻米；把自己做的结婚蛋糕摆在会场正中间的婚礼等。

最近，一些餐厅和酒店也下了一番功夫。

有一家餐厅举办婚礼时使用了开放式厨房。上菜前，厨房所有员工突然排成一列，面向顾客站好。正在我不知道要发生什么时，主厨开始耐心讲解今天的菜品，厨房的员工始终笑容满面地看着大家。我对餐厅婚礼的印象一直是服务员恭敬沉默地送来菜品，而那次员工们笑容满面地上菜的婚礼给我留下了深刻的印象。

我的二儿子独立开了自己的店，他结婚时来了一位有趣的牧师。在教堂举行的婚礼上，会读《圣经》唱赞美诗，因为要讲一些平时不常说的话，会让人有些尴尬。不过那位有趣的牧师说："各位心里都不想说'阿门'吧，其实把这句话当成'大家好'就可以。"这让我的心情一下子放松了。新郎新娘的誓言也没有用死板的语言，而是选择了现代的语言。

我认为那位牧师是希望办成一个让参加的人从心底送上祝福的婚礼，让这场婚礼被大家记住。这与想让来店里的顾客开心是一样的道理。

我觉得就连牧师都能如此顾及大家的心情，我们这些每天在居酒屋做生意的人，如果不能让顾客开心就太奇怪了。

❖为当上一店之主不可或缺的“计划”

有一句话也许大家不愿意听：如果想拥有自己的店，有一件绝对无法避开的事，那就是有计划地存钱。

我出门不会带着记事本，最讨厌被日程表束缚。但如果不能有计划地为开店存钱就什么都干不成。

如果你在饭店打工，因为饭店会管饭，一个月能存下十万日元，工作五年就是六百万日元。有了这些钱，加上贷款就足够开一间小店了。我平时总是费尽口舌地给店里的年轻人讲这个道理。

存钱不仅是为了攒开店的资本，也能让你在思考独立后具体要开一家怎样的店时有个“依据”。我店里的年轻人在开始存钱之前都没有超过一百万日元的存款。因此，一年后当他们看到自己攒下的钱时都惊讶不已，没想到能存那么多。一开始觉得仿佛做梦般的事只要努力就能实现。就连最初感到怀疑、不知道自己是不是真的能开店的年轻人，此时也能够在脑海中勾勒出具体的想法，向着独立开店努力了。之后趁着这股势头，就能一口气接近独立的目标。

如果没有存款，就无法勾勒出自己店铺的样子。就像想去旅行的时候，如果没有预算就无法制订计划一样。大家不都是根据能使用的资金来决定旅行目的地的吗？比如，如果预算充足就去夏威夷。决定了目的地后，脑海中才能浮现出旅行的具体细节，比如要住什么样的酒店，要做什么。这和开店是一样的。

有了一百万日元能做什么，攒够二百万日元就可以做什么。像这样，有了资金后就能有具体的构想。每当存款增加时，对店铺的构想都会更加具体。如果没有存款，一切都是纸上谈兵。而存不了钱的年轻人往往在工作两三年后，开店的目的就不再坚定了。

自己独立后，存钱依然十分重要。只要有钱，能做的事就会变多，对第二家店的规划就会变得具体。

存钱并非难事。可以给自己定下规则，把坐末班车回家的顾客招揽到店里吃饭，在晚上一两点以后取得一万日元的营业额。如果客单价是两千日元，只要有五个顾客来就够了。把这部分营业额存起来的话，每年就能存三百万日元左右。一想到这个数额是独立前一年能存的三倍就会觉得很受鼓舞吧，然后就开始思考能用这些钱做些什么，希望明年比今年，后年比明年挣得更多。

餐饮业是一门生意，因此资金是基础中的基础。如果想拥有自己的店，第一步就是确定一年内的存钱目标，这是成功独立前不可或缺的一步。

❖拿下不容易入手的店面的方法

我的店铺一定不会开在站前大楼那样的地方。离车站稍远的地方，人少、租金便宜的地方，是我选址的原则。因为年轻人的第一家店无法开在租金高的繁华地带。我的店是想让独立开店的年轻人积累经验的地方，所以在开店时做了取舍，希望他们能将在这里积攒的经验直接用在自己的店铺上。

有很多年轻人会把店开在一座小城市的别有风情的小路上，不过最近也有一个年轻人把店开在了东京市中心银座，他努力取得了品酒师的资格。因为考取了资格而充满自信，所以他产生了在银座这个大舞台做生意的想法。

不过，我这里的年轻人要想在银座，选一间能付得起租金的像样房子，当然就要和想要开店的、不同行业的人竞争。所以我告诉他们在听说自己心仪的房子出租时，向房东展示自己十分重要。

如果是租金便宜的小房子，资金尚在其次，房东绝对会看中你的干劲和热情。但一般情况下是无法和房东直接商谈的，一定会通过房屋中介。所以我告诉年轻人最好能做一份简洁的资料，说明自己过去的成就和将来想要开怎样的店，把资料交给对方。这些资料就是你想对房东说的话。如果不做资料，让中介口头向房东传达你想说的话，无论你多么有干劲儿，你的计划多有魅力，价值都会减半。

让餐饮店入住自己的大楼时，房东会有各种各样的担心。比如垃圾处理，用火安全，油烟问题等。那个年轻人拼命思考后，为了打消房东的担心，仔细写下了对每一项问题的处理方法交给对方。最后他成功说服了原本不想把店面租给餐饮店的房东，得到了心仪的店面。所以大家就算不选择银座，只要找到了心仪的店面，准备一份能向房东展示自己的资料是必不可少的。

除了在银座开店的年轻人，在其他城市开店的年轻人也有成绩突出的。比如福冈、大阪、仙台等地。毕竟与东京相比，用同样的资金在其他城市能租到更有竞争力的地段，住房也便宜。

不过，我认为无论在什么地方都可以开一家好店。最重要的是选择能够让自己和顾客最开心的地方。

比如一个在东京练马区开店的年轻人，他的店专注于提供当地蔬菜，第一家店叫“练马的萝卜”，不久后开的第二家分店叫“练马的腌萝卜”，因为萝卜经过长时间腌制就会变成美味的腌萝卜。最近开的第三家店是一家酒吧，叫“labettara”，店里主打酱萝卜，用了意大利风情的店名，在店里可以喝到红酒。

在仙台，还有一个最近刚刚开第四家店、第五家店的年轻人。开第一家店的时候他会热情地与顾客聊天，结果被一个大爷训斥说他太吵，想一个人静静。

但是当时有两个女孩子来店里喝酒，所以他没有在意大爷的话，拼命和两个姑娘聊天，两个姑娘很开心，说以前去的店里从来没有人这么主动地和她们聊天。

我这里的年轻人都不是厨师，没办法默默做饭，然后拿出优秀的饭菜让客户开心，所以炒热店里的气氛，招揽能够享受这种气氛的顾客才是正确的选择。我想这也是一条能成为人气店铺的捷径。

❖起一个吸引顾客目光的店名

该如何决定店名呢？大家开店时一定费了一番脑筋。

一个名叫谅真（ryoma）的年轻人开店时绞尽脑汁，想用自己的名字做店名。但是这个名字无论如何加工都只会让人想到坂本龙马（译者注：谅真和龙马的日语发音相同）。这样一来就没意义了，最后他想出了“稻穗”这个名字。

因为想开一家卖日本酒的店，所以他想到了这个名字。他请我来设计标识，我所有店的标识都是亲自设计的，从店里独立出去的年轻人也经常来找我帮忙。但是“稻穗”无论怎么写都像是小地方的快餐店，于是我们讨论能不能用“稻穗上的水滴”，最后决定全部用片假名，写成“イナホノシズク”。

不使用手写体，而是用充满现代感的铅字，我设计出了以日本国旗为灵感的红日标识，这样看起来很潇洒。

店名最好看起来随性一些。从我这里出去的年轻人有人起过“口水屋”这样的名字，我觉得很不错。与食物完全无关的名字如果起得好也会很有魅力。我之前提到的坐在轮椅上的年轻人把店开在了玉川上游附近，所以店名就写成“玉川”，读作

除了本书介绍的店名外，独立出去的年轻人都绞尽脑汁取了很多不错的店名。有的有趣、吸引人，有的源自自己的名字。上图中的“ちょーちょ”就是一个叫长介（ちょうすけ）的年轻人起的名字。在店名中加入自己的名字，顾客就会自然而然地记住店主的名字，能拉近与顾客的距离。左边的“乐椿”读“RAK UCHIN”，取自“每周去十次的店”概念，店主想开一家能让人轻松光顾的店。

“TAMARIBA”（译者注：日语中为聚集地的意思），一语双关，既是玉川，又是聚集地，很不错的名字。

我们在向别人说明店铺位置的时候，经常会说“就在那边的便利店隔壁”之类的话，顺势取“ASOKONOTONARI”（那边隔壁）也不是不行吧。见过各种各样的店名后，我也不由得产生了这样的想法。

❖如果没有概念，哪怕暂时关店也要重新思考！

有一次，我去了从朋友的店里独立出去的年轻人开的居酒屋。他毕业于东京农业大学（下文简称农大）的酿造科学专业，店开在大学附近，招牌是农大毕业生亲自酿造的日本酒。概念很有趣，店主有很多梦想希望能够一一实现，所以一直很努力。

不过因为店刚刚开张，他想要更有冲击力的卖点。这家店铺所在的街道虽小，但有很多餐饮店相互竞争。在这种地方，如果不能拿出比其他店铺突出两三倍的特色，就无法吸引顾客。特别是店刚刚开业时，是展示自己的绝佳机会，决不能错过。

站在顾客的立场上，多思考站在店外面时人们想要进入什么样的店铺，进来后想吃点什么、喝点儿什么，就能找到为店铺增光添彩的方法。

比如那个年轻人的店与农大缘分颇深。应援团（译者注：这里指日本的偶像粉丝团体）拿着萝卜跳的“萝卜舞”不是很有名吗？我如果是店长，可能会把头发剪成萝卜叶子的形状，并将其染成绿色。这样一来就会吸引人们的眼球，让他们觉得这家餐饮店别有一番趣味。

对店铺来说，重要的是一开始吸引顾客，培养店铺的粉丝。所以就算是在开业后，如果你认为自己的店还没有明显的特色，哪怕关店一周重新思考，也是比较好的做法。

同样是以日本酒为卖点，有一个年轻人的店就让人眼前一亮。

日本酒讲究倒满甚至洒出来，在一般的店里，会当场将一合酒（一合酒相当于180毫升）倒在盘子上或者杯子里，直到满出来。但是日本酒和啤酒、红酒相比，酒精度更高。由于750毫升一瓶的日本酒的酒精度数相当于红酒的六倍，甚至还要高一点，所以用这种方式上酒的话，顾客很少会追加。

这个年轻人的店里会准备100毫升左右的小玻璃杯，以较便宜的单价出售，而且会准备很多种日本酒，方便顾客尝试各种不同种类的酒。小杯子下面也会放上碟子，倒酒时刻意洒出一些。

这家店的主题是，要让不了解日本酒的顾客也能充分享受它。墙上贴着巨大的图表，用于介绍各种日本酒的妙处。从1升装的酒瓶照片剪下酒瓶本来的形状并贴在图上。店里还有其他各种下了功夫的地方，所以生意十分兴旺。

见到这家店的做法后，我的店里也开始提供日本酒了。这样一来经营范围就有所扩展，真的很有意思。

思考如何展示店铺特色时，考察其他人气店铺会很有帮助。

当然人气高的店也不一定都是优点，需要自己判断哪些是优点哪些是缺点，然后把能用到的地方“偷”过来自己用。像这样不断积累经验，对塑造自己店的特色十分重要。

另一方面，我有过这样的经历。

在我去新潟举行演讲的时候，有二百人左右前来听讲，其中大部分是年轻的管理者。因为我听说新潟是有名的日本酒乡，提到日本酒一定会说新潟，但是问过这些参加演讲的人后，我发现经营日本酒的店铺屈指可数，我觉得这可不行。

我问了问大家都在开什么样的店，发现大多店铺都受到了东京人气店铺的影响。他们也考察并努力研究过了，但多数店里还是会提供软饮料、加冰威士忌或者烧酒。演讲结束后，在我们聚餐的店里，我想点 1 升日本酒时，却发现店里只备了一瓶。

这是因为店里主要提供烧酒，但比如开在法国红酒产地勃艮第和波尔多的餐饮店绝对不会没有红酒，因为它们都以红酒为荣。

新潟县有将近一百座仓库，日本酒是它们厉害的武器，如果不能更自信地推销日本酒就太可惜了。因为它们可以堂堂正正地打出“日本第一酒”这样魅力十足的广告词。

考察并学习人气店铺很重要；不去一味地模仿流行也同样重要。要做到这些，只能靠不断尝试并掌握分辨什么该做、什么不该做的能力。

❖去其他店铺考察就像相扑中的出门学艺！

我经常去其他店铺考察。我觉得任何生意兴隆的店都值得一看。

在去之前，我不会事先想好要看什么，是菜单还是装潢。不过难得去考察一趟，一定要从店里学到东西。

很多年轻人在下定决心独立时，对要开什么样的店并没有具体想法。这时就要多去自己喜欢的店里参观学习。

不过我和那些不急于独立开店的年轻人一起去考察时，他们多数时候只关注店里的缺点。大致环顾一圈后，他们会说“这也没什么大不了的”。而让人意想不到的是，一家店的优点很难被注意到。

就算只能看到缺点，也不能认为“这家店没有值得参考的地方”。如果觉得这家店不好，就要思考如果是自己会怎么做，如何让这家店散发出魅力，这样的想法也能在自己开店时起到作用。难得花了时间、花了钱去考察，必须有所收获。

有很多从我的店里独立出去的年轻人，我经常去他们的店里参观。有些人的店我很欣赏，觉得他们做得实在太好了。这种时候我会一下子充满干劲儿，想要开出更好的店。因为我要让在我店里工作的年轻人觉得比在其他店里工作更幸福。

我觉得去其他店铺考察就像相扑中的出门学艺，通过考察、锻炼自己，能让自己的能力提高一两个台阶。

也许有的人周围没有前辈开的店可以参观，这时把所有店当成前辈开的店就可以了。你可能会觉得大爷大妈开的店没有什么值得学习的，不过我认为如果没有“偷师”的能力，就无法开出生意兴隆的店铺。

❖“打扫”能创造出“不会倒闭的店铺”

我每年都会觉得元旦的早晨心情格外好。虽然太阳每天都会升起，不过到了 1 月 1 日，因为心境不同，感觉朝阳都比平时美丽了，所以看着太阳就让人开心。

开店也是一样的道理。

开店后要连续经营几十年。经济形势有好有坏，没有能始终保持上升态势的店铺，所以绝对会出现顾客减少，销售额下降的时候。不过如果消沉地迎来第二天的早晨，阳光也不再明亮了。所以生意不好的时候更要让店铺焕然一新，从头开始。就像用全新的心情迎接新年一样，要用良好的心情迎接第二天的生意。

要想让店铺焕然一新，可以先从打扫开始。热情地招揽顾客和菜品的质量自然很重要，不过我认为干净整洁的店面才是最重要的。顾客减少、营业额下降，往往并不是因为附近出现了新的竞争对手，很多情况下仅是因为店里没有打扫干净。

厨房和桌子附近一般不可能会脏，说不定是灯罩上积了一层灰，或者洗手间堆着乱七八糟的备用厕纸。

让所有员工把所有能够清扫到的地方检查一遍，带着开新店的心情彻底打扫一遍。当能够拍着胸脯保证顾客看到的地方都一干二净的时候，所有员工都会充满自信。这样一来，店铺招揽顾客的能力也会提高。

年末大扫除之后也不能大意，因为最重要的是每天坚持。

我的一家店在生意不好的时候，为了打起精神进行了一次大扫除，而且所有员工都剃了光头。

然后员工的表情也变得精神了。不久后我去看了看情况，店里的年轻人精神饱满地说，他们连管道都打扫干净了。厨房和架子擦得锃亮，店里的年轻人看着干净的环境，从心底感到开心。身处店内干净愉快的氛围中，顾客一定会感受到这是一家好店。

当然，营业额不会立刻提高。不过很多店铺的员工会在将角角落落都打扫干净后，自信满满地说出“打扫得这么干净还没有顾客来，这就是顾客的不对了”。

和农民种水稻、蔬菜相比，打扫是相当容易的。农民辛辛苦苦种出粮食、蔬菜，我们只要切一切，然后装在盘里就能赚钱。所以如果不能好好打扫卫生就太不应该了。我一直觉得再也没有比开居酒屋更轻松的生意了，这份生意很令人愉快。

我希望员工们带着愉快的心情做所有工作，这就是店铺吸引客户的秘诀。无论是打扫还是别的工作，只要拼命去做就能充满自信，最终，效果一定会反映在营业额上。

餐饮店的经营状况很容易受到经济形势的影响，不过倒闭的原因绝对是在店里，因为我们这一行只需要把刚刚花五十日元从蔬菜店里买来的西红柿冷藏后切一切，就能卖到三百日元。和服装店不同，只要顾客走进店里就一定会花钱，所以我们这一行是不会倒闭的。

只要努力，一定能迎来明亮的朝阳。我坚信这一点。

2

做出让顾客开心的菜单的秘诀

❖只用鸡蛋让店铺生意兴隆的方法

大家在思考菜品的时候总是喜欢想一些独特有趣的菜品，不过我觉得真正的人气菜品都是些最普通的东西。

比如玉子烧。不久前，日本昭和时代的国民英雄横纲大鹏刚刚去世。用过去的老话说，年轻人喜欢的东西就是“巨人（译者注：日本棒球队）、大鹏、玉子烧”。可见这道平凡无奇的菜很有竞争力，我想现在依然没有改变。

鸡蛋这种食材，对开餐饮店的人来说并不稀罕，是人气颇高的食材。在所有便利店最受欢迎的关东煮食材中，它都能位列前三，而且价格相当便宜。一盒十个装的鸡蛋只要一百五十日元，做一份玉子烧需要三个鸡蛋，总共只需要四十五日元，而一份玉子烧就可以卖几百日元。

用鸡蛋换着花样做菜也不难，还能与顾客进行互动，比如“要放葱吗？”“嗯，放很多！”这样的对话。在卡座吃饭的顾客还可以点大份玉子烧，两人分着吃。

做不好玉子烧也没关系，如果第一次做的时候形状不好看，还可以当成和顾客之间的谈资，对顾客说“您下次来的时候我一定奉上完美的玉子烧”。一个月后给顾客端出好看的玉子烧时，顾客就会说“有进步嘛”，进而对你的店铺产生感情。

还可以让顾客选，对他们说：“我做得不好，只要二百五十日元，如果选择做得好的人就要四百五十日元。”仅一道玉子烧，就能让顾客感到开心。

一个从我店里独立出去的年轻人在卖大阪烧，将猪五花肉切成薄片卷在蛋饼里，这是玉子烧的一种变形。他会在顾客面前用铁板做大阪烧。

黏糊糊的蛋液在眼前变成一层软乎乎、薄薄的黄色蛋饼，上面铺满肉片。然后卷起来切成段，洒上酱料和蛋黄酱就做成了。顾客可以亲眼看着自己将要吃到的食物在不断地改变形状，就会很愉快。

他在把蛋饼翻面卷肉片时，口中会发出“嘿哟嘿哟”的声音，故意做出夸张的动作。第一次来店里的顾客就会开心地和他一起喊着“嘿哟嘿哟”。不仅如此，坐在铁板旁边卡座的顾客也会随声附和，整个店都变得很热闹。听到顾客精神饱满的声音，店里的工作人员的情绪也会被带动起来。这真是一道相当不错的菜。

如果不是玉子烧，一开始从大众都喜欢的普通菜品做起就可以了。卖常见的菜品的话，就必须在形式上下大功夫。如果将大阪烧平平常常地放在盘子上卖是不会受欢迎的，创造热销菜品最重要的是形式。

❖人气居酒屋的榜样是迪士尼乐园！

顾客来居酒屋就是来放松的，这和去迪士尼乐园一样。去法国餐厅或者高档寿司店时人们都会有些紧张吧，而顾客来居酒屋就可以完全放松，一边开心地喝酒一边吃饭。

因为居酒屋和迪士尼乐园一样，所以小时候的味道和能让人会心一笑的有趣菜品肯定能打动顾客。

有一家店会在威士忌里加日本最畅销的冰棍“嘎吱嘎吱君”，我觉得这才是应该出现在我们居酒屋里的菜品啊。

加入顾客小时候吃过的小零食，这样的菜品是居酒屋最有力的武器。

说得极端一些，居酒屋不需要做出好吃的菜。

从我这里独立出去开店的年轻人把加入大葱的馄饨叫作“融化的意大利饺子”，要是放在意大利餐厅一定会被人嫌弃，在居酒屋就可以被顾客愉快地接受。“不会做饭”反而能成为居酒屋的武器。

❖能让顾客记住的是普通的炸肉饼、土豆烧肉

从我店里独立出去的年轻人，几年之后一般会开第二、第三家店。比起一家店，有两三家的话收入会更加稳定。不过后来开的店通常不会和第一家店一样顺利。我见过不少经营困难的例子。

开第一家店的时候，因为顾客可以直接看到店主的样子，所以难度较低。连饭都做不好的大叔也可以辞了原来的工作，跟顾客说“我不会用菜刀”，然后把食材用手撕碎了做菜，这样的店也很有意思。大叔与顾客聊天时会自然而然地传授自己的人生经验，这样的店很有味道，会吸引很多粉丝。

但是开了第二、第三家店，店主就不能一直留在店里，无论怎么努力，餐饮店的个性都无法像第一家那样突出。在我店里，会因为店长独立出去开店而不断更换，所以有着同样的烦恼。当我觉得店铺缺乏吸引力的时候，就会跟店里的年轻人说要在菜品上下功夫。只要菜品有竞争力，就算不依靠店长的个性魅力也能吸引顾客。

我理想中有吸引力的菜品就是土豆烧肉、麻婆豆腐，总之

一定是常规菜品。不过就算我让年轻人考虑常规菜品，他们也会弄错努力的方向，而总是希望做出让人耳目一新的菜品。但他们这么努力我也很开心啦。

比如，我在自己经营的一家店里点了炸肉饼，结果端上来的是浇上鞑靼沙司的炸好的整个芋头，虽然很好吃，但顾客点这道菜的时候想吃的应该就是普通的炸肉饼，也许当时顾客会觉得这个与众不同的炸芋头也很好吃，不过如果端上来的是好吃的普通炸肉饼，一定能在顾客心中留下更深刻的印象。这就是常规菜品的强大之处。

还有一家店的年轻人提出了一个想法：每天提供一种不同口味的炒面。但万一顾客说“上次吃的炒面不错，今天我还想吃”，你总不能说“今天不提供”吧。能吸引顾客的菜品必须是一直可以在店里吃到的才行。店里一定要有一道招牌菜，这样就能信心满满地向顾客推荐：“我们家的炒面很好吃，来一份儿吧。”

我在福冈的一家店里点了汉堡肉，结果肉上面放着煎鸡蛋和堆成山的洋葱圈。我用刀子切开煎鸡蛋，里面流出了黏糊糊的半熟蛋黄。真是惊人的菜品，虽然称不上新颖，但给人留下了深刻的印象。我想能吸引顾客的就是这种菜品。

决定了要在菜品上下功夫，就算不是经验丰富的厨师，要做出好吃的炸肉饼和炒面也一定不难。只要一直在做固定的几道菜，一定会越做越好吃的。能做出好吃的炸肉饼的话，炸牡蛎和炸虾也就不在话下了。常规菜品的优势就在于，可以像这样不断给店里增加其他有竞争力的菜品。

我认为只要有五个有竞争力的常规菜品，顾客一定会来，也就有资本开第二、第三家店了。

❖猜拳时出得慢，完全不丢人！

在其他店里打过工，后来自己开店时，有的人会很在意独立性，觉得模仿其他店铺是很丢人的事。**不过我认为模仿完全不丢人，考察过其他店铺后就应该尽量吸收优秀的部分，然后加入自己的特点。**

从我店里独立出去的年轻人在开店前一定会考察所有前辈的店，就是为了吸收别人优秀的部分。不需要多虑，因为即使模仿也可以加入自己的想法，以发挥最大效果。

我还鼓励年轻人模仿我的店里他们觉得好的地方，模仿菜品也没问题。开店的时候一定要足够贪心。我也听说过，有的店不允许店里独立出去的年轻人从同一个供应商那里进货，但我完全不在乎。

我经常和店里的年轻人讲“恩情和缘分”。要想报答我的恩情，在我店里工作的时候拼命努力，让店里生意火爆就足够了，离开之后我们之间剩下的只是缘分。所以我不在乎他们模仿店里的东西，也不在意他们从同一个供应商那里进货。被模仿的店，一定是会被人嫉妒的好店，所以被模仿是最让我高兴的事。

一个从我店里独立出去的年轻人开了一家非常不错的店铺。他吸收了前辈店里的菜品，巧妙地做出了自己的风格。

比如，蒸蔬菜。他参考了卖蒸煮菜品的前辈的店铺，不过他是把蒸笼交给顾客，让顾客按照自己的喜好装蔬菜，能装多少装多少，然后放在大蒸笼上一起蒸。店里还为顾客准备了两种尺寸的蒸笼。顾客喜欢自己动手的参与感，现场制作的感觉也很好。

这个年轻人不擅长炒热气氛，所以采用了这种能让顾客自己动手得到乐趣的菜品，我觉得是很不错的想法。

他原本想要找一间 10 坪左右的房子，但现在的店比当初设想的大两倍。店铺附近有大学和住宅区，从私营铁路车站徒步到店里只需要两三分钟，店位于一座大楼的一层，租金也很便宜。他打电话找我商量的时候，我仅听了这房子的地理条件，就对他说挺好。只听他说说，我的脑海中就浮现出了店铺的样子，这可是从来没有过的事。

不过店刚开业的时候一直门可罗雀，所以我建议他把里面的位置与外面用纸拉门隔开，减小店铺的面积，然后把门口附近的区域改造成露台座位。路上的行人看见居酒屋的门口有人在喝酒，自己也会想喝一杯吧？

我建议他故意把店里的面积缩小，让店里看起来很热闹，只在周末的时候打开纸拉门增加面积。然后顾客越来越多，不是周末也不需要关上纸拉门了。

这个年轻人从我店里独立出去后一直在找房子，等了两年半才终于开业，不过他的店最终成了一家充满魅力的居酒屋。看到年轻人开出这样的店是我努力的原动力啊。

❖挂出“有些脏的日历”的店铺能够吸引客户

我最近想了很多，思考居酒屋要怎么做才能生存下来，因为从我店里独立出去的年轻人中，有的人店里生意不太好。于是为了给以后将要独立的年轻人和这些经营不顺的人一些刺激，我开了家新店。

我想开一家不会让顾客感到寂寞的店，座位的面积很小，顾客与顾客之间的距离近到可以碰到对方。我画出图纸后，进行了长时间的比较，最后决定在13坪的店里设四五个座位。

菜品一盘在二百到四百五十日元；生鱼片双拼要八百日元左右；饮料无论大中小瓶，一律每瓶四百八十日元；一杯酒三百日元起。店内还会提供温好的日本酒。我想将其做成过去高架桥边老式居酒屋的感觉。

我以前为了开出有人情味的店铺，一直会参考小摊或者高架桥边的老式居酒屋，最近在反省新开的那些店是否有些太整洁了。**那些挂着脏脏的日历，人与人之间能充分接触的平民居酒屋，是一定不会倒闭的。即使是那些在啤酒箱上搭上木板当作桌子的小摊，也会有顾客开心地光顾。**这些店铺都是有意做成“不过分整洁”的样子。

关于菜品，我一直参考商场地下小吃城的熟食，最近喜欢参考便利店里的熟食了。大型连锁便利店里会有很多种熟食，无论什么时候都很受欢迎。比如，味噌青花鱼、土豆沙拉，还有各种油炸食品。这些都是居酒屋该有的菜品啊。便利店的菜品都是经过充分研究是否会畅销后，才摆上货架的，没理由不拿来参考。

和商场地下小吃城的熟食相比，便利店的品种更接近于家常菜。我想，比起很受欢迎的章鱼番茄沙拉，大家终究还是希望每天都能吃到味噌青花鱼这样的家常菜吧，毕竟这是便利店常备的菜品。

就算只有和便利店一样的菜品，吸引人的方法依然多种多样。比如居酒屋的炸鸡都是刚出锅的。而且这里很有人情味，只要居酒屋的菜品价格合适，居酒屋和便利店相比，绝对是更好的选择。

还可以推荐给进店的女孩子。不过一定要注意，“和顾客聊天”并不是最终目的。在我前几天去考察的一家店里，员工拼命和顾客搭话，结果给人这家店没什么顾客、店员都很闲的印象。

在餐饮店，人们希望看到的景象是员工满头大汗地在店里跑来跑去，甚至没空和顾客慢条斯理地说话。比起和员工聊天，顾客也会更喜欢这种充满活力的店吧。如果想要开出这样的店，那么“和顾客聊天”就不该是服务的目的。

❖店里生意不好时，不花钱也能完成翻修

店里生意不好的时候，一般人都会想翻修一下吧？不过我认为就算花几十万日元翻修，也不一定能让顾客满意。

有一个方法，就算不花钱，也可以让客户满意。重要的是翻修时自己要乐在其中。

比如我在街边开的三轩茶屋就在澡堂对面。天热的时候容易出汗，人们会想去澡堂洗个澡凉快一下。所以我在店里准备了肥皂和毛巾，顾客可以租用。这样店里的员工就能给顾客提出建议，请他们去对面的澡堂洗个澡。就算顾客忘了把肥皂和毛巾还回店里，也不是什么太大的损失。重要的是这么做对茶屋的生意有很大帮助，而且顾客会觉得我们的店别有一番趣味。

那家店门前有一棵很大的柿子树，我觉得没理由不好好利用，于是想提供一道能将柿子树叶作为食材、让人记得住的菜品。于是便把绿叶铺在生鱼片下面，或者把完全变红的叶子铺在白色的章鱼刺身下面。

我还想到了可以把叶子用盐腌制后，做成柿子叶寿司。实际用门口那棵树的叶子做菜品时，其实不太容易。但在菜单上

加上“柿子叶寿司”后，门口那棵树就成了店里的招牌。柿子叶落了后会再生长，不用的话就浪费了。有了这个招牌菜，顾客一定能记住我们的店。

就算想不到特别新颖的点子，看看自己的周围环境，也会发现隐藏的“武器”，一定能让顾客感到有趣。

我的一家店的招牌菜是，把在高汤中熬了一整晚的鸡炸过之后切成两半。每一份是很有分量感的半只。把熬制的鸡汤盛在罐子里放在桌上，旁边还放着芝麻和干裙带菜的小杯子，供顾客免费食用。鸡汤当然很好喝，顾客能喝到的话一定会很高兴吧。

生鱼片不切成薄片而是切成大块的话就会完全不同。我店里的年轻人都没有精湛的刀工，所以选择了切成大块，反而显得很有分量感，会让顾客觉得很满意。

店里的微波炉贴着一张纸条，上面写着“陈莲迅厨师”。服务员会开玩笑地问顾客：“您希望我来做还是这位厨师来做？”

我的另外一家带阳台的店推出了“橄榄球啤酒”。橄榄球比赛中不是会在选手倒下后用水壶往其头上浇水吗？这家店把啤酒装在水壶里挂在屋顶上，定价单上写的是一个球多少钱。路过的人也能看到装着啤酒的水壶，他们不知道这是什么东西，所以会感到很好奇。

毛豆是居酒屋必备的菜品。追求味道的人会去饭店食用，因为饭店的毛豆很入味，两边的豆荚都切开了，看起来绿油油的。而我们店里提供的毛豆会用鱼露和大蒜调味，很有意思吧。顾客吃过后会开心地说：“啊，这个毛豆是鱼露味道的！”

我认为只要稍微换个角度，就能创造出比花了钱更让客户满意的店铺。

❖没品位也 OK！人气手写菜单的秘诀

我的店每天都会让年轻人手写当天的推荐菜品。**推荐菜品是相当好的“武器”，它可以向顾客展示店里重点销售的菜品和饮料。为了表现诚意，手写的菜单一定比印刷的更好看。**

从手写菜单可以看出字写得好不好看，设计得有没有品位。不过**就算没有品位，也能展示引起顾客注意的“畅销菜单”。方法很简单，只需要在菜名周围留出两到三厘米的空白。**

就算是擅长设计菜单的年轻人，也经常会用力过猛，在一张纸上写满菜名。虽然写满整张纸看起来有气势，但实际上这样就无法加入菜名之外的内容了。重点在于纸张要留出空白。

有了空白就可以画插图，可以加上一句俏皮话，也就能看出写菜单的人的想法。为了突出最想推荐给顾客的菜名，插图画得不好也没关系。艺人的宣传画不也是那些画着一些简单插图的更为珍贵吗？

最能增加手写菜单魅力的是印章。盖上印章就好，很简单吧。如果没有写有店名的印章或者其他合适的印章，将青椒和洋葱之类的蔬菜切开，然后沾上墨水按在菜单上也很有趣。

不过如果一开始就下意识地留白，会在写菜名的时候畏首畏尾，笔锋会随之失去气势。我教给店里的年轻人的方法是，先写满一张纸，然后缩印成百分之七八十的大小。

制作推荐菜单的时候还有一点必须注意，那就是必须精简品种。为了吸引顾客的目光会想要在推荐菜单上写很多，但是写得太多的话顾客就不会仔细看菜单上的每一道菜了。所以首先要在推荐菜单上写上当天特别推荐的三道菜，然后加上能感受到季节性的菜品和饭后甜品，总共写上几样就好。

顺便提一下，写在推荐菜单上的都是“重点销售的菜品”，每道菜都要有一晚上卖出三十份的觉悟。如果自己规定，只有这样的菜品才能写在推荐菜单上，那么能写上去的菜品就不多了。

最后，我教大家一个手写菜单的诀窍。

大家都会在纸张最上面写上当天的日期吧。如果不仅写日期，在旁边再加上一句描述天气的话，比如“今天很热啊”，就能让客户在看到菜单的时候感觉到和店里的人产生了交流。这是仅通过一张纸就能完成的交流。可以说菜单是让店铺生意兴隆的有力武器。

相反，我有绝对不会放在菜单里的内容，那就是照片。因为比起把照片加入菜单，让顾客亲眼看到原材料或菜品更能抓住他们的心。让顾客看到厨师把土豆和肉放在大锅里炖的样子，对顾客说一句“这个很好吃”，顾客也许就会点上一份儿。而照片绝对没有这种效果。

❖奥运会与做生意的共通点

我在看对奥运会选手进行的采访时，经常能注意到有拼命练习后拿到金牌的选手和比赛前一天晚上睡不着的选手。

也许拿奥运会选手做比较不太合适，但我也曾因为担心第二天的生意而无法入眠。运动选手为了在比赛中取胜，会坚持进行严格的训练，每天都认真思考如何取胜。我们做生意的也要为了“取胜”考虑到各个方面，为经营做准备。

就像在运动的世界，如何击败对手的答案不止一个，居酒屋的取胜方法也千差万别。提供以西红柿为原材料的菜品时，要考虑：是要上一整个西红柿，还是切成薄片，或者做成西红柿汤？调料要用盐还是蛋黄酱？因为仅一个西红柿就有各种各样的做法。搭配热蘸酱的蔬菜是直接端给顾客还是装在筐子里呢？对于这些事，我们可以想到各种各样的方法。

自己的店以什么取胜？绞尽脑汁充分准备后真的能吸引到顾客吗？有了自己的店之后，大家肯定会担心得不得了。我曾因为压力太大头顶出现了斑秃。不过我觉得有了自己的店之后感到不安，这是一件很好的事情。

因为会感到不安，所以会拼命思考如何解决，结果可能并

不顺利，但只要继续努力去想为什么会失败就可以了。

在运动的世界里，实力很强的选手也有失败的时候，比赛结束后他们会分析失败的原因。是因为状态没调整好，还是技术不够成熟？失败一定有其中的原因。做生意也一样，只要解决了一个个失败的原因，下次一定能够“取胜”。

一位奥运选手曾说过：“我在参加奥运会前懂得了失败，于是变得更强。”我们也一样，有“失败”的经验才能开出更好的店。就算店铺一开始生意不好，不断积累“失败”的经验，就一定能取得成功。

怕的是，在开店后就心满意足而不愿意与别人竞争。要知道，店开业后不过是站在了起跑线上。

不愿意与人竞争的年轻人所开的店，从菜单上就感受不到干劲。只要有热情，哪怕有几个错字也没关系。但只用简单文字排列的菜单完全没有竞争力。奥运会也是如此，在比赛中取胜的选手个个气势十足。店里的菜单也是一样，如果没有气势，写的时候没有想着“一定要让顾客高兴”，就无法向顾客传达自己的心意。

我旗下那些没有气势的店，菜单就和其他店不同，在没有气势的店长手下工作的年轻人很可怜啊。在店里打工的经历会成为年轻人独立时的经验，但这样的店无法给他们提供力量。

既然决定做生意就一定会有不安的感觉，我认为重要的是如何让不安转化为自己的力量。

3

抓住顾客心的服务的秘诀

❖大型连锁店一定比小店厉害吗?

有人说如今的时代对开居酒屋的人来说很严峻。不过我们和大型连锁店不同，可以根据每天店里的气氛改变招待顾客的方式，从而让自己的店跟上不断变化的时代。小店的强项在于，可以即时满足顾客的需求，而按照手册招待顾客的大型连锁店做不到这一点。

说是要认清店里的气氛，但其实并不需要做多么了不起的事。比如不久前，大家还都觉得居酒屋是给顾客打气加油的地方。所以我店里的员工都会大声招呼顾客，让店里热热闹闹的。

但是前几天我看电视上说，一家有一百人以上的大企业把保持居酒屋员工那样的高涨情绪写在了员工手册里。我开始考虑如果这些员工在公司必须打起精神，那么他们也许希望在居酒屋的时候能放松一下吧。

以前我的店里经常举行活动，会大声跟顾客说“现在要做五份玉子烧，想要的人举手”，但现在我觉得也许单独向每个人推荐的销售方式更好。当然都是用与顾客友好交流的语气，而不是照本宣科的推销。

最近，我在自己店里试吃的土豆沙拉很好吃，却卖得不好，我建议店员跟顾客推荐的时候说，土豆沙拉搭配流行的莫希托鸡尾酒非常不错，后来销量真的上去了，连莫希托鸡尾酒都能每天卖出去一整瓶了。

现在是大型连锁居酒屋席卷城市的时代，所以大家对居酒屋的印象与过去完全不同。顾客不会因为对一家店有感情光临，而是因为便宜、应有尽有、就在车站前面等因素，会想随便去看看。这让我产生了强烈的危机感。

经营数十年的小店老板是充满个性的大叔大妈，会提供关东煮和炸鸡，且充满人情味。我认为这才是居酒屋原本的样子，让顾客认准一家店而一直光顾。

前段时间我听说有一家居酒屋的店主年纪大了，想要关店。一位几十年以来一直光顾此店的老顾客接手了这家店，而之前他从来没有涉足过餐饮业，这真是一段佳话啊。

和真正的居酒屋相比，我们的店不过是“山寨居酒屋”。不过就算路边到处都有自动售货机，通过增加服务项目也能提高销售额。我听说有的自动售货机旁边会有大妈对顾客说

“辛苦了”，这样的自动售货机销货量最高。普通的自动售货机其实就是连锁居酒屋，会有人跟顾客搭话的自动售货机则是个人开的小店。就连自动售货机都会因为旁边有人跟顾客搭话而提高销售额，个人经营居酒屋的优势应该更大才对。

❖小店才有的“家庭感”是什么？

最近，不追求价格便宜，而是追求更高价格的“高级感”或者拥有“附加值”的商品逐渐增加。我开始思考居酒屋的“附加值”是什么。

我经常去打高尔夫。以前高尔夫球场的管理者只会对顾客点头致意，最近开始和每个顾客打招呼了。会说些“您冷不冷？”“最近怎么样？”之类的客套话。休息室的咖啡，以前必须叫工作人员来添，现在工作人员会主动来添了。变化真是很大。

有了好的服务，顾客的心情确实会好。但可怕的是，顾客会逐渐习惯这样的服务。习惯了之后就会觉得理所当然。所以如果只是按照员工手册的要求打招呼、倒咖啡，就无法让顾客感受到附加值了。

如果想提供让顾客感受到有附加值的服务，就要记住每位顾客的一件小事，至少要记住名字。

比如记住顾客上一次光顾时穿的衣服，能在顾客这次来的时候对他说“上次您穿的红衣服很不错，这件黄色也很适合您”。顾客会觉得连这种小事都有人记得，一定会很开心。

另外，**我认为没必要提供特别花钱的服务。自掏腰包能够提供的服务是有限的。无论是内部装潢还是菜品，都不是一定要花钱才能体现出“附加值”。**

比如将在路边摘来的小花做装饰，店里的氛围一下子就好很多。像我们自己开的这种小店，在装龙舌兰酒的小玻璃杯或者放辣椒油的空瓶里插上野花，会比从花店里花几千日元买的花更有魅力。

不过由于所有店铺都可以插上花来装饰，所以要想体现出“附加值”，就需要做得更进一步。

拍一张摘来的花的照片，将它挂在卫生间里，并在旁边写上一句话：“这是我在上班路上发现的小花。在寒冷的空气中，它在红绿灯旁开得正好，使我的心情一下子愉快起来。”仅一朵花就能让顾客看到一段故事，这样一来顾客一定会很开心。顾客会惊讶地发现店主看上去是个粗人，其实也有细致的一面。

我的一家店会给顾客提供一些有“附加值”的服务。店里有一道菜，是把鸡肉放在烤热的石头上端到顾客面前，然后给顾客提供半张报纸，请顾客把报纸挡在胸前。顾客一定会好奇之后会发生什么吧。然后让顾客从盐、味噌酱和甜酱这三种配料中选一种，倒在冒着热气的菜品上。

刚才给顾客提供的报纸是为了防止酱料和油汁溅到顾客身上，是围裙的替代品，但比直接提供围裙让人兴奋得多。

我想我们这样的小店追求的“附加值”就是这样的东西吧。

❖让普通刺身拼盘散发魅力的方法

有一家被大家热议的酒吧，里面所有菜品一律五百日元，包括杯装的饮料在内。那是一家只有十几个卡座的小店，不过每天顾客都络绎不绝。

定价一律五百日元是很容易宣传的酒吧特色。可以对顾客宣传每道菜只用一个硬币，而且店里也能有利润。假设一位顾客点了两道下酒菜和三杯饮品，客单价两千五百日元，利润不小。

不过这家店的最大特点是，店主会亲自在柜台后面招呼顾客，会向顾客介绍菜品和酒水，和顾客聊聊天。我想如果店主不亲自来店里，就算使用同样的菜单，生意也很难兴隆。

顾客不是仅因为有好吃的食物才感到满足的，因为有了和店主的交流，顾客才会从心底觉得度过了一段充实的时光而感到满足。其实交流比一律五百日元的菜品更有价值。

在我旗下的店里，那些员工和顾客关系亲密的店铺生意都很好。

一对上了年纪的夫妻去一家开在住宅区的餐饮店时，点了一份刺身四拼。店里的年轻人觉得两个人吃会比较花时间，刺身放到最后就不凉了，于是便分两次上，每次上两种，这让两位顾客非常高兴。原本一道普普通通的菜，因为服务员动了脑筋而变得特别。

这家店里有自制的盐腌章鱼，可以成为与顾客交流的话题。做法是从鱼店供货的老板那里学到的，把章鱼稍微晾干一些，减少水分味道会更浓郁。每次给顾客免费夹两筷子就能自然而然地搭上话了。

我店里的员工都很年轻，所以成熟的顾客对鱼贝类的菜品并没有太大期待。如果能做到刚才提到的分开上刺身，或者提供盐腌章鱼那样的服务，顾客就会因为感受到一种反差而心动。

如果刺身剩下一些碎屑，可以先端回厨房，和切碎的紫苏叶调好后，撒上芝麻和酱油提供给顾客。这样一来不只能让顾客高兴，也许还可以和顾客搭上话，会出现“你怎么知道我喜欢刺身碎屑的？”“啊呀，我都知道！”这样的交流。

我经常对店员说可以把油炒白萝卜皮免费提供给顾客。等顾客杯子中的烧酒只剩一口的时候端出这样的小菜，说不定顾客会再续一杯酒。

不过不能把这种服务当成规定，否则今后不管免费提供什么小吃都无法吸引顾客了。应该在不经意间端出小吃，让顾客尝尝看。我认为只有端出亲手做的小吃，或者让顾客感受到人情味，顾客才能真正感到开心。

❖牢牢抓住顾客心的温暖的服务

每年2月之后，都会持续出现一段寒冷的日子，这是店铺吸引粉丝的好机会，因为这段时期比较容易提供能让顾客高兴的服务。

比如，我儿子独立后开的店里会在餐前给顾客提供热汤和面包。其他年轻人的店里也会给顾客提供一小碗丸子汤。

从我店里独立出去的年轻人一般都会把店开在离车站较远、人较少的地方。所以如果给冒着严寒走了一段路后，来到店里的顾客，提供马上能让身子暖和起来的食物，他们一定会很开心，而且会记住这家店。在顾客离开时提供暖宝宝也是一项不错的服务。

另外，冬天最好在开店前就摆好桌子。这样一来，就算顾客在店铺营业时间之前就来了，也不用站在寒冷的空气中等待。即使顾客来的时候，开店的准备还没有做好，也可以先让顾客进店，不要站在冷风中等待。店里只要能提供热汤或其他能让顾客身体迅速暖和起来的热饮就可以了。

不过，仅让顾客暖和是不够的，就算是冬天，也有顾客愿意去露天的小摊吃饭，一边说着好冷一边笑着喝壶里提前温好的酒。总而言之，顾客在寒冷的天气里，也不一定会想去能提供温暖的店铺，他们还是会被气氛温馨、充满魅力的店吸引。

因此，真正打动顾客的不仅是提供各种服务。即使提供免费热汤和暖宝宝，如果所提供的仅是例行公事一样的服务，就无法将店铺的心意传递给顾客。

我觉得比起这样的服务，在顾客进店时说一句“外面很冷吧”，反而更能抓住顾客的心。

我每次去京都都要去一家居酒屋坐坐。那家店就像以前的庶民酒馆，大妈对顾客的服务特别周到。看到年轻顾客吃鱼不熟练时，她就会走过去说一句“笨手笨脚的啊”，然后帮忙用筷子挑出鱼头上剩下的肉，然后说：“你这个笨蛋，还剩这么多鱼肉呢。”虽然嘴巴很毒，但是让人心里暖暖的。

那家居酒屋生意兴旺，总是满座。有一次后面有顾客在等，而前面吃完的顾客迟迟不肯走，于是老板娘就对他说：“对不起啊，后面还有顾客在等，能不能把座位让给他。”如果只说这句话那是再平常不过，但老板娘加了一句，“如果下次你来店里的时候出现同样的事，我也会帮你跟前面的顾客说的”。只加了一句简单的话，却一定能让顾客记住。

能想到给顾客提供暖身子的食物自然很重要，但如果其中没有包含感情，就起不到作用。所以在提供热汤时说一句“暖暖身子吧”更重要。只做一件简单的事，就能让店里生意兴旺起来。

❖居酒屋的店主给顾客施的“魔法”是什么?

我之前说过，人气高居酒屋以迪士尼乐园为榜样。主题公园为了不破坏“梦与魔法的国度”的氛围，绝不会让游客看到背后的机关。我认为居酒屋也如此。

我在路上看到餐饮店的门上贴着休业通知时，经常会感到不解。大家经常会在店铺外面看到“因病休息两天”之类的纸张吧。我不理解店主为什么要写“自己生病”，如果医生说“我要因病休息一个月”，病人就不会想去他的诊所了吧。居酒屋也一样，顾客是想来居酒屋放松的，如果知道店主病刚好，顾客就会心存顾虑而不想来了吧。

没有必要写“生病”，既然要休息，不如写“去温泉旅行暂时休息”，这样会让顾客觉得店主人的生活很愉快。居酒屋也需要这样的“魔法”。

让顾客开心就是居酒屋的本事。迪士尼乐园可以让米奇和米妮招呼顾客，居酒屋则需要店主本人让顾客开心，但有不少店主忽略了这一点。

最近我去附近新开的一家店看了看。那是一家注重菜品质量的居酒屋，会提供腌明太子，土豆沙拉里会放百合根，做菜方法很讲究，每道菜都要几百日元。

但店主大叔总是一言不发。我上次去的时候带了朋友，感觉不能一个人来这家店，因为没人说话会感觉很无聊。

很多居酒屋的店主都不太会说话。如果自己不太会说话，那必须想别的方法来招待顾客，招几个擅长和顾客交流的年轻人就不错。

❖开放式厨房不是做饭的地方！

近来有很多家店会设置顾客能看见的开放式厨房，却有不少店铺难得用了开放式厨房，厨房却死气沉沉的。

既然选择开放式厨房，里面工作的人就必须充满活力。如果是高级餐厅，也许顾客看到主厨在厨房里认真做菜就会很开心，但像我们这样的居酒屋，并没有让顾客参观的出色做菜技巧。如果不能让顾客开心，开放式厨房就失去了意义。

有些店在做油炸食品的时候，故意让火焰蹿得很高，可以看出他们想让顾客开心。从我店里独立出去的年轻人在做稻草烧时，会让火焰直蹿到天花板上以让顾客开心。灶台周围是透明玻璃，所以从吃饭的地方看得很清楚。

不过像做普通菜品，切刺身、炸天妇罗的时候，也不能用普通的方式来做。居酒屋不是高级餐厅，菜做得不好吃也没关系，我们的工作是考虑怎么让顾客开心。**做饭绝对需要现场感，厨师的每个动作和每一声吆喝都必须让顾客兴奋。**我一个人经营居酒屋的时候，虽然做饭很外行，但一定会一边吆喝菜名一边做，比如一边喊“意大利面”，一边颠平底锅，以让顾客开心。

厨房有各种各样的工作，所以要仔细想想怎么样才能在做这些工作时展现出自己最帅气的一面。如果不知道怎么做，可以模仿其他能把工作做得帅气的员工。如果能让顾客觉得你很帅气，那么他们在店里的时候会开心，你也会有干劲。

为我的店做设计的人说过，有些店提出想要做开放式厨房的要求时，会提出各种限制，比如这不能看、那也不能看之类的。

我的店里连洗碗池都可以让顾客看。因为只有将其展现在顾客面前时，它才能始终保持干净。否则一定会变得乱七八糟。难得选择了开放式厨房，所以一定不能弄得乱七八糟的。

❖利用服务创造出完美无缺的终极菜单

鸡肉、绞肉、洋葱、土豆，鱼一般指三文鱼和鱿鱼这些成本低的食材，这些无论在什么时候都是居酒屋的好伙伴。

之前我也说过，我的一家店有一道人气菜品，即把鸡肉放在烧热的石头上端给顾客。顾客可以看着鸡肉在眼前发出嗞啦声，浇上酱汁后立刻香味扑鼻。虽然鸡肉是普通的鸡肉，但顾客经常会问："好吃！这是哪里的鸡肉？"店员这时就会开玩笑地回答："我家的鸡肉是没有名气的'别扭鸡'。"这样一来又能让顾客开心一次了。

像我们这种没有好厨师的店，考虑菜品的时候只能"要些小聪明"了。比起考虑做什么菜，要多考虑怎样给顾客推销，怎样让顾客开心，怎样能开发出人气菜品。在现实中，同样的鸡肉菜品在不同的店里也可能卖得不好。好的服务才是不需要成本的终极完美菜单。

比如我刚才提到的那家店，会提供用醒酒器装的酒水，价格便宜，只需要九百四十日元。而且会倒得很满。

如果在厨房就将醒酒器斟满，就没办法一滴不洒地端到顾客桌上了，所以这家店把酒倒到醒酒器的瓶口部位，然后把另外准备的玻璃杯中的酒当着顾客的面倒进瓶中，并对顾客说“我们店会把酒倒得很满哦”。有时杯子里会剩下一点点，店员就会自己喝掉，开玩笑地说：“嗯，这酒有八十年了。”在这些地方下些功夫就能让顾客露出笑容，便宜的酒喝起来也感觉美味了。

4

人气的秘诀

❖以成为门口排长队的店铺为目标！

最近，在我店里见证过生意红火的日子，也经历过忙得晕头转向的时代的一部分年轻人成功独立出去了。而店里其他的年轻人对生意红火的概念已经很淡了。

以前，店门口总是排着长长的队。店里开发菜品时一定会拼命思考如何让味道更好，而且能轻松做出很多菜品。但现在的年轻人没见过顾客在门口排长队的场面，所以总喜欢做一些需要放好几层食材的千层酥，或者很费功夫的菜品。在我们居酒屋这样可行不通。

如果一开始就觉得顾客能坐满八成座位就不错了，那肯定无法经营出坐满顾客的店。就算在经济不景气的时候，也要以生意兴旺为前提，开发出不让顾客久等、能立刻提供的菜品。

二十年前，我们店里还有拌豆腐。当时我想用便宜的豆腐做成一道吸引人的料理，不过试着做了炸豆腐之后发现，店里生意好的时候根本顾不过来做这道菜。于是我想到了把香菇、蒸鸡胸肉和豆腐拌在一起的一道菜，这道菜卖得很好。我们应该开发的正是这种能在店里生意好的时候立刻做得出的、让顾客满意的菜品。

至于销售方法，不能一味贪心。即便在泡沫经济时期，也不会一口气做三十份，到了晚上十点还剩十份。那时候人家觉得不妙，就会拼命想办法卖掉，于是就掌握了有效的销售方法。

现在一开始只会做二十份，但这样一来就永远没办法掌握有效的销售方法了。

原本以为一道菜能卖出三十份，实际上却只卖出了二十份。这时就要思考为什么会剩下十份，然后调整销售方法。比如在卫生间的门上贴上这道菜的宣传单，在卫生间里面贴也可以。

写菜名的时候也有讲究，比起只写“饺子”两个字，写上“饺子外皮筋道肉馅多汁，强烈推荐！”会给人完全不同的感觉。我把这个告诉店里的年轻人后，他们都说会拼命给顾客推荐，但毕竟不可能向每个顾客都推荐到。所以一定要充分意识到菜名是销售的利器。

我的一家店里卖内脏锅，但没有任何人点。顾客来的时候，店员会说：“您想吃点儿什么？”这样是不行的。因为店里主打内脏锅，所以一开始就要问“您要几人份的”，如果顾客不知道这家店是卖内脏锅的，就要使劲宣传自己：“您不知道啊？我们店的内脏锅很好吃的，是这条街最好的！”

后来店里的年轻人发现是销售方法不对，改正后销售额涨了四倍。只要想提高销量，就一定有方法。**我认为平时就要保持对销量的高期待值，然后思考销售方法。**

❖顾客希望听到推荐！

有一次我去儿子的店里参观，他们在做营业前准备的时候会把音乐声音调得很大。我觉得这样不对。很多人会觉得听着音乐做准备工作，工作的心情会变好，为什么不行？我觉得准备工作是正式开门做生意前，非常重要的一段时间。

做准备工作时必须一边动手一边认真思考一会儿需要如何销售，写推荐菜单的时候也是一样，边听音乐边做是万万不可的。

如果要放音乐，应该在思考结束之后，在要干劲十足地招呼顾客而准备的时候再放。要想开一家生意兴隆的店，就必须时刻集中精力思考如何销售。

前一阵，我店里有个年轻人说想从菜单中把关东煮划掉。我问他原因时，他说因为卖不出去。

但如果卖一串一百五十日元、四串五百日元，规定煮好之后顾客自取的话，第五串免费。有了这样的“自主式关东煮”，一次点四串的顾客一定会大幅增加。顾客看着关东煮的锅，并和店员商量哪个好吃，一定会很开心。现在便利店的关东煮都卖得很好吧，便利店的店员不需要特意推荐，只需要站在收银台前就能卖出关东煮，何况居酒屋呢。

有一家肉铺，现在已成长为大企业，以前店铺生意不好的时候会特意将香肠切成两半，以“破损香肠”名低价销售，结果销量飞涨。这个想法很厉害吧，只要想提高销量，就一定有方法。餐饮界不存在“卖不出去”的道理。只是对顾客说简单的一句话，销售结果也会完全不同。

寿司店也一样，对顾客说“来一份窝斑鲦怎么样”，顾客就不会很感兴趣，而如果说“今天的窝斑鲦可新鲜了”，顾客就会想点一份儿尝尝。不需要想出很复杂的方法，只一句“我们店的关东煮可好吃了”就够了。就算顾客觉得不好吃，也能成为一个交流机会。

居酒屋的生鱼片也是一样的，只需要说一句“今天的章鱼和墨鱼都很好吃哦”，就可以抓住顾客的心。因为生鱼片不需要烹饪，所以可以事先切好盖上保鲜膜放在旁边。只要下定决心要把刚切好的生鱼片全部卖光，这个目标就一定能实现。我经营的那些能稳步提高销售额的店铺都是用这种方式卖生鱼片的。

生意好的店铺都能立刻说服卡座的顾客都点一份甜点。因为店员对菜品有自信，而且一直在思考该如何销售。顾客容易被周围的人影响，看到旁边的人点了自己就会想点。如果告诉顾客“还剩最后三个”，说不定顾客就会点一个。

生意不好的店问顾客“要不要来一份甜点”，看上去就很没有自信，好像不知道顾客会不会点。这样是不行的，如果用“您不知道我们店的甜点吗？可好吃了，您没吃过太可惜了”这样的说法，效果就会完全不同。

顾客想要听到店员给他们推荐，所以只需要在他们后面轻轻推一把。就像坐在秋千上的人，只要从背后轻轻推他一把，就能顺势晃得很高，招呼顾客也是同样的道理。

❖“两毫米”的观念差距就能决定店铺是否生意兴隆

如今的时代，连高水平的厨师也开始思考如何让顾客开心和招揽顾客的方法了。这是很可怕的事情，我们这种没有技术的人必须和他们战斗。所以必须更加努力思考如何推销自己。

虽然可以打出“一律××元”的招牌，全力走平价路线，但仅是便宜的话，无法吸引到稳定的客源。从我店里独立出去的一个年轻人开的店里的招牌菜是活虾，一只对虾只要100多日元。不过这道菜之所以吸引人，不仅仅是因为价格有冲击力，他还想出了让顾客开心的小技巧。

他在店里柜台上放着小水缸，很多对虾在水缸里跳动，直接让顾客感受到了原材料的新鲜度。看到这么新鲜的虾，谁都会想尝尝吧。如果顾客仅看到菜单上的价格，就不会觉得这么吸引人了。那个年轻人刚刚开了第二家店，两家店加起来一晚上能卖出100多只对虾，真的很厉害。

还因为那个年轻人是真心想做好生意，所以才能让店铺生意兴隆。他的工作服总是穿得很整齐，顾客打开门看到整洁笔挺的工作服，心情一定会很好吧，也会觉得这家店不错。

只需要每天把脱下来的工作服好好地挂在衣架上，第二天穿的时候会很整洁，而不把顾客放在心里的年轻人会把脱下来的衣服揉成一团随便扔在旁边。在这件事上，两种人的差距可能只有两毫米，但如果任这两毫米发展下去，差距就会逐渐拉开。

❖第一天来打工的新人也要成为战斗力

也许有人觉得新来打工的年轻人没办法立刻成为战斗力，但我不这样想。店长如果不让第一天来打工的年轻人做饭卖酒，反而会很奇怪。

可以在开门前的早会时教他一些简单的东西，让他对顾客说“今天的秋刀鱼很好吃”。他一开始可能会不知所措，但一定要教。就算打工的年轻人还不熟练，但比起什么都不说，能让他说一些推荐的话一定会更好。

这并不是让他说很难的外语，不过是普通的日语。如果他说了之后，顾客真的点这道菜了，他就会有成就感。**如果一个小时能卖出去一条，七个小时就是七条，这已经是很好的成绩了，他也会觉得开心。虽然都是简单的东西，但如果不去教，就算过了三年他们仍然做不到。**

店长一定要教会那些打工的年轻人他们也能做到的、最简单的销售方法。大型连锁餐饮店都是从礼仪开始教，但为了店里业绩着想，从销售方法开始教效果会更好。

第一天打工的年轻人一定会有很多做得不好的地方。顾客问今天的推荐菜是什么的时候，他可能会回答不上来，看见他回头问店长，顾客也许会觉得这家店不靠谱。因为在顾客眼里，第一天打工的人和老店员是一样的。

还有一种方法，就是让第一天打工的年轻人戴上“打工第一天”的名牌。这样一来就算他们不知道当天的推荐菜，顾客也能够理解，尽管也许会有点儿生气。

一个月之后，他差不多就能记住推荐菜品的方法了。这时可以让他接待第一天接待过的顾客。他跟顾客说：“我来了一个月了。”顾客就会说：“都过了这么久了啊。”可以用这个话题牵起话头。在名牌上写上名字、昵称、出生地和“第一天打工”的名牌一样，都能轻易拉近和顾客之间的距离。

但有一件事不能让第一天打工的年轻人来做，这就是接电话。

就算手头有事，电话也一定要让老员工来接，因为一个电话就能大大影响顾客对店铺的印象。因为是通过电话联系的，之后也没办法弥补失误。

最近我给供应商打过一次电话。我报出店名后，对方只是机械地重复了一遍：“啊，是‘乐’吧。”如果他能加一句“一直以来承蒙关照了”，我的心情就会有很大不同。接电话时态度开朗，能在很大程度上改变对方对自己的印象。

我听函售公司（译者注：用通信方式联系客户的做销售的

公司）说过一件关于电话的事。为了提高销售额，他们会在放电话的桌子上放一面镜子，以随时意识到接电话时要微笑。与看不见的人交流，是需要下很大功夫的。

所以电话一定要由老员工来接，而且必须充满活力地说出“谢谢您”。

❖应该提供的服务和最好不要提供的服务

开店之后，想提高销售额是理所当然的。不过为顾客着想，通过“不卖”的行为来与顾客打好关系也很重要，这是为了以后的销售额。

比如顾客点过餐之后，先留一两道不要上。如果先上的菜还有剩余，而且顾客已经不怎么吃了，就去问一句：“关东煮还没上，请问还需要吗？”不能认为既然顾客已经点了只管上就好，只关心地问一句，说不定顾客还会加一道甜点。如果顾客觉得这家店很好，下次就会再来，店的销售额就能提高。

我旗下一家离市中心有些距离的店发生过这样的事。

我经常以“顾客”的身份在自己店里喝酒，但有一次因为店员不断劝我再多喝一杯，结果我错过了末班车。我觉得这样做有些不妥，如果是住在附近走着就能回家的老主顾还好，但如果没注意到末班车时间，而耽误了顾客回家是绝对不行的。如果不小心错过了末班车就必须打车回去，顾客的花销就会有所增加，说不定顾客就再也不会来了。如果能让顾客省出打车的钱下次来店里消费，就能增加一笔不小的销售额。我想这比眼前让顾客多点一道菜或一杯酒重要得多。

那家店生意很好，会有附近城镇的顾客专门前来，所以以前会在卫生间里贴上末班车时刻表。可不知道是什么时候被去掉了。如果能再贴上去，一定会有顾客觉得很有用。也许去掉是有原因的，但确实是眼睁睁地放过了给顾客留下好感的机会。

而且，如果能帮顾客留心坐车回家的时间，就能更加了解顾客，缩短两人之间的距离。而这要求店员知道顾客住在什么地方。但面对初次见面的顾客，如果突然问人家“您住在什么地方?”可能会吓到对方，如果换一种说法，比如“您一会儿要回哪儿去?”就会自然而然地开始一段对话。

贴在卫生间里的时刻表不能只写时间，还要写上从店里走到车站大约花多久。“正常需要五分钟，慢慢走需要七分钟，滑雪时扭到了脚的人要花三十分钟!”这样一写，顾客就会觉得这家店别有趣味。

还有一个例子。我的店里在流感易发季节，会提供泡沫型消毒液让顾客为双手杀菌，有些店甚至连这件事都不做。如果有了这个环节，就可以让女性顾客在把手伸出来后用泡沫画一个心形，顾客一定会感到开心。这是招揽顾客的一大利器，放弃真是太可惜了。

哪怕对顾客有很小的帮助，也要去做。做的越多，越有可能让顾客喜欢上你的店。

❖我无法认同城市振兴运动

城镇有时会举办各式各样的活动招揽游客，但我从来没有参加过这样的城市振兴活动。我认为城市振兴和店铺兴旺完全是两码事。

我们开店要持续经营几十年，但城市振兴活动大多无法长久。我不认为参加这种活动有多大意义。

城市振兴活动会帮助生意不好的店，会提高城市整体的水平，对生意不好的店铺来说也许是好事。但其实就算是看起来生意不好的店，也一定有着超乎大家想象的能力。

因为大家都是自己选择了做生意这条路。借钱开店，决定菜单，卖给顾客。能做到这些的人内心一定十分强大。

城市振兴运动只能当作提高销售额的契机，如果最后不能依靠自己的力量往上爬，就无法让店铺被顾客长期喜爱。所以如果店里的销售额全是靠城市振兴活动提高的，这家店绝对无法长久。

以东京为例，振兴城市这种事交给新宿或者涉谷之类的繁华地带就好，自己的店附近没必要弄得特别热闹。开在小城市路边的店也会有常客，生意也能兴旺。

另外，说句不谦虚的话，我并不需要那些会去参加城市振兴活动顾客来店里喝酒。如果顾客不想自己寻找心仪的店，就不会成为一直照顾店里生意的常客。

理想的店铺应该能时不时增加一两个常客，这也是让店铺长寿的最佳捷径。

我考察过各种各样的店铺，印象最深的终究是亲自寻找到的店。这样的店能在经营和菜品上给我很多提示，让我想立刻回到自己店里尝试。但无论多好的店，如果是我在网上找到的，就不会给我留下这么深刻的印象。

顾客也是一样的。

如果是自己发现了一家不错的店，就会想带朋友一起来。在带朋友来的路上充满期待，如果能听到朋友说这家店不错，我就会非常开心。

我的店不经常出现在杂志上，也没有做宣传。不过我经常认真思考：能否把店铺做成让顾客发现而留下深刻印象的店？

店铺本身是有生命的，有状态好的时候，也有状态不好的时候。我的店随着店长的更换，销售额会有很大波动。如果销售额下降了，店里的人就必须拼命想办法改善，这份经验将会成为相当珍贵的财富。我从事这一行几十年了，有一点我可以断言，只要努力，下降的销售额一定会再次提高。

所以在销售额不理想的时候，该做的不是在短暂的城市振兴活动方面下功夫，而是要靠自己的力量重新提升销售额。这很有利于店铺的发展。

5

人际关系的秘诀

❖如果店主受欢迎，店铺就能生意兴隆！

大家觉得开餐饮店时，最开心的事情是什么？

我觉得是能够被人喜欢。我是男人，自然希望看到很多女孩子来店里，所以我无时无刻不在思考如何让女孩子开心。

我开的第一家店是家咖啡馆，我首先想到的就是，要让在店里工作的女孩子们开心。我注意到了每张桌子上的糖罐，她们每天早上都要把罐子里的白砂糖补满，这项工作很麻烦，所以我每天早上都在女孩子们上班前帮她们把白砂糖补满。正如我所料，她们看到后都很开心。

我和店里的年轻人开会时经常说一句话：

“一定要多吸引女性顾客，也要成为有吸引力的男人。”只要能成为受欢迎的男人，独立后开的店就一定能成功，因为你已经具备了吸引顾客的能力。

如何才能受欢迎呢？其实很简单，就是拼命工作。

现在，我旗下有一家销售额迅速增长的店，这家店里的年轻人就是很好的例子。十几年前他刚来我店里上班时总是迟到，而且经常一下子休三个月的假，实在是很过分。而且他并不受顾客欢迎。不过这个年轻人本性不错，也很有人格魅力。不知道从什么时候起，他开始拼命工作，制服总是穿得笔挺，好像变了个人似的。现在不仅是顾客，店里的其他员工都迷上他了。

还有一名勤奋的店长，为了让销售额下降的店铺重新振作，付出了很大努力并取得了所有店铺中最好的成绩，这样的人也很有魅力。他长相不算特别出众，但有一个很漂亮的女朋友。听说她是看见店长认真工作的样子后就对他一见钟情了。

这名店长不光勤奋，也很有想法。店里的销售额提高的重要原因是，他和旁边一家相同种类的小规模店铺密切合作。当对方店里客满后就会把顾客送到他的店里，反过来他的店里客满时就会推荐顾客去对方店里。

这种方法说起来简单，贯彻起来并不容易。他的厉害之处在于每隔半个小时一定会给对方店里打一个电话，问问对方有没有能送到自己店里的顾客。对方的店里在客满时一定很忙，可能会顾不上把顾客送过来。像他这样提醒几次之后，店里的销售额有了大幅上涨。

这名店长不管去哪家店，都会受到所有顾客的欢迎。我以前在加拿大温哥华有一家店。为了让店里的年轻人看到开居酒屋的大叔也能过上好日子，他就搬去了温哥华。那三个月里他一直在我的店里进修。

他完全不会说英语，但依然会积极地来到顾客身边，一个劲儿地笑着对顾客说“I love you”。虽然后来他没怎么学会英语，但直到现在，店里的顾客见到我之后还会问他的情况。

如果你觉得自己现在不受欢迎，可以试着换一种工作方式。努力让自己受欢迎，这与店铺生意兴隆息息相关。

❖普通人也能成为“传说中”的店长！

我店里每年都会有几名店长独立开店。这不光会让公司感到为难，接替他们工作的人也不容易，因为店长必须是明星。

在我店里，一般让自己主动要求当店长的人来当店长，因为我觉得想当店长的人一定都有自己的想法。在这些人中，确实有一些很有商业头脑的年轻人，通过不断尝试新鲜事物让销售额提高，自然而然地成了明星店长。不过也有一些失败的例子，让人搞不清他当初为什么主动要求当店长。

就算是完全没有商业头脑的人，想成为“传说中”的店长也并非难事，不需要做多难的事，只需要每天第一个来，最后一个走。如果店长能始终坚持亲自打扫厕所，这段佳话一定能流传很久。

一件简单的事，只要能坚持就会受人敬佩，能成为带领其他店员前进的力量。这种力量是独立开店时的重要资本。

独立时一般会从 10 坪大小的小店做起，努力三年后就可以开第二家 20 坪的分店。不过有了第二家店后，就必须有人帮忙管理第一家店。在独立后的三年里必须培养出好帮手，“传说中”能带领别人前进的力量就在于此。

就算现在一无所有，也要拼命找出力所能及的事，并付诸实践，这样才能成为让大家记住的店长。而且必须自己去寻找能做什么、该做什么，如果被别人提醒后再去做就失去了吸引他人的力量。打扫厕所这种事如果不是自己主动带头去做，就不能让周围的人敬佩，无法成为“传说”。

我年轻的时候，曾和朋友合伙开店。厕所的卫生纸用完时，没人去补充，每次都是我去做。当时我心生不满，心里抱怨为什么每次都是我，后来有一天我想通了：就当这是我的工作，每次都提前做好就可以了。这样一想心中的不满完全消失了。当我把换纸的工作当成分内的工作之后，这件事本身也变得有趣起来。主动去做和被动去做，收获的东西完全不同。

不过如果是什么长处都没有的年轻人，要想成为店长就必须有积蓄。在我的公司，店长就是最高的职位了，也就是说当上店长之后的下一步就是独立开店。只有开店的梦想却没有钱是万万不可的，存款的数额不同，能开的店也会有很大的不同。

店长不好当，但可以在独立开店前积累难能可贵的经验。所以我希望店里的年轻人都积极挑战店长这一职位。

❖能够处理好人际关系的巧妙的训斥方式

处理店里的人际关系是年轻人的一大烦恼。特别是当上店长之后，他们经常为如何与手下的员工和打工者顺利相处烦恼。如果骂了打工者，关系就会变得尴尬。但我认为这不过是年轻人经验不足才会有的烦恼，其实不是什么大不了的事。

训斥别人确实很难，首先一定不能忘记，**员工可以训斥，但不能冲他们发火。**发火只是单纯地责怪对方，训斥则是为了让对方做得更好。这两者的意义完全不同。

不过就算是为了对方好而训斥他们，你的想法有时也无法顺利传达给对方。

巧妙的方法是在训斥完后，在另外一两件事上夸奖对方。比如“今天招待顾客时那件事做得很好”，找到一件小事夸奖就好。任何人被夸奖之后都会开心，在被训斥后受到夸奖更是如此。

但一定不能在有顾客的地方训斥员工。我见过一家寿司店的老板在我眼前训斥店里的年轻人，这样一来我就不想吃被训斥的家伙做的寿司了。居酒屋也是一样的，顾客吃着被训斥的店员端出来的料理或者被他们招待，都不会开心吧。

如果不能处理好员工的人际关系，店里的气氛就会变差。如果店里出现这样的问题，可以说原因百分之百都出在店长身上。而如果店长心中拥有梦想，和店里员工的关系就不会差。

在我的店里，每一位店长都梦想有朝一日能开一家属于自己的店，如果店里出现问题，一定是他们的梦想产生了动摇。

如果一位店长想要独立却没有存款，到店的时间比别人都晚，既不采购也不洗碗，还不打扫厕所。这样一来当店长指挥手下的员工时，大家会觉得这个人只会做出了不起的样子，而不愿意听他的话。这样的店长不可能与员工建立起良好的人际关系。

独立后，店里所有的事都必须自己来做。厨房里不光需要做饭，还要采购食材、洗碗。如果不能一个人全部搞定，店就开不下去，所以必须从在我店里工作时就开始行动。能够踏踏实实工作的店长，大多会在店铺打烊后或者休息日和员工一起去喝酒。能做到这一点的年轻人很少会为人际关系烦恼。

在独立后顺利掌管自己店铺的店长中，有一个人在我店里干活时曾把酱料中腌制的炸鸡放在了开着暖气的房子里，过了一个晚上，五十只鸡都不能吃了。这是因为他不知道这样做鸡肉会变质。

这件事很荒唐，但并不是什么大错，只要他能吸取教训就好。也许他要比别人花更多的时间才能胜任这份工作，但只要他做事比别人主动，就不会和员工产生矛盾，这样的人绝对是可塑之才。

❖店长为避免因着火而关店所采取的行动

我做这一行这么久，店里只出过一次大事。

那是很久以前的事了，有一天店长休假，店员把锅放在火上忘了关。结果引起了大火，店里全被烧了。那栋楼的上面是公寓，所以房东很严厉地要赶我们出去。

第二天开始，只要不知道我们已经停业的顾客来到店里，店长就一次次跟顾客解释情况，不停地鞠躬道歉。无论刮风下雨，他一直站在店门前。过了一周左右，房东对我说："你们的店长真厉害，你们在这里继续开店吧，以后注意就可以了。"我从心里感谢房东。

最后，店里花了一个多月重新装修再次开业，生意依然很好。

无论遇到什么样的危机，人都能靠自己的力量开拓出一条道路。那位店长现在也有了一家自己的店，生意很好。

老实说，我的历代店长不是人人都像他一样被人夸，但在当店长累积经验的过程中，所有人都在不断成长。

其中也有让我直到最后都担心的年轻人，不知道他们能不能独立。不过这些拥有自己店的年轻人中，有百分之九十都做得很好。为了晚上开店，他们会一大早就开始准备，拼命工作。因为所有努力都会转变成自己的收入，所以他们都燃起了欲望。“欲望”对想开一家长期生意兴隆的店来说十分重要。

虽说他们都做得很好，但这些工作并没有什么难的。我认为让店铺维持下去，关键是要在店里保持笑容。这应该不难吧。

在一家人气超高的店里，每当店铺酒瓶里的酒还剩将近两杯的量时，店长就会笑着说：“最后一位顾客可以花一杯酒的价钱，买下瓶里所有的酒！”然后把剩下的酒全都倒进杯子里。这句话他已经说了成百上千次，但每次都能像第一次那样带着微笑兴致勃勃地说。

如果只是免费提供一杯倒得满满的酒，那么是单纯的“操作”。重要的是让顾客看到你从心底里喜欢这份工作。

上面这件事是我的二儿子刚刚独立开店的时候发生的。因为他上过厨师学校，对自己的手艺很有自信，所以在我店里的时候总是严厉地对员工说“你那样做饭不行”。独立后他发现员工的笑容对生意来说至关重要，于是他自己也开始努力保持微笑。

只要大家都露出笑容，店里的气氛就会一下子变好，一定能吸引到顾客。

❖齐心协力，小店也能发挥巨大的力量

我经常会在一条街开好几家店，不仅是在涉谷这样繁华的地方，连东京下北泽这样规模不太大的地方，也会开好几家店。从我店里独立出去的年轻人也会不断在周围开店。

有一种观点认为餐饮店里的老员工在同一条街上开店是绝对不行的，我觉得这种观点没错。因为独立出去的年轻人为了让自己的店走上正轨，会竭尽全力招揽顾客。

曾经有一个从我店里独立出去的年轻人，在距离我的店十米之外开了自己的店，我觉得这样确实不行。这种拼命经营的年轻人是很难战胜的。

不过我们这种小店，每一家的力量都有其局限性，在同一条街上同伴越多，能做到的事情就会越多。

从我店里独立出去的年轻人想在小地方开店时，我认识的金融机构看在“共同体”的整体成绩上，帮助其联系了当地企业。有了这种小小的帮助，在陌生的地方开店也变得容易了。

另外，寻找合作的金融机构时，一定要找已经在当地站稳脚跟的信用合作社。从我店里独立的年轻人中，有人会因为喜

欢某个城市的银行而去申请融资，但我们这种小规模的店铺就算去了，也不会被当回事。

如果能和当地的信用合作社处理好关系，信用合作社的分店店长就会时不时来店里做客。在信用合作社工作的员工也就成了店里的顾客。对于我们这样的小店来说，和当地人处好关系是最重要的。

就算是个人开的小店，想一个人经营也十分困难。因为店开得久了，就一定既有好事也有坏事。如果一直是一个人在烦恼，就会变得非常不安。

在我店里工作的年轻人，经常会和独立开店的人一起喝酒。聊天的内容九成都是瞎聊，不过总会有一两成是在认真讨论生意。这种时候能听到各种信息，比如朋友的店是怎么经营的。这些信息都是自己将来开店时的资料。

如果听说朋友和当地的农民有交情，在离农民两站之外的地方开店就能从同一个农民那里买来蔬菜，扩展门路。

我经常和年轻人一起喝酒散步，其中也会有打工的年轻人。每次一起喝酒时都会有新发现，听到大家的烦恼后，我还能温习自己曾经采用过的方法，看能不能用在现在的店里。我认为和大家交流是很重要的。

❖善于处理与顾客之间关系的店铺

我做这一行很久了，经历过好几段经济不景气的时期，东日本大地震时，我有了强烈的危机感。

地震刚发生时，十八家店一天的销售额，加起来还不到1000万日元，被政府要求进行的“计划停电”所产生的影响很大。我只好给打工的年轻人放假，只让正式店员留在店里。因为人手不足，涉谷和町田等地的四家店，都临时歇业。

在这种情况下，我深刻感受到了店员之间的羁绊。

比如三轩茶屋。那家店以附近居民为主要客户，不过因为那条街上有很多餐饮店，到了很晚的时候，有很多同行会在自己的店关门后来喝一杯。于是店里把打烊时间从凌晨两点延长到了早上五点，让这家店变成了大家交换信息的地方。于是店里的生意变得前所未有的好，有时二楼有90位顾客，但只有四名店员在招待。

在下北泽和涉谷附近店里工作的年轻人，会在自己的店关门后主动来三轩茶屋帮忙。真的很感谢他们。

地震发生后，店里是什么样子呢？随着时间的流逝，大家的记忆可能渐渐淡化了，也有些店员没有经历过那一段困难时期。不过我永远不会忘记地震发生后的情景，那段日子让我明白了一件十分重要的事。

我认为我们之所以能渡过那道巨大的难关，正是因为店里的年轻人从平时就注意和顾客处好关系。当顾客想去一家有人情味，有人能和自己聊天的店时，就会想到我的店，所以才会在地震后来到店里。正是因为有他们的支持，我们才走到了现在。

不需要做多么困难的事，就可以让顾客记住自己的店。

最近，在一家有露天座位的店里，有一名年轻人提议在营业前做准备的时候也让顾客进来。那家店开在住宅区，又有露天座位，所以白天也经常有人来店里询问有没有开门。如果让顾客坐在露天座位就不会影响店里准备，于是店长决定下午一点就让顾客进店，不过要告诉顾客现在没有太多能够提供的菜品。顾客问的时候心里应该也知道店铺还没有做好营业，所以只提供些毛豆或者生啤等简单的小吃和饮品，顾客就会很高兴了。这是一件小事，但我想能做到这一点的店不多，十家店里也难得会有一家。

这种时候顾客不会在意桌子旁边还有正在准备的食材，相反，如果有还没放进冰箱的西红柿，可以问问顾客要不要吃一个，顾客一定会想吃吧。这时把西红柿放到冷冻室冰上五分钟，切好后递给顾客，他一定会很开心。

白天喝酒和晚上不同，别有一番乐趣。举手之劳就能让顾客觉得这家店不错，说不定下次还会再来。这种小事不断积累，就能和顾客建立起良好的关系。

Part 2

拥有自己的店铺，人生会加倍快乐

成为一店之主的男人们

我每天傍晚都会出门喝酒，经常光顾从我店里独立出去的年轻人开的店。我店里每年都会有五六个年轻人独立出去开店，所以很多地方都有他们开的形形色色的店。在一家以什锦烧为招牌的店里，神龛上放着做什锦烧用的大白菜，我看到这种有趣味的陈设，会很开心，而且觉得这个年轻人开的店真不错。

在我心里，记住顾客的名字是招待顾客时非常重要的方法。因为比起“A1 要一瓶啤酒”，冲着厨房喊一声“佐藤先生要一瓶啤酒”，这一定更让顾客感到高兴。与不管顾客来过多少次，都像第一次见面那样程式化地说“欢迎光临”相比，如果说“铃木先生来了啊，快请进”，一定能招揽到回头客。

有一位年轻人看到店长招待顾客时会称呼顾客的名字觉得很好，下决心记住来过店里的至少九成顾客的名字。这个年轻人在独立后，为了能记住顾客名字，开发出了好几道和顾客有交流机会的菜品。

比如在顾客吃完刺身拼盘后，为顾客端出暖乎乎的汤，说一句：“剩下的海草，请就着这碗汤一起吃吧！”一项简单的服务就能让顾客开心。如果顾客回一句我很喜欢吃这些剩下的海草，说不定就能借此机会问出顾客的名字。这个年轻人在我店里工作时就很努力，独立后更加令人刮目相看，没想到他的能力竟然这么强。

从下一页开始，我将向大家介绍从“乐”独立出去的五位前员工。他们是第一批独立开店的人，而且已经经营了几十年，都是懂得享受人生或者在开店半年后就让生意兴隆的人。他们只是几百个年轻人中极少的一部分，但他们一定能给想要独立开店的人提供很多点子。

❖菜品和酒只是“工具”，居酒屋是“出售”人生的地方

“淳粹”（东京·吉祥寺）
小林淳

在乐集团工作六年后独立。店里的招牌是大阪烧，店长会边做边吆喝。开店不久就生意兴隆。

在进入老爹（宇野先生）的店（乐集团）工作前，我没有在餐饮店正式工作过。

只是十几岁的时候，在老家的“乐”打过几个月工，当时我看到在拥挤的店里工作的店员们很帅气，留下了深刻印象。因为实在太忙了，店员见到熟悉的顾客时会招呼一句：“欢迎光临，你这家伙！”我从来没有见过会这样跟顾客打招呼的店，觉得很新奇。

当时我的人生与餐饮业还没有交集。身边大多是从事土木工作的人，因此我也很向往那个领域的工作，比如开翻斗车什么的。但我一直非常喜欢拳击，希望能挑战职业圈。所以二十五岁时，我最后一次向职业圈发起了挑战。结果因为受伤休息了两年，于是放弃了这条路。从那时起，我开始思考能养活自己一辈子的工作，朋友建议我去居酒屋试试，于是我敲开了

“乐”的大门。

老实说，我觉得二十七岁才开始学习餐饮业有些晚了，但老爹对我说了一番话。

“你之前从事过土木方面的工作，还打过拳击，人生经历很丰富。人啊，走过的弯路越多越有趣，这种人最适合开居酒屋了。居酒屋是出售‘人生’的地方，菜品和酒不过是工具而已，最重要的商品是你自己。所以你要做的就是攒钱开店。”

老爹的话让我很开心。

我在独立前一直被老爹说“做不好菜”，但他从来没有因为我做不到而训斥我，也从来没有说过让我去哪家法国餐厅尝尝，好好学习做菜。老爹经常会参考给主妇看的料理杂志，所以最多就是让我也看看那些杂志。能称得上我做饭的“老师”的也就是商场地下卖的家常菜了。

不过老爹告诉我“明白自己不会做饭”这件事很重要，他还教了我很多弥补这一点的方法。

比如“乐”的招牌菜“烤青花鱼”。这道菜的做法是把青花鱼放在一叶兰（装饰性的叶子）上端到顾客面前，用喷烧器烤熟，这道菜的创意并不是为了好吃，而是为了创造出店员与顾客的接触机会。

因为青花鱼下面铺着一叶兰，所以烤起来会发出啪啦啪啦的清脆声音，这样一来就能活跃气氛，顾客也会高兴。另外，比起特别美味的菜品，店里还可以出售能让顾客开心的菜品。所以我想了很多能让顾客吃惊或者高兴的菜品。

在“乐”工作一两年后，我想出的菜品开始被写在每天的推荐菜单上了。因为我不会做菜，所以想的都是诸如“登普西圆白菜肉卷（Dempsey rolled cabbage）”之类的菜。“登普西移位（Dempsey roll）”是拳击中的招数，这道菜其实就是普通的圆白菜肉卷，但借用了这种招数的名字，不知道顾客会有什么反应。

乐集团有很多家店，所以我经常去集团旗下的其他店喝酒。那些店看起来不像连锁店，而是由店长按照自己的想法决定店铺的风格，所以每一家店都有自己的个性。而且每一家店里都有希望独立的店员，他们努力想出的菜品都能写在推荐菜单上。其中不乏让我眼前一亮的菜品，我从中得到了不少灵感。

这里有很多成功开了自己店铺的前辈，所以去他们的店就成了很好的学习机会。让我最为受益的一点是，有些店的菜品没有特别显眼的特征，却很美味且可以让顾客开心。比如一位我很喜欢的前辈店里放着锣，顾客喝第一杯的时候会敲一下，发出铛的一声，如果是四位一起的顾客就会响四声。

不只是“乐”的员工开的店，我还考察过各种各样的店，就像老爹教给我的那样，只要去了，就一定要找到店里的优点。这样一来，去过100家店就能收集100个优点，虽然因为参考这些优点，我的店可能会成为山寨的集合体，但在顾客眼中应该是一家不错的店吧。

一开始，我想和母亲共同开一家很小的店，但是想法一直在变，最后开了一家10坪的铁板烧店，主题是节日或者庆典上的小摊。我在独立开店前从来没做过铁板烧。

我店里的招牌是大阪烧，是一种用饼卷起猪肉和炒鸡蛋的菜，我会边做边吆喝，顾客很喜欢店里热闹的气氛。因为做的过程很有趣，在旁边看到的顾客也会点一份儿。因为是一道很简单的菜，所以如果顾客说觉得自己也能做，我就会让想自己尝试的顾客来厨房和我一起做。做的时候我会和周围的顾客一起喊“嘿哟嘿哟”，大家都很开心。

前几天我突然想到在大阪烧里加入大葱，当时是为了更好吃，如果有顾客点，我就会一边做一边说：“我接到了神的启示，所以新加了大葱！”这样一来顾客就很开心。

从开店以来，排骨一直是保留菜品，最近我为了增加乐趣稍微做了些改变。原本是用蔬菜和腌制的肋骨肉一起炒，会用250克肉，分量很足。一开始会把大块的排骨特意放在陈旧的壶里，在顾客面前用U形夹夹出来，而现在做的时候，会对男顾客说：“要不要和旁边的女性一起分享，说不定会是一次美丽的邂逅？”然后先在铁板上用蔬菜摆出心形，把肉放在最中间炒，这道菜的名字叫“邂逅超级排骨”。

像这样，我想了很多用菜品让顾客开心的方法。在用来蒸肉和蔬菜的盖子（蒸锅盖）的把手上，安装自行车铃，一边做一边按铃，或者在烤肉的时候突然戴上厨师帽，将自己扮成大厨。

我认为开店前的准备就是为了能在营业时间里“玩耍”。只要在开店前认真做好准备，开店后把准备好的材料当作道具尽情玩耍就可以了。

虽然没能和母亲共同开店，但我在菜单里加了一道“妈妈的煮茄子”，在家的时候母亲总是会给我做这道菜。一个普通的大妈从蔬菜店里买一大堆茄子，这在我们家那边都成为话题了。我家总是一股茄子味儿，顾客有时会开心地说：“我老妈也会给我做这道菜！”这种能让人想到家的味道的菜很不错吧。

对我来说，听到顾客在离开的时候说“我很开心”比“很好吃”更让我开心。所以我对店员说饮品做得慢也没关系，我的店里最重要的是笑容。暖帘上也写了，我这家店的概念就是“傻笑”。

❖尝试所有想做的事，失败的话放弃就好

"西尾先生"（东京・新宿）
西尾尚

独立后，一个人撑起了一家居酒屋，且生意兴隆。因为必须预约才能进店而出名，有时候一晚上必须拒绝大约100位顾客。

我的老家在静冈县滨松市，我从十几岁开始就在饭店工作，不过二十二岁的时候辞了职。因为几乎没有休息的时间。虽然我喜欢工作，但也不希望人生中只有工作！

后来我开始在东京一所大学的食堂工作，虽然同样是餐饮业的工作，但有比较长的假期，在这里工作的话，我可以趁着假期进行我最喜欢的边吃边走的旅行。

在这样的假期中，我来到了"乐"。

"乐"刚刚创业的时候，招牌菜是大碗家常菜。据说灵感来源于京都的煮菜，当时成为不小的话题，店里不是一般的热闹。虽然店里人那么多，但店员招待顾客时的周到之处令我惊讶。

比如一道在茄子上洒肉酱和芝士后一起烧的菜，这道菜会在顾客吃完前就凉。店员明明在店里来回穿梭，忙得不可开交，却会在看到菜凉了后说"我帮您热一下"，然后麻利地端走，撤

上芝士并重新加热。能做到这一点，是因为他们始终在关注顾客的情况吧，我觉得这样的店员很帅气。我被“乐”的氛围吸引，而且在去自己工作的大学附近的一家分店时，认识了老爹。

“乐”这家公司主张让员工独立。但是有了自己的店就没时间休息了吧——我问了老爹自进入餐饮界以来始终埋在心里的问题。然后老爹轻松地说：“当然可以休息了，要不然为什么要开店啊？给别人打工的时候休不了假，自己开店的话当然能休息了。”听了这句话，我毫不犹豫地加入了“乐”。当时我三十岁。

一切都很新鲜。

以前我在餐厅工作的时候，任何时候都要听前辈们的意见，不过在“乐”工作时，我的意见也会被接纳。他们让我尽管放手做自己想做的菜品，而且真的会将我想出的菜品写在菜单上。这让我变得很积极。

而且在这里，很重视与顾客建立良好的人际关系，我在这里学会了就算只一句简单的“欢迎光临”，也一定要看着顾客的眼睛说出来。如果顾客来的时候，正在做其他的事情，要暂时放下手中的工作上前去迎接。如果正在用火无法离开，可以看着顾客的眼睛挥挥手打招呼。送顾客离开时，也同样如此。

这里与供货商的关系也令我惊讶。如果是普通的店铺，供货商的人搬来啤酒等货物时，店员大多会把自己当成顾客，说一句“放在那边”之类的话。但是在“乐”，无论店员是否在忙其他的工作，都会停下手上的活儿去帮忙，还会对他们说：“送货很辛苦吧。”他们把送货的人当成了一起工作的伙伴。

在这样的店里工作，我能随时站在顾客的立场为他们服务。比如普通的店在人多的时候会来不及上菜，如果有顾客催，厨师都会让大厅的服务员告诉顾客正在做。而在这里我会直接走到大厅对顾客说：“我负责做菜，下一道就是您的了，请稍等！”这样一来顾客会说着“没关系，没关系”表示理解。另外，我总是会在制服口袋里装几双筷子，一听到顾客的筷子掉到地上的声音，我就会赶在顾客说话前递上新筷子。

我在“乐”工作了很多年，等到有自己的店时已经四十七岁了。

我想开一家靠一个人就能撑起来的店——这是我开店的出发点，我喜欢在第一线工作，这会让我很有充实感。想要一个人做，就必须有自己的店。所以我在新宿后街大楼的地下找到一间7.5坪的店，决定所有事都由一个人来做。

比如我会在顾客座位旁的冷柜里放好沙拉和其他两种调味汁，想吃的人可以自己去取。点餐也是让顾客写在纸上，饮料可以从店门口的自动贩卖机里买。

我店里的招牌酒水是用温水兑的烧酒。因为我喜欢鳍酒，所以我想到可以在烧酒中加梅干、烤鱿鱼或者从京都买来的上等海带，几乎所有顾客都会点这种酒。加入烤鱿鱼的酒名叫八代酒，因为在八代亚纪的大热单曲《船歌》中，烤鱿鱼被作为下酒菜，所以我起了这个名字。

顾客座位旁边放着烧酒和热水，店员端来的酒喝完后顾客还可以自己兑。就像拉面里加面叫“替玉”，我给这种自助烧酒起名叫“替玉烧酒”，价格比较便宜。

招牌菜中还有一道能自助的菜品，那就是静冈的关东煮。这种关东煮就像串串，顾客自己取锅，吃完后的杆子放在桌上的罐子里。关东煮是应季菜品，在静冈，这是夏天的常规菜。而在我们店里无论夏天还是冬天都很受欢迎。

老实说，一开始我觉得这样太依赖顾客了，但开业后顾客倒是觉得这种自助式体验很有趣。熟客带新顾客来的时候，用不着我说明，熟客就会开心地向新顾客介绍店里的形式：饮料在这里，关东煮在那里。我父亲经常说：“总之先试试吧，不能还没做就放弃嘛，真的失败的话再放弃就好。”如果不实际去尝试，就不会知道能不能做到。

关于店里的菜品，我充分利用了在“乐”工作时学到的人气菜品，比如南瓜沙拉。这道沙拉在南瓜泥里加入红薯和蛋黄酱，有点儿像甜点。这道菜人气很高，在“乐”第一次吃到的顾客都很感动。来我店里的顾客以前几乎都没吃过，所以第一次吃到的时候同样很感动。难得我学会了这么好的一道菜，如

就算没有在装修上花费太多钱，只要店里有好玩儿的地方，顾客就会很开心。所以我用了蘑菇形状的盐罐和牙签盒，还有我去纽约度假时买回来的可乐瓶形状的盐罐，以及用在东京天空树附近的商业街买到的关东煮模型做的牙签盒。

果不让更多的顾客品尝到就太可惜了。

店里的各个角落都有能让顾客会心一笑的小心思，这都是受到了父亲的影响。我喜欢不花钱就能让顾客开心的设计，比如刚才说的自助沙拉，其实除了两种常规调味料，我还准备了做茶泡饭的调味品。顾客看到后会对这里竟然有茶泡饭的调味品感到吃惊，尝过之后也觉得确实很好吃。有一个顾客回家后告诉了身边的人，结果整个镇子都传开了。

桌子上放的盐罐和牙签盒是蘑菇形状。我还用在模型店买的关东煮模型做成了静冈关东煮形状的牙签盒。顾客们会开心地询问这些小东西是在哪里买的。

另外，我会把废弃的小型冰箱当成椅子，把用不了的台式压床当成长椅。冰箱里可以放东西，所以顾客听到我说“如果要放包，可以把冰箱打开”的时候，都会又惊又喜。发现长椅原来是台式压床，顾客也会觉得很有趣。我不太擅长和别人交流，所以在这些地方下了很多功夫以让顾客开心。

我的目标是劳逸结合，经营这家店到一百岁，之后悠闲地享受人生。

❖只用两道菜就让顾客露出笑容

moli（宫城·仙台）
毛利周平

在老家附近的仙台市开店，一共有五家分店。主题是“简单！却能让顾客开心”，招牌是“酒、主、手、周平”。

我以前是一名调酒师，又喜欢音乐，曾先后在东京的青山和新宿歌舞伎町的酒吧给人调酒。我看过美国演员汤姆·克鲁斯演的《鸡尾酒》，他在影片中饰演一位调酒师，我觉得很帅气，所以一直很向往那样的工作。

不过在酒吧工作都是早上五点才能下班，然后坐始发车回家，我觉得这种生活不能长久。就在这时，我来到“乐”集团的一家店喝酒。

那家店的入口在大楼后门处，要走下一条昏暗的楼梯，打开门的一瞬间我大吃一惊。那家店的大门像大楼的后门一样不显眼，但是打开门后眼前突然呈现出一副充满活力的居酒屋景象，用充满气势的声音说“欢迎光临”的，并不是大厅的服务员，而是在开放厨房工作的店员。因为我那时只见过厨房和大厅分开的居酒屋，所以看到有店铺在卡座顾客面前做菜，这让我很惊讶。

我之所以喜欢调酒师的工作，是因为能在吧台后与顾客交流。这家店让我发现居酒屋和酒吧是一样的。开放式厨房就像一个舞台，在里面工作也可以像汤姆·克鲁斯一样帅气。当时厨房里的员工看起来真的像舞台上的演员一样帅气啊。

还有一点，厨房里的工作人员看起来和普通店铺的很不一样，与其说大家在做菜，不如说大家都在推销。因为店员会不停地对顾客说“这个很好吃哦”或者“要不要尝尝”。我当时在想，原来居酒屋的工作不仅仅是做菜调饮料，真的很有意思，而且十二点左右就能下班，这也许是一份不错的工作。于是我给“乐”集团打了电话。

进入“乐”工作后，我立刻被安排去做工作餐。这对我来说是很大的考验。如果是普通的菜品，按照菜谱做就可以了，但工作餐就需要发挥自己的想象力了。而且我以前是调酒师，只会做些简单的小菜。因为不会做菜，我每天都要绞尽脑汁，做工作餐的时间也都是固定的，没有太多时间可以让我考虑。

我想要做出能活跃现场气氛的菜。比如在桌子上铺一张很大的白纸，在上面放巨大的米奇形状的汉堡肉，叫作“米奇汉堡肉”，或者用西红柿和白沙拉、绿色蔬菜做出意大利国旗配色的汉堡包。还有一次我用长杆子穿上肉，把吃工作餐的房间布置成了 BBQ 的样子。BGM（背景音乐）我也会按照当天的主题来选择。

所以我经常被前辈训斥，大家都叫我“工作餐周平”。虽然很难，不过每天努力思考对我独立后自己开店有很大帮助。

有时老爹会认可我做的饭，这让我很开心。“乐”店铺改装的时候，采用了我的提议，在入口附近做了一个饮品间，像酒吧一样。我负责调饮品，穿着黑衬衫系着黑围裙，戴着魔术师一样的黑色高帽子。看到我的打扮，顾客就会想要喝一杯龙舌兰什么的，然后一杯接一杯地喝酒。以此为契机，当时整个店招的都是我这样的员工。当时的老爹只要觉得好就会立刻付诸行动。

对老爹来说，开心比好吃更重要。他之所以采纳我提出的饮品间的建议，也是因为觉得很有趣。一般人都会认为餐饮店里，最重要的就是食物美味吧？在我进入“乐”之前，从来没想过吃饭的时候，顾客说一句“很开心”会是对店铺最好的夸奖。

因为顾客来店里是为了度过一段愉快的时光，所以预约的时候还会指定服务员，比如“我要坐太郎前面的座位”。所以有一天，当熟悉的顾客第一次指名要坐我面前的位置时，我特别开心。这不就证明我的服务让顾客度过了一段美好的时光吗？

尽管如此，我那时并没有想过不久后要拥有自己的店。不过身边的店员都想要独立，一起喝酒的时候会讨论要怎么样做，才能让现在的店铺变得更好，讨论独立后想开一家什么样的店。

和这样的员工一起工作，自己也会产生想要独立开店的想法。

“乐”是东京的店，所以我想过独立后在东京开店。不过我的老家在仙台市附近，小时候经常在家附近玩耍，所以对那一带很熟。而且和东京相比，仙台的房租更便宜，客单价却差不多。于是我最终决定在仙台开店。

一开始的选址在距离仙台站一公里左右的商务住宅区，到了傍晚，会有很多下班的人去仙台站准备回家，关键是周围几乎没什么餐饮店。但是我租的房子在离大路有些距离的小路上，从大路上完全看不到入口。

所以我在店铺施工的时候，特意在对着大路的地方摆出桌子和供应商讨论事情或者面试打工的人。每当有好奇的路人来问的时候我就告诉他们，我在前面开了一家居酒屋。每天坚持如此，于是有了面熟的顾客，我在开店前就给店里找好了顾客。

因为有了在“乐”工作的经验，我开了这样一家位置有些偏僻却会让顾客想介绍给朋友，主打菜为烤青花鱼、服务好的居酒屋。我相信只要顾客来过一次，就能帮我做宣传。于是我顺利地开到了第三家店。之后发生了东日本大地震。

地震后店里一片狼藉，店员甚至无法确认亲戚朋友是否平安，店里连续三天什么都做不了。唯一值得庆幸的是，电力很快就恢复了。于是我和留在仙台的三个店员一起决定做些力所能及的事，重开了店铺。

能准备的菜品只有从市场采购的毛豆，从鱼店进的真空包装的章鱼饭，还有库存的生啤。因为我们想竭尽所能让顾客开心，所以在桌子上放了两种配毛豆的盐，有普通的盐和粗盐。

老实说我心中也很犹豫，不知道在大家都很艰苦的时候开店到底好不好。所以我没有点亮店铺招牌，只在店里开了灯。当顾客不经意间走进来的时候听到我说店里只有毛豆，都会说："没事，我就是想来喝一杯。"这种时候我就会觉得自己还是被人需要的，开店真好。

当时店里每天都满员，顾客们会露出松了一口气般的笑容，大家都是想喝一杯酒，和别人聊聊天。宇野老爹也给我打来电话询问震后的情况，我告诉他店还在营业，就像在"乐"的时候学到的，只有煮毛豆和瓶装啤酒，不过生意很好。电话那头的老爹很惊讶，对我说："因为你平时就笑眯眯的，所以店里的人此时也能保持笑容，店里生机勃勃的，才会有顾客来吧。"正是因为这次地震，才让我明白了居酒屋的本质。

❖让我燃起热情的后盾老爹做的海报

万菜 produce（神奈川　横须贺）
石井利幸

从“乐”独立出来的第一批员工之一，自己开的店铺是旧仓库翻新的，很独特。如今已经六十岁，每周依然有三天时间是独自一人照顾店铺。

我三十二岁的时候有了开店的想法，于是去了“乐”的老爹（宇野氏）那里面试。虽说是老爹，但他只比我大了几岁。我经常去“乐”的店里喝酒，很喜欢店里的氛围。面试那天，老爹带我去了五六家店喝酒。带我看了很多不同风格的店之后，老爹说：“怎么样？是不是有干劲了？”我深表赞同，于是加入了“乐”。

我做过电视广告的制作人，经营过帆船俱乐部。我做电视广告的时候吃了不少苦，当时要等半年甚至一年之后才能知道自己做出的成果如何，从制作完成到卖出商品之间的时间间隔很长。不过做餐饮可以当场看到顾客的反应。如果菜好吃、酒好喝，顾客就会马上露出笑容，这一点很吸引我。

当时其他店员都是十几岁、二十多岁的年轻人，但都很会说话。“乐”这家居酒屋有很多年轻的女性顾客，而店员都是男性，所以店员会经常和顾客搭话。

比如一起来的朋友去洗手间的时候，留在座位上的女孩子闲得无聊，店员就会上前搭话，问问她是做什么工作的。如果顾客反问：“嗯？你觉得呢？”店员就会先说一个肯定不可能的职业，在顾客说了“真可惜”之后说：“那就是 KIOSK 的服务员。”偶尔真的能猜对。经过一番交流后，就能感到和顾客之间的距离拉近了。

因为我很快就开了自己的店，所以在“乐”只工作了半年左右。我从入职时就开始找房子了，因为我喜欢大海，自己也玩帆船，所以想在离海比较近的地方开店。于是我看上了横须贺一带。我的第一家店在美军基地附近的大楼里，大楼门口有一条水沟，有木板搭在上面，我的店有一半在地下，面积 15 坪左右。

木板路旁边都是面向外国人的酒吧，剩下的就是些小吃店。房地产商见我选了那里的房子后惊讶地说：“你真的要在这种地方开店吗？”但我觉得在这种地方开一家像“乐”那样，让女孩子来了之后会开心的居酒屋才有趣。我和老爹商量的时候他只是说：“房租也很便宜嘛，试试看吧。”

我的店和“乐”很像，员工都是帅气的男性，招呼顾客的时候精力充沛。虽然当时网络不发达，我的店没有做任何宣传，但刚开店就吸引了不少顾客。

男性顾客会觉得来我的店里能跟女孩子搭讪。我的店就像预想中一样，女性顾客很多，因为座位都是长椅，所以人多的时候店员会让顾客往右边移上 15 厘米左右挤一挤。于是男性顾客会觉得“店里的人给我创造了靠近女孩子的机会啊”。

在我开店两三年的时候，宇野老爹打电话对我说：“我做了招聘海报，你来看看吧，就贴在下北泽站站台前面。”我一头雾水地去了，一下车就看见一张长宽都超过 1 米的超大型海报，上面的宣传语很醒目：“男人就要成为一店之主!”旁边写着：“小哲做到了，横须贺的石井也做到了，连米子的池渊也做到了!”这些人都是从“乐”独立出去的同伴。

我没想到自己的名字也出现在了海报上，所以看到之后特别高兴，觉得很帅气，甚至想把海报撕下来带走。我想这海报一定花了不少钱，不过这就是宇野老爹厉害的地方，能毫不犹豫地做出这种事。看到海报之后我也有了继续努力的干劲儿。

我在横须贺开了几家概念不同的店。

我还开过一家以冲绳为主题的居酒屋，不过现在已经转让给在店里工作的年轻人了。那家店的架子上摆着一排冲绳制造商生产的三合装烧酒。吧台呈凹字形，离开吧台，走到顾客那边很不方便，所以店员会隔着吧台把加冰的玻璃杯递给顾客，让顾客自己将架子上的烧酒倒进杯子里。虽然顾客可以愿意倒多少就倒多少，但有些顾客很客气，不会倒太多，所以店里没什么损失。

因为店里有几十种烧酒，顾客会想要按照从北到南的顺序，喝完冲绳所有酒窖出的酒，所以我们会给顾客一个冲绳狮子形状的玩偶，让顾客放在架子上当作标记，能记住自己喝到什么地方了。顾客们都很开心。

我的另外一家店利用了与昭和初期建造的房屋相连的旧仓库，宇野老爹很喜欢。因为老爹会把喜欢的店介绍给“乐”的店员或者前店员，让他们来参观，所以大家都会来我店里。房屋和仓库相连的部分是一条长长的走廊，这种设计很有趣。我没有移动原本就放在门楣上的扫帚，故意留下了陈旧的感觉。而且我会放自己喜欢的布鲁斯音乐做背景音乐，或者现场演奏布鲁斯音乐。顾客很享受音乐与周围场景的反差。因为店铺很大，面积有 100 坪，所以在距离厨房很远的包间开自助酒会的时候，店员会提前在房间的冰箱里放很多瓶装啤酒、烧酒、日本酒、威士忌、红酒等，让顾客自己制作鸡尾酒。虽然这是因为店员忙不过来，但反而能让顾客开心。

我在横须贺已经开了四家店，其中一家全部由我一个人经营，每周只开三天。那家店在一座很旧的大楼里，以前就是一家老酒馆，也会用来开演唱会。因为我也有一支布鲁斯乐队，所以会在这里演出。

店的名字叫作“无赖庵酒馆”，名字来源于滚石乐队曾经的吉他手布莱恩·琼斯，以及迷途猫合唱团的吉他手布莱恩·塞泽。

我已经六十岁了，之所以现在还想亲自经营店铺，是因为离开一线会让我觉得很寂寞。只要在店里，就能听到各种各样的信息，比如现在流行什么食物。这些信息能让我有活在当下的感觉，只在办公室做管理，可不会有这种感受。

因为这家店是我一个人在开，所以店里只有瓶装啤酒。这家店里的顾客无论男女，多数是比我年长的人，大家都很帅气。看到我站在吧台后面，有的顾客会问一句：“老板你不喝吗？”然后我会说着“麻烦你了”，递过杯子让顾客帮我倒上酒，享受顾客服务的感觉很愉快啊。

虽然这家店被装修成了酒吧的样子，但店里不光有下酒菜，还有其他各种丰盛的菜品，比如生鱼片、炖菜和炒饭等。我喜欢居酒屋里的菜品，这家店里并不会一直有演出，所以没有演出的时候，如果只有下酒菜就太没意思了。而如果每天都开店的话太累，所以每周只开三天对我来说是最合适的节奏。店里休息的时候，我会做些自己喜欢的事，比如给我花很低的价格买来的木贝斯调音。

我的店里已经有十来个人独立开店了。对宇野老爹来说，这些年轻人都是他的“徒孙”，大家都继承了“乐”的精神。我想告诉这些独立的年轻人：“总之愉快地去做吧。”

❖只要做好“理所当然”的事，顾客就会开心

P/man&HiP/man（东京·涉谷）

胜濑哲史

辞去了公司职员的工作进入“乐”，之后在涉谷一处人少的小路边开了一家 10 坪的店，名叫“p/man”，生意兴隆。

我大学毕业后进了一家大企业，工作三年后，有一天我走进了“乐”。

我每天都工作到筋疲力尽，但是店里和我年纪相仿的店员都很开心，工作充满活力。当时我受到了不小的冲击，觉得同样的年纪竟然会有这么大的差别。

以此为契机，我辞职进入了“乐”。

在大公司工作很安稳，父母也会安心。但是难得父母把我带到这个世上，我觉得应该找一份喜欢的工作，不是只图安心，而这才是真正的孝顺吧。

但是进入“乐”之后，我发现这一行并非只要微笑就可以了。店里每天都有很多顾客，必须非常麻利地做事才行，我跟不上别人的节奏，甚至顾不上对顾客说“欢迎光临”“谢谢您的

光临”。说实话，这项工作很辛苦。

其实在进入“乐”一个月之后我想过辞职。我当时一个人住，回到父母家跟父母商量的时候，妈妈对我说：“你这个月的排班不是都定好了吗？如果现在跟老板说要辞职就太难看了，至少坚持把排好的班上完吧。”

第二天我来到店里的时候看到了写着我名字的菜刀。我从来没有在餐饮业干过，完全没有自己的工具，所以店里特意为我准备了。这就像有了自己的名片后，就说不出要辞职的话。从那以后我便不甘心说自己做不到，而一直努力着。

要说进入“乐”之后第一次感到开心的事情，是我在开放式厨房当着顾客的面做好了甜点，顾客说很好吃。我当时心想如果这位顾客能再来，我一定会更开心，于是有了干劲。

那是我第一次感到自己能做到。

因为我嘴笨，招呼顾客的时候很不安，担心自己连“乐”菜单上的菜品都讲不明白，不能很好地招呼顾客。

比如店里有一道招牌菜是 20 厘米宽的萝卜关东煮，因为太大了，会在顾客吃完之前凉掉，所以这时可以对顾客说：“我帮您热一下吧。”重新端给顾客的时候，换一个盘子并切成容易入口的小块。这样一来就算嘴笨，顾客也会觉得我服务很周到。

烤青花鱼也是一道可以创造与顾客交流机会的菜品。因为这道菜会配柠檬，所以在表演过用喷灯烤青花鱼皮之后，可以对顾客说："请把柠檬汁挤在鱼身上，会变得非常好吃。"搭配的面包和浓汤可以故意少上一些，然后告诉顾客"不够就叫我来加"。

我努力想了很多招待顾客的小技巧，其实只需要向顾客传达最简单、就连我也能很自然地说出口的话就可以。所以我逐渐拉近了与顾客之间的距离。大型连锁店里也会有在招待顾客方面下功夫的店铺，它们会特意统一打招呼的方式。不过大多数店都给人一种按照手册说出固定台词的感觉。连锁店与顾客之间的距离感和"乐"截然不同。

在"乐"，就算是刚刚开始工作的打工者，也会学到积极招待顾客的方式。利用上面提到的那些菜，就算没有任何经验，也能和顾客搭上话。

店里人会教授打工的年轻人，就算不是那些有特点的菜品，也可以在招待顾客的时候用简单的语言和顾客搭话。比如"请趁热吃""盘子很烫，请小心"之类。撤盘子的时候不要只看一桌，也要看看周围的桌子上有没有空玻璃杯，问问顾客要不要加饮料。这样既能照顾到顾客，又能把工作一次做完。

餐饮店是展示在顾客面前的生意，所以老爹总是打扮得很精致。看到老爹打扮得这样帅气，我也变得在意起自己的打扮了。

有人夸我们老爹很精致的时候，老爹都会露出得意的样子说：“这是优衣库的衣服。”昂贵的衣服自然会精致，但便宜衣服同样也能吸引别人的目光。

有一次老爹在参加婚礼时穿了一件西装，口袋里放着蓝色的方巾，我对他说这个很好看，老爹笑眯眯地说：“这是优衣库的袜子。因为有一只破了个洞，我就把另一只做成方巾了。”老爹有很多这种不用花钱的小心思，在开店方面也同样如此。

我是在三十五岁时独立的。我选的地址是在距离涉谷站徒步五分钟左右的小路上。人们都很惊讶为什么我会在这里开店。从这里透过窗户可以看到涉谷川。我还在楼上建了一间阁楼，因为我的目标是开一家来过的人愿意向周围朋友推荐的、有特色的店。

我希望这家店成为上司能够带下属在吃过正餐后，轻松来喝酒的地方。

上司也想让下属看到自己好的一面吧。如果有一家店能让上司在请客时听到下属感叹“您竟然知道这么好的店”，那么上司一定会很开心吧。

顾客来到居酒屋的时候，可以轻松地享受喝酒的时光。所以我认为重要的是创造出能让顾客真正享受的空间。这是我在“乐”工作时发现的。在“乐”工作的人都明白这一点很重要。

在居酒屋里，用 100 日元买来的两块冷豆腐就能做一道菜，然后卖出几百日元。但是为了让顾客开心，配菜不能使用开店前就取出晾干的生姜，必须使用刚刚取出来的生姜。啤酒也必须是充分冰过的。

这都是简单又理所当然的事，却是能让顾客开心的关键。我在“乐”学会了要重视这些能让顾客开心的、理所当然的事情。

我的店铺只是一家普通的居酒屋，没有复杂的菜品。但是经常有顾客说还会再来，然后真的变成了回头客。这件事让我产生了至高的幸福感。

独立之后，既有犹豫也有苦恼。但是不太容易找到倾诉的对象。而因为我在“乐”认识了很多像我一样独立开店的同伴，在婚礼之类的活动上遇到之后，会与这些朋友说现在正在思考的事情，以及自己店里的优缺点。正是我和这些朋友的羁绊，一直支持着我走到了现在。

Part 3

正因为是新手才能战胜行家

宇野隆史，与独立开店的前店员讨论开一家优秀店铺的秘诀

❖对谈宇野隆史×岩泽博（“乐”毕业生代表）

岩泽博氏

一九六一年出生于东京。Basics 社长。二十七岁时从服装制造公司辞职，加入乐集团。五年后独立，一九九三年在东京·西荻洼开了第一家店 Teyan 亭。后来在西麻布、六本木、涉谷、吉祥寺等东京人气地区开设了“Joymon”等七家店（截至二〇一三年秋）。

凭借指南书开不了餐饮店

宇野隆史 每年都会有无数家餐饮店开张，也会有无数家餐饮店倒闭。但是，我就是不明白餐饮店为什么会倒闭。毕竟从 50 米外的超市买来 100 日元一个的西红柿，只需要冰一冰切好就能卖 300 日元啊。卖出的价格比买来的时候高，这种生意应该不会倒闭。

所以，看着指南书且满脑子只考虑成本率、房租比例这些事情的人最好还是打消开店的想法吧。比如高尔夫，也从来没有人只凭借书本就能变成真正的高手（笑）。

岩泽博 最近餐饮业正在逐渐企业化。虽然管理餐饮店时最重要的数字是 FL 成本率（食材费用和人员费用之和，与销售额的比例），但是我开了二十年饭店，现在也不知道 FL 是什么（笑）。就算不知道这些东西也能让店铺生意兴隆，比起这些“企业用语”，还有更多让店铺生意兴隆的事要做。

宇野 这些东西对想要开很多家店、把生意做大的人来说很重要，他们会觉得这些东西很有意思，其实这确实是很厉害的东西，但是我完全不感兴趣，也没有这份才能（笑）。对我来说，企业化的店越多越值得庆幸，因为我觉得自己能够战胜这些店。

我们在做的事非常简单。我没有想着靠大量计算来降低成本率，并按照这些数字制作菜单。我是一直在思考如何让今天比昨天吸引更多的顾客，如何让明天比今天吸引更多的顾客。

无论是菜单还是招待顾客的方式，只要有想法我就会去试，如果反响很好就继续扩展。只要不断重复这样的工作，我们就能获得胜利。

岩泽 我开分店的时候也没有仔细制订计划。当时我和老爹喝了酒，醉醺醺地在街上走，突然看到一家空房子，老爹问我在这里开店生意会不会好，我随口说着应该不错，于是就决定在那里开店了。

宇野 我们公司现在有约二十家店，不过不同的店长确实能吸引不同的顾客，因为大家对胜利的概念不同。给那些时下流行的店里打电话会发现，所有人都和店长的声调一样。

岩泽 没错、没错，他们连店长的声音都会模仿。我问是店长吗？那边就会说不是，我这就去叫他（笑）。

宇野 这是因为店长散发出强大的人格魅力，而接电话时有气无力地说一句“你好……”是不行的，这会让人觉得这家店铺估计要倒闭了。

我的店会让想当店长的年轻人来当店长，这些人里面也有些人我觉得不合适。甚至有的人会把采购、准备、打扫等所有工作都交给别的店员，很晚才来到店里，觉得自己的工作只有手写当天的菜单。独立之后，店里的所有事情不是都要自己来做吗？这样的店长如果有了自己的店，应该都会倒闭吧。

另一方面，成功独立的店长会成为店里宝贵的财富，就像小岩（岩泽）这样的前辈。小岩现在六本木、涉谷都有生意兴隆的店，自己建起了豪宅，开的车是保时捷。我店里的年轻人看到后就会觉得只要努力，自己也可以做到。毕竟小岩以前进货的时候开的还是本田小狼（本田的小型摩托）（笑）。

就算进入一流企业，能成为老板的人也是万里挑一的人才。但是他们会觉得自己能够成为小岩这样的人。因为小岩曾经和自己在同一家店里工作，也是从攒钱开始的。让他们拥有梦想是非常重要的事。

岩泽 我在“乐”工作的时候看到老爹在八岳的豪宅，看到住在加拿大温哥华的前辈，心里会觉得真想靠近他们一些啊。

我们知道尽管老爹现在的生活这么富足，以前他也有过一个人开店的时候，所以我们才能把他当成自己的目标。我会对店里的年轻人说，我特地买了一辆保时捷，你们坐上来看看吧，就是为了让他们将我当成目标，觉得能坐上保时捷会很开心。

宇野　正是因为那些刚一开店生意就非常好的人，才会让身边的人觉得也许自己也能做到。有了自己的店之后，大家的变化都很大。甚至有的人会让我觉得，怎么在我店里的时候没这么能干呢？无论是做菜还是招待顾客都和以前判若两人（笑）。看到前不久还一起工作、一起吃饭的家伙有了这么大变化，其他年轻人会觉得自己也能够改变吧。

保持“新手视角”能够让店铺生意兴隆

岩泽　我的第一家店开在西荻洼，因为是在距离车站有一定距离的大楼的地下，一开始完全没有顾客。我在车站发了传单，后来我意识到，一般人只会想着如何招揽顾客，但是对店铺来说重要的不是如何让顾客来，而是如何让顾客做回头客。

拼命招揽来的顾客，如果他们下次不再来了，就不得不一直招揽新的顾客。但如果能让顾客带着愉快的心情离开，他们就会再来。

据说老爹以前开店时，年轻的女性顾客吃完饭走到门口刚要离开时，老爹会叫她们的名字，然后从吧台扔过去一个橘子。如果顾客漂亮地接住了，老板就会说一句“接得好”，女孩子和店里其他的顾客都会露出笑容。这样的顾客一定会再来的吧，会对老板说：“今天很开心，我又恢复活力了，下次还会再来。”

为了让顾客从心底感到开心，重要的是始终保持“新手视角”。我在去自己的店时一定会好好吃一顿，且喝得醉醺醺的，付过钱之后回家。如果不这样做就不能体会到顾客的感受。

宇野　小岩是自己店里的“第一顾客”。所以如果他对店员的服务不满意，那么其他顾客一定也不满意。相反，如果他觉得服务很好，其他顾客一定也会觉得开心。菜品好不好吃也是一样道理。我认为开店之后应该经常坐在座位上从顾客的角度思考。

有人采访一位著名的落语家时问他，落语是说给谁听的。据说落语家的回答是：“笨蛋！我不是坐在那里（观众席）呢吗？如果不能让他满意，我就不再说落语了。”开店也是一样的道理。

岩泽　我在“乐”工作的时候，一开始是从“形”学起的（笑）。因为我以前是服装行业的，完全没有餐饮业的经验，结果突然被放在了开放式厨房里，而且店里还特别忙碌。老板在案板前利落地切好生鱼片之后，会把金属的筷子一下子扎进案板，然后把菜端出来。大家都觉得这个动作很帅气，纷纷模仿起来。

前辈们会一边和顾客聊天一边切菜，都不用看手底下，这也很帅气。但是刚入这一行的时候就想模仿，绝对会切到手指，所以我会在顾客看不到菜刀的地方剁出声音，但其实案板上什么都没放（笑）。因为我想帅气地颠平底锅和炒锅，为了不让米粒洒出来，我拼命练习了好久。

宇野　我在自己开店前，在新桥的餐饮店里工作。那里有十来家拉面小摊，下班后我就会去那些小摊吃饭，不过我去的一直是同一家店。我后来仔细想了想为什么会去那家店，那家店的老板会在拉面做好后左手拿着一根长长的大葱，放在碗的上方用菜刀利落地切成小丁，最后再切一片柚子放进去。动作特别娴熟，不过我觉得谁都能做到。切葱练上三十分钟就能做到了。

两人在岩泽经营的烤串店“Joymon 涉谷店”对谈

岩泽 就连烤鸡这种简单的菜品，撒盐的方式不同也会给顾客不同的感受。说老实话，我们这些人都是“实打实的小白”。甚至有“都市传说”在说老板根本不会做菜（笑）。店里忙的时候，让老爹来搭把手剥螃蟹壳的话，就会看到老爹跟那只螃蟹艰苦奋战，一会儿就不见人了（笑）。

宇野 但是我知道怎么摆盘最好、怎么摆盘是不行的（笑）。

岩泽 老爹能站在顾客的角度判断菜品的好坏，而不是从专业角度。所以我觉得有没有厨师证都不重要（笑）。

宇野 我没有资格证之类的东西。我觉得如果别人夸赞我的菜做得好吃，问我是不是学了很久的时候，我说一句“其实我没有厨师证”会很帅气。

岩泽 没错。我在滑雪场的时候果断地滑下去，身后带起一股雪末的时候，如果别人说：“很厉害啊，你是滑雪几级？”然后我的回答是“其实我没有滑雪证”。这不是很帅气吗？我想就是这种感觉。

宇野 我这个人啊，不喜欢经常更换店里的主要菜品，当然其他菜是会更换的。就算不擅长做菜，如果每天都做炒鸡蛋，连续练习一个月的话，任何人都能做出非常美味的炒鸡蛋了吧。做好这道菜之后，水平就会一下子上一个台阶。因为只要在饭店里说一句：“我马上要做三人份的炒鸡蛋，谁要吃？”绝对没有顾客会说不吃。麻利地做好端给顾客，就一定会被顾客夸奖。

其实不擅长做菜对我们店里的年轻人来说还有好处呢。**因为如果是手艺很好的专业厨师，就会全心全意地去思考如何做出美味的菜品。而我们正是因为明白自己做不到这一点，才会去拼命思考对策。**有一个从我店里独立出去的年轻人在吧台前做了一个地炉，会在那里烤用杆子穿起来的鱼。这种表演形式的菜品就是一种对策。人有自知之明非常重要，这样就会去思考如何胜过比自己做得好的人，这样才能得到成长。这也是最省力的方法（笑）。

岩泽　所以“乐”一直有章鱼切块这道菜。就是因为店员没有厨师那么好的刀工，不能切出薄薄的生鱼片，才想出了这种以分量吸引顾客的菜品。

宇野　不管怎么说，我们都不可能胜过做了十年甚至二十年日本料理的人啊。

岩泽　厨师会讲究什么是最好的调味料，什么是第二位的调味料，而我们会觉得鲣鱼风味的调味料就挺好，关键在于如何搭配菜品。

“乐”也有过厨师出身的人，让他配调味料的时候，他会去切鲣鱼现做调料。其他店员对他说不是这样，我们店只在热水里放入料包。结果他当场就辞职了。

他有他的原则，不适合我们这个世界，不过我们用我们的方法也能挣到钱。虽然没办法评价哪种原则更好，但能轻松地挣到钱不就很好嘛（笑）。

“三天打鱼，两天晒网”并不坏！

宇野 但也不能只图轻松。小岩的店里摆了一排冲绳烧酒，我觉得很不错。我看到他亲自去冲绳进货，想让他告诉我门路，结果被拒绝了。

岩泽 因为如果“乐”这样做了，别人就会说是我们在模仿。

宇野 我以前从来没被别人这样拒绝过，老实说他不愿意告诉我的时候我真的挺生气，但是过了三天我想通了。自己好不容易想出来的点子，当然不想告诉别人了。从那以后我又开始自己考虑有趣的点子了。

以前，我一直在按照自己的想法开店，而这件事让我充分意识到了独立思考是多么重要的事。

所以**如果自己好不容易开了一家有个性的店，在经营出现困难的时候，去生意好的店里学习，结果受到那些店的影响而失去自己的风格就很可惜了。**

岩泽 一直探索别人没有做到的事是个好习惯。老爹很久以前就喜欢做这种事，他开咖啡馆和寿司店的时候，早就想出了披萨吐司或寿司手卷这种当时不太为人熟知的菜品。刚开了“乐”的时候，老板会放着爵士乐、穿着厨师服，这在当时的居酒屋里可是头一家。

“乐”一开始的招牌是大盘家常菜。如今已经创业近四十年，虽然大盘家常菜已经消失了，但“乐”依然存在，这是因为“乐”一直在追求变化，不会让顾客厌倦。老爹不是经常说“不要放弃厌倦本身”吗？

宇野　我觉得“三天打鱼，两天晒网”不是坏话。如果放弃三次就觉得自己是个没用的人，那么能够连续放弃几十次的人就会觉得自己很了不起了。我自己就是个三天打鱼、两天晒网的人（笑）。

我认为只要能吸收并变成自己的东西，就可以尽情去其他店考察，尽量吸取自己认为优秀的地方。我对从我店里独立出去的年轻人也说过，尽管模仿我店里的菜品。

从我店里独立出去的年轻人，有的会提供冰得凉凉的烧酒。人们一听说竟然有提供冰烧酒的店，就会觉得很有意思，想去看看吧。“乐”以前也有过冰烧酒，而那个年轻人在自己的店里改良后将其发扬光大了。

这种想法就很不错，也有年轻人会选择努力学习制作特制啤酒作为店里的招牌。不过冰烧酒更简单，而且绝对会让顾客开心，还不会失败，毕竟冰烧酒不需要任何设备投资（笑）。

网络时代的居酒屋

宇野 现今时代网络发达，消息传播迅速，店铺的照片会不断在社交媒体上被公开。我刚开店的时候，根本不可能足不出户就获得各种信息。

正因为如此，我觉得应该回到大家都向往的过去。我本人很喜欢以前那种简单的居酒屋，我想以后这种居酒屋会越来越受人们的关注。实际上以前那种只有中年大叔会去的店，现在女孩子也开始去了。

无论多么新颖的点子，到了第二天就会过时。在网络时代，信息的速度比过去快几万倍。但普通的居酒屋始终能够保持“新鲜”。最近这种想法在我心里越来越鲜明了。

以前的居酒屋里，有的只是生鱼片、烤鸡、冷豆腐、咸菜。虽然我们一直在改良，但现在对这些传统菜品改良也已经变得没有意思了。冷豆腐果然还是传统的冷豆腐好，女孩子们也会喜欢。

烹饪杂志里经常会有炖菜或者炸肉饼、咖喱的专题。翻看以前的过期杂志里也都是炸肉饼、咖喱这些常规菜品的专题。

看到店里的年轻人做蔬菜千层酥，我就会问他们这道菜能不能成为杂志的专题，告诉他们现在必须学会的是真正美味的炸肉饼，一定要学会的只有十来个菜品，像土豆烧肉这样的。

岩泽 没错。而且越常规的越好。土豆沙拉里最好吃的就是，在蒸得软绵绵的土豆里拌入蛋黄酱和鸡蛋的那种。我店里的员工会在土豆沙拉里放肉末，我会跟他们说这样不对。

宇野 我问尝试新菜品的年轻人这道菜能不能存在二十年甚至三十年，他们都会说不行。所以像土豆沙拉这种东西最基本的就是最好的。如果做出了非常美味的改良版土豆沙拉，在如今这个时代马上就会被别的店铺模仿。

既然如此，不如做最基本的土豆沙拉，跟顾客说会放很多鸡蛋，然后当着顾客的面撒上满满的鸡蛋，这样还能创造和顾客的交流机会。

这才是能够让顾客永远不厌倦，始终开心的店。

初次发表

Part 1 对《日经餐厅》2011 年 1 月号 ~ 2013 年 9 月号连载的《宇野隆史教你如何让小店生意兴隆》进行了修订。

Part 2 新增

Part 3 以《日经餐厅》2013 年 8 月号特辑中收录的对谈为基础进行了修订。

结　语

宇野隆史　我在东京·经堂开了一家仅有5坪，名为“食物和汤”的居酒屋。今天我要向大家介绍刚开店时，认识的鱼店老板——“鱼真”的加世井真次先生。

加世井真次　我是真。

宇野　我是在刚开店的时候认识真的。我们两个人的店在一条街上，我在他的店里买蛤仔的时候，他主动问我是不是住在这附近。

加世井　你当时买了一两公斤呢吧。

宇野　我第二天又去了。经堂那边有七八家鱼店，你的店是距离车站最远的，不过其他店的人都没有像你那样主动跟我搭话。我不过是一个普通顾客，别的店都不会和我这样的普通顾客聊天吧，你的态度就像我在店里招呼顾客时一样。

加世井　因为你一直在大量购买蛤仔，所以我想你应该是做生意的人。

当时我刚刚继承家业，觉得以普通顾客为对象的话，不会有前途。现在人们在家里吃鱼的量急剧减少，而且年轻人买东西都会去超市，所以我那个时候开始思考要以餐饮店为目标。

我去车站前面的餐饮店里推销过，但销量不是很好，就在那时遇见了老爹你。这才试着跟你搭话，想问问你是不是开店的人。

宇野 对对对。当时你说沙丁鱼买一板也可以。我还问真的吗，你说没错，接着就问我在什么地方开店。假如我这样问别人，一定是因为有了兴趣，会立刻去店里看看，你也是那天晚上就带着夫人来我店里了。

加世井 那次特别开心。店里只有你和一个打工的年轻人，店很小，都是卡座，只能坐十个人左右。不过店长和顾客们打成一片，十分热闹。而且话题也都特别有意思。我以前去过的餐饮店里，店员和顾客之间都保持着距离，所以当时感觉很受冲击。从那以后，我每周都要去好几次。

宇野 一开始，我从你那里买沙丁鱼都是每次买十板，随着时间的推移，最后一次能买三百板了。我的店和你的沙丁鱼在共同成长（笑）。

加世井 我也跟你说过，要是有开餐饮店的朋友一定要给我介绍生意，然后真的有十来家店从我这里买鱼，后来生意逐渐做大，现在已经有三百家客户了。现在我店里的支柱依然是你第一次来的时候买的蛤仔和沙丁鱼。

宇野 是不是总是分沙丁鱼，已经分腻了（笑）？

加世井 我自从和你合作之后，去看了各种各样的店。

那个时候的居酒屋都没有正经在卖鱼的。每家的刺身拼盘都一样，用的是冷冻罐装金枪鱼和冷冻章鱼，还有红虾和人工繁殖的幼鱼。一年中任何时候都一样，没有应季的鱼。尽管如此，那些连锁居酒屋也卖一盘 1200 日元到 1500 日元，价格不菲。

既然如此，如果能提供应季的鱼，而且价格便宜，顾客一定会高兴，于是我也生出了开店的念头。

每个季节自然会有应季的鱼，所以不需要特意去思考店里要提供什么菜品（笑）。我开店之前还找你商量过吧，你告诉我这样挺好，不要去做太困难的事。托你的福，我现在已经有十家店铺了。

宇野　你是鱼店老板，有知识和技术打底嘛。顾客们听说是鱼店老板开的居酒屋，别的什么都不说，就已经很有吸引力了。不过对我们这种只有好服务的店来说，是相当大的威胁啊（笑）。

你几乎每天晚上都会和老板娘一起去我开的各家居酒屋，那些店都采购了你家店里的鱼。如果见到做鱼的方法不对，你会给出更好的建议，这让我的店受益良多啊。

加世井　我对我们店里的鱼很有自信，但在服务态度上，“乐”还是更胜一筹。所以店里的年轻人如果不知道该如何招呼顾客，我就会让他去“乐”看看。因为比起我说的话，亲自见到的东西更有说服力。我们店里也有明明负责做生鱼片，却还留着邋遢的胡子的年轻人，而“乐”虽然气氛轻松，但在这些方面的规定很严格。

要说技术，我很喜欢“乐”卖的大块生鱼片。沙丁鱼也不是切得越薄越好，而是用刀垂直切下去的口感会更好。切薄片既需要技术又花时间，见到有些店明明技术不好还要切薄，我就会觉得何必花大量时间，反而让自己的菜品卖不出去呢？

年轻人总是想要耍帅。以前我的店里有旋转寿司，寿司里的米饭部分是用机器制作的。一般寿司店的厨师都要修行八年、十年才能捏好，我们肯定不能和他们比。所以虽然我觉得用机器也没什么不好，但现在店员还是愿意自己亲手捏。

我觉得“乐”走在其他店的前列。毕竟你在餐饮界已经打拼了五十年，现在还很活跃嘛。

宇野　我们从对方身上得到的和提供给对方的东西真的有很多。

刚认识的时候，我会在白天去“鱼真”。你父母会在屋里招呼我说，家里正在做挂面，要不要一起吃什么的。

当时日本刚刚进入泡沫经济时代，大家脑子想的都是钱，人情味越来越淡了，所以你父母的话让我深受感动，和这样的人交往对我做生意非常有帮助。你夫人也很大方，白天有人去的时候会一边笑着说好忙啊，一边炸二十人份的炸肉饼。直到现在，我还会在白天去你们家蹭饭呢（笑）。

加世井　明天也要来吃午饭啊（笑）。

2013年8月

东京·经堂乐集团

加世井真次

一九四九年出生于东京。在筑地一家渔业中介公司工作。后来继承了家里的鱼店，给乐集团等多家餐饮店提供鱼类，逐渐发展壮大。从一九八三年开始经营下北泽的一家居酒屋“鱼真”，主打鲜鱼。如今在东京已有十家店（截至2013年9月）。

在涉谷某家店和店员喝酒聊天的作者

宇野隆史

乐集团社长

1944年生于东京。因为父亲是杂志《酒》的编辑，小学时就曾给《酒》杂志投稿。从早稻田大学辍学后，进入餐饮行业。1978年建立乐集团，在东京·经堂开了第一家以大盘家常菜为招牌的5坪居酒屋“食物和汤”和“极乐屋”。1981年在东京·下北泽开了“食物与乐”，成为主打大盘家常菜且风靡一时的居酒屋。1988年，私人公司乐集团改组为上市公司，宇野隆史担任社长。公司方针是让店员全部能够独立，从乐集团独立后经营餐饮店的人数达到数百人，店员们都亲切地称呼宇野隆史为“老爹”。现在，首都圈内大约有20家店。除了从乐集团独立出去的员工外，很多年轻的餐饮店经营者都受到了乐集团的影响。著有《会切西红柿，就能做餐饮》(已由东方出版社出版)。店铺的标语是“一笑一杯”，意思是露出一抹笑容就能喝一杯酒。能让顾客露出笑容的店铺是宇野隆史心中的理想店铺。妻子是前模特丘博美。

各部分扉页题字、p138、p144插图：宇野隆史

“服务的细节”系列

《卖得好的陈列》：日本“卖场设计第一人”永岛幸夫

定价：26.00 元

《为何顾客会在店里生气》：家电卖场销售人员必读

定价：26.00 元

《完全餐饮店》：一本旨在长期适用的餐饮店经营实务书

定价：32.00 元

《完全商品陈列 115 例》：畅销的陈列就是将消费心理可视化

定价：30.00 元

《让顾客爱上店铺 1——东急手创馆》：零售业的非一般热销秘诀

定价：29.00 元

《如何让顾客的不满产生利润》：重印 25 次之多的服务学经典著作

定价：29.00 元

《新川服务圣经——餐饮店员工必学的 52 条待客之道》：日本“服务之神”新川义弘亲授服务论

定价：23.00 元

《让顾客爱上店铺 2——三宅一生》：日本最著名奢侈品品牌、时尚设计与商业活动完美平衡的典范

定价：28.00 元

《摸过顾客的脚才能卖对鞋》：你所不知道的服务技巧，鞋子卖场销售的第一本书

定价：22.00 元

《繁荣店的问卷调查术》：成就服务业旺铺的问卷调查术

定价：26.00 元

《菜鸟餐饮店 30 天繁荣记》：帮助无数经营不善的店铺起死回生的日本餐饮第一顾问

定价：28.00 元

《最勾引顾客的招牌》：成功的招牌是最好的营销，好招牌分分钟替你召顾客！

定价：36.00 元

《会切西红柿，就能做餐饮》：没有比餐饮更好做的卖卖！ 饭店经营的“用户体验学”。

定价：28.00 元

《制造型零售业——7-ELEVEn 的服务升级》：看日本人如何将美国人经营破产的便利店打造为全球连锁便利店 NO. 1！

定价：38.00 元

《店铺防盗》：7大步骤消灭外盗，11种方法杜绝内盗，最强大店铺防盗书！

定价：28.00元

《中小企业自媒体集客术》：教你玩转拉动型销售的7大自媒体集客工具，让顾客主动找上门！

定价：36.00元

《敢挑选顾客的店铺才能赚钱》：日本店铺招牌设计第一人亲授打造各行业旺铺的真实成功案例

定价：32.00元

《餐饮店投诉应对术》：日本23家顶级餐饮集团投诉应对标准手册，迄今为止最全面最权威最专业的餐饮业投诉应对书。

定价：28.00元

《大数据时代的社区小店》：大数据的小店实践先驱者、海尔电器的日本教练传授小店经营的数据之道

定价：28.00元

《线下体验店》：日本“体验式销售法”第一人教你如何赋予O2O最完美的着地！

定价：32.00元

《医患纠纷解决术》：日本医疗服务第一指导书，医院管理层、医疗一线人员必读书！ 医护专业入职必备！
定价：38.00 元

《迪士尼店长心法》：让迪士尼主题乐园里的餐饮店、零售店、酒店的服务成为公认第一的，不是硬件设施，而是店长的思维方式。
定价：28.00 元

《女装经营圣经》：上市一周就登上日本亚马逊畅销榜的女装成功经营学，中文版本终于面世！
定价：36.00 元

《医师接诊艺术》：2 秒速读患者表情，快速建立新赖关系！ 日本国宝级医生日野原重明先生重磅推荐！
定价：36.00 元

《超人气餐饮店促销大全》：图解型最完全实战型促销书，200 个历经检验的餐饮店促销成功案例，全方位深挖能让顾客进店的每一个突破点！
定价：46.80 元

《服务的初心》：服务的对象十人百样，服务的方式千变万化，唯有，初心不改！
定价：39.80 元

《最强导购成交术》：解决导购员最头疼的55个问题，快速提升成交率！
定价：36.00元

《帝国酒店——恰到好处的服务》：日本第一国宾馆的5秒钟魅力神话，据说每一位客人都想再来一次！
定价：33.00元

《餐饮店长如何带队伍》：解决餐饮店长头疼的问题——员工力！ 让团队帮你去赚钱！
定价：36.00元

《漫画餐饮店经营》：老板、店长、厨师必须直面的25个营业额下降、顾客流失的场景
定价：36.00元

《店铺服务体验师报告》：揭发你习以为常的待客漏洞 深挖你见怪不怪的服务死角 50个客户极致体验法则
定价：38.00元

《餐饮店超低风险运营策略》：致餐饮业有志创业者＆计划扩大规模的经营者＆与低迷经营苦战的管理者的最强支援书
定价：42.00元

《零售现场力》：全世界销售额第一名的三越伊势丹董事长经营思想之集大成，不仅仅是零售业，对整个服务业来说，现场力都是第一要素。

定价：38.00 元

《别人家的店为什么卖得好》：畅销商品、人气旺铺的销售秘密到底在哪里？ 到底应该怎么学？ 人人都能玩得转的超简明 MBA

定价：38.00 元

《顶级销售员做单训练》：世界超级销售员亲述做单心得，亲手培养出数千名优秀销售员！ 日文原版自出版后每月加印 3 次，销售人员做单必备。

定价：38.00 元

《店长手绘 POP 引流术》：专治“顾客门前走，就是不进门“，让你顾客盈门、营业额不断上涨的 POP 引流术！

定价：39.80 元

《不懂大数据，怎么做餐饮？》：餐饮店倒闭的最大原因就是“讨厌数据的糊涂账”经营模式。

定价：38.00 元

《零售店长就该这么干》：电商时代的实体店长自我变革。

定价：38.00 元

《生鲜超市工作手册蔬果篇》：海量图解日本生鲜超市先进管理技能

定价：38.00 元

《生鲜超市工作手册肉禽篇》：海量图解日本生鲜超市先进管理技能

定价：38.00 元

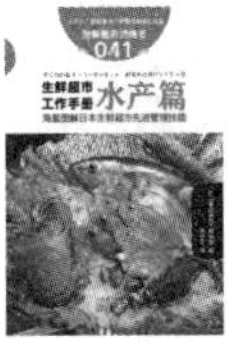

《生鲜超市工作手册水产篇》：海量图解日本生鲜超市先进管理技能

定价：38.00 元

《生鲜超市工作手册日配篇》：海量图解日本生鲜超市先进管理技能

定价：38.00 元

《生鲜超市工作手册副食调料篇》：海量图解日本生鲜超市先进管理技能

定价：48.00 元

《生鲜超市工作手册 POP 篇》：海量图解日本生鲜超市先进管理技能

定价：38.00 元

《日本新干线 7 分钟清扫奇迹》：我们的商品不是清扫，而是“旅途的回忆”

定价：39.80 元

《像顾客一样思考》：不懂你，又怎样搞定你？

定价：38.00 元

《好服务是设计出来的》：设计，是对服务的思考

定价：38.00 元

《让头回客成为回头客》：回头客才是企业持续盈利的基石

定价：38.00 元

《餐饮连锁这样做》：日本餐饮连锁店经营指导第一人

定价：39.00 元

《养老院长的 12 堂管理辅导课》：90%的养老院长管理烦恼在这里都能找到答案

定价：39.80 元

《大数据时代的医疗革命》：不放过每一个数据，不轻视每一个偶然

定价：38.00 元

《如何战胜竞争店》：在众多同类型店铺中脱颖而出

定价：38.00 元

《这样打造一流卖场》：能让顾客快乐购物的才是一流卖场

定价：38.00 元

《店长促销烦恼急救箱》：经营者、店长、店员都必读的“经营学问书”

定价：38.00 元

《餐饮店爆品打造与集客法则》：迅速提高营业额的“五感菜品”与“集客步骤”

定价：58.00 元

《赚钱美发店的经营学问》：一本书全方位掌握一流美发店经营知识

定价：52.00 元

《新零售全渠道战略》：让顾客认识到“这家店真好，可以随时随地下单、取货”

定价：48.00 元

《良医有道：成为好医生的 100 个指路牌》：做医生，走经由“救治和帮助别人而使自己圆满”的道路

定价：58.00 元

《口腔诊所经营 88 法则》：引领数百家口腔诊所走向成功的日本口腔经营之神的策略

定价：45.00 元

《来自 2 万名店长的餐饮投诉应对术》：如何搞定世界上最挑剔的顾客

定价：48.00 元

《超市经营数据分析、管理指南》：来自日本的超市精细化管理实操读本

定价：60.00 元

《超市管理者现场工作指南》：来自日本的超市精细化管理实操读本

定价：60.00 元

《超市投诉现场应对指南》： 来自日本的超市精细化管理实操读本

定价： 60.00 元

《超市现场陈列与展示指南》

定价： 60.00 元

《向日本超市店长学习合法经营之道》

定价： 78.00 元

《让食品网店销售额增加 10 倍的技巧》

定价： 68.00 元

《让顾客不请自来！ 卖场打造 84 法则》

定价： 68.00 元

《有趣就畅销！ 商品陈列 99 法则》

定价： 68.00 元

《成为区域旺店第一步——竞争店调查》

定价： 68.00 元

《餐饮店如何打造获利菜单》

定价： 68.00 元

《日本家具 & 家居零售巨头 NITORI 的成功五原则》

定价： 58.00 元

《咖啡店卖的并不是咖啡》

定价： 68.00 元

《革新餐饮业态： 胡椒厨房创始人的突破之道》

定价： 58.00 元

《餐饮店简单改换门面， 就能增加新顾客》

定价： 68.00 元

《让 POP 会讲故事， 商品就能卖得好》

定价： 68.00 元

《经营自有品牌： 来自欧美市场的实践与调查》

定价： 78.00 元

《卖场数据化经营》

定价： 58.00 元

《超市店长工作术》

定价： 58.00 元

《习惯购买的力量》

定价：　68.00 元

《7-ELEVEn 的订货力》

定价：　58.00 元

《与零售巨头亚马逊共生》

定价：　58.00 元

《下一代零售连锁的 7 个经营思路》

定价：　68.00 元

《唤起感动：　丽思卡尔顿酒店“不可思议”　的服务》

定价：　58.00 元

《7-ELEVEn 物流秘籍》

定价：　68.00 元

《价格坚挺，　精品超市的经营秘诀》

定价：　58.00 元

《超市转型：　做顾客的饮食生活规划师》

定价：　68.00 元

《连锁店商品开发》

定价：　68.00 元

《顾客爱吃才畅销》

定价：　58.00 元

《便利店差异化经营——罗森》

定价：　68.00 元

《餐饮营销 1：　创造回头客的 35 个开关》

定价：　68.00 元

《餐饮营销 2：　让顾客口口相传的 35 个开关》

定价：　68.00 元

《餐饮营销 3：　让顾客感动的小餐饮店“纪念日营销”》

定价：　68.00 元

《餐饮营销 4：　打造顾客支持型餐饮店 7 步骤》

定价：　68.00 元

《餐饮营销 5：　让餐饮店坐满女顾客的色彩营销》

定价：　68.00 元

更多本系列精品图书，敬请期待！

图字：01-2020-0540 号

WARAU MISE NIWA KYAKU KITARU TANOSHIMU YATSU NIWA FUKU GA MAU written by Takashi Uno.
Copyright © 2013 by Takashi Uno. All rights reserved.
Originally published in Japan by Nikkei Business Publications, Inc.
Simplified Chinese translation rights arranged with Nikkei Business Publications, Inc.
through Hanhe International (HK) Co., Ltd.

图书在版编目（CIP）数据

餐饮创业实战. 6，喜气的店客常来，快乐的人福必至 / （日）宇野隆史 著；佟凡 译. —北京：东方出版社，2020. 5
(服务的细节；100)
ISBN 978-7-5207-0167-9

Ⅰ. ①餐…　Ⅱ. ①宇… ②佟…　Ⅲ. ①饮食业—商业经营　Ⅳ. ①F719. 3

中国版本图书馆 CIP 数据核字（2020）第 030008 号

服务的细节 100：餐饮创业实战 6：喜气的店客常来，快乐的人福必至
(FUWU DE XIJIE 100: CANYIN CHUANGYE SHIZHAN 6: XIQI DE DIAN KECHANGLAI, KUAILE DE REN FUBIZHI)

作　　者：[日] 宇野隆史
摄 影 师：[日] 高桥久雄　尾苗清
译　　者：佟　凡
责任编辑：崔雁行　高琛倩
出　　版：东方出版社
发　　行：人民东方出版传媒有限公司
地　　址：北京市朝阳区西坝河北里 51 号
邮　　编：100028
印　　刷：北京市大兴县新魏印刷厂
版　　次：2020 年 5 月第 1 版
印　　次：2020 年 5 月第 1 次印刷
开　　本：880 毫米×1230 毫米　1/32
印　　张：5. 375
字　　数：177 千字
书　　号：ISBN 978-7-5207-0167-9
定　　价：68. 00 元
发行电话：(010) 85924663　85924644　85924641

版权所有，违者必究
如有印装质量问题，我社负责调换，请拨打电话：(010) 85924602　85924603

U0950474

大鱼

有爱的青春陪伴者

如风轻吻你

亦落芩 著

花山文艺出版社
河北·石家庄

图书在版编目（CIP）数据

如风轻吻你 / 亦落岑著. --石家庄:花山文艺出版社，2023.3
ISBN 978-7-5511-6373-6

Ⅰ. ①如… Ⅱ. ①亦… Ⅲ. ①长篇小说－中国－当代 Ⅳ. ①I247.5

中国国家版本馆CIP数据核字(2023)第017852号

书　　名：如风轻吻你
Ru Feng Qing Wen Ni
著　　者：亦落岑

责任编辑：于怀新 张凤奇
特约编辑：伍　利 裴欣怡
责任校对：卢水淹
装帧设计：Insect 姜　苗
封面绘制：电磁花森
美术编辑：王爱芹
出版发行：花山文艺出版社（邮政编码：050061）
（河北省石家庄市友谊北大街330号）
销售热线：0311-88643221/29/35/26
传　　真：0311-88643225
印　　刷：长沙鸿发印务实业有限公司
经　　销：新华书店
开　　本：880mm×1230mm　1/32
印　　张：9
字　　数：240千字
版　　次：2023年3月第1版
2023年3月第1次印刷
书　　号：ISBN 978-7-5511-6373-6
定　　价：39.80元

（版权所有　翻印必究·印装有误　负责调换）

目录

/contents

目录

/contents

第一章

/

战争的开始

旋转，拉升，垂直俯冲！

极速过山车承载着乘客最大的恐惧，360 度连续翻滚，以自由落体的姿态，坠下 38 层楼的高度。

风驰电掣中，人们歇斯底里的惨叫被扯得支离破碎。

只有一个声音冷静而突兀。

听，她在念诗。

“多少人，爱过你昙花一现的身影……爱过你的美貌，以虚伪或真情……轮到你了，”女孩笑盈盈地转向身边的青年，“下一句是什么？”

作为棒球队的王牌选手，魁梧青年单凭一个眼神就能吓退对手。但此刻，他脸色铁青、双目紧闭，早就被吓得魂飞魄散，哪还念得出诗？

“唉，没劲。”女孩的眼中露出失望。

经过漫长的两分半钟，被称为“亚洲第一恐怖”的极速过山车，终于减速入站。

君毅抬脚跃出护栏，顺手将长发扎起裹入棒球帽下。

日光照亮她清爽的侧脸，不似少女甜软，也没有男生硬朗，勃勃英气被包裹在酷劲十足的夹克下，令她浑身透着普通女孩少有的利落感。

三两步追上摇摇晃晃的王牌学长，君毅好心安慰道："学长，其实你还不错。我记得去年有个 A 大毕业的律师学长，直接就吐了我一身。不过我们说好的，得在过山车上念完整首诗，才能和我学姐约会。下次努力啊！"

君毅率性地一掌击向王牌学长的肩，她是练过散打的，力量可不小。青年突然虎躯一颤，俊脸一扭，稀里哗啦就吐了一地。

"真可惜。"君毅悻悻从包里翻出名录，将王牌学长的名字划去，对正在排队的众人喊了声，"下一位。"

下一位挑战者接过湿漉漉的诗词小抄，不由得哆嗦："我……我还是再考虑一下吧！"说完，一溜烟儿不见了踪影。

他这么一走，排在后面的几人也推三阻四，没一个敢上前。

"打扰了！"众人异口同声，四散开去。

望着他们绝尘远去的背影，君毅叹了口气："怎么都不爱念诗呢？"

包里的手机振动了一下。

"君君，你又把我的'男朋友们'给吓跑了。"女神学姐又嗲又糯的声音从蓝牙耳机里冒出来。与君毅的男孩气截然相反，聂倩倩——堪称女人中的真女神，女神中的林志玲。

"坐过山车都会晕菜的男人，怎么配得上倩倩姐？"君毅拉了拉帽檐，"这届男朋友不行嘛。"

聂倩倩佯装抱怨："又不是谁都能与卫之相比，坐过山车上还能念诗。"

卫之……

听到这个名字，君毅原本闪着光的大眼，蓦地就黯了。

长久的沉默令聂倩倩意识到自己说错了话，她赶紧岔开话题："游乐园征集游客游园短视频，首奖五万，今天就截止了，快点拍个传给我。"

好一会儿，君毅才又开口说话："我打工来不及。"

"想想办法啊君君，卓教练再自掏腰包给我们路费，会被师母罚跪搓衣板的。"

在"贫穷"这个现实问题面前，君毅那点青春伤痛不值一提。

"好了，知道了。"君毅妥协，挂了电话。

突然背后一沉——有人牢牢地扣住了君毅的包带。

"想走？"胃痉挛令原本就高大威猛的王牌学长更显凶神恶煞，"给我坐下！我今天就要和你理论理论，并不是所有人都坐过山车时还可以念诗的。"

君毅哪有空陪他耗，倩倩学姐还指望着她攒个路费出来呢。她突然手指天空，大声说道："看，飞机！"

"哈？"王牌学长抽动嘴角，"你以为我傻……"

帽檐下，她眨着猫儿一样的大眼，狡黠一笑："不是啊，怎么会？"

说话间，一团黑影带着嗡嗡响声从天而降，仿佛千万只马蜂成团，扑面袭来。王牌学长吓了一跳，立刻松开了包带，捡起树枝如球棒那般挥了出去。

咔嚓一声，手指粗细的枝条被削掉了一半！而造成这一创口的黑影，正悬停在了距离他鼻子两厘米之处。

H形四轴机器之上，螺旋桨急速旋转，仿佛是一台长了翅膀的割草机。若是再靠近一点，恐怕王牌学长的硬挺的鼻子就不保了！

"什么玩意儿？君毅！你给我站住！"

等王牌学长反应过来，君毅早跑没了影。

嗡的一声，飞行器以强大升力一跃而起。

它飞速越过游客头顶，穿过游乐园门洞，绕着中央城堡螺旋攀升，矫健的身姿犹如鹰隼，扯破了风。

人们纷纷抬头议论。

“是蝗虫？”

“是飞鸟？”

“不，是无人机！”

“咋有那么快的无人机？”

因为它是无人机中的竞速选手——穿越机，也称无人竞速机。

急速的精灵正在试探黑漆漆的高塔内，是否真有被关的公主。可惜它飞得太快，没能发现高塔玻璃上的微光。

那是投影仪的光亮。

在游乐园主城堡的高塔之上，有一群与欢乐游客格格不入的商务人士围坐圆桌，个个黑西装笔挺，面容严肃，仿佛童话故事里坏巫师的手下。

此刻，他们正眉头紧皱，焦虑地等待着某人的决议。幻灯片仍在播放投资策划案，而主席位的男人已不耐烦。被暗沉笼罩周身，他慢条斯理地将文件丢回桌上。

“是什么让你们产生了季风需要钱的错觉？”

利达资本的投资经理擦了擦汗。这年头，资本挑项目才是行业常态，哪有公司反问你为什么塞给我钱的？不过，能把投融资会开到游乐园城堡里来的，肯定是个不走寻常路的主儿。

“全球无人机市场，二分天下，M 国的 SL 和季风各占半边。我们也是希望帮助季风拓展规模。”陈经理满怀诚意，退让一步，“如果姬总是对股权占比有顾虑，我们可以签署一个行动协议，绝不影响季风的任何决策。”

“资本圈中盛行一句话，当你想要挣钱时，你需要别人，但是当你值钱的时候，别人就需要你。”

姬时意毫不领情，他的傲慢就像是国王皇冠上最大的宝石，引人注目又令人不敢直视。陈经理再一次感到无力，可必须继续谈判，季风是利达升为PV前的重要项目。

“时意，就念在曾是同学的分儿上。”陈经理改换柔情战略，“想当年我们……”

不谈当年还好，一谈姬时意就恨得牙痒。

“我的Fastpass（游乐项目快速通行证）时间到了。”姬时意不耐烦地打断，“诸位可以与季风的财务总监继续聊聊，我先走了。”

作为一个成功的无人机企业的老板，姬时意拒绝另有所图的千万投资款，也拒绝浪费游乐园季卡。今天是季卡的最后一天，一张季卡必须来游乐园三次才值回票价。姬老板不能容忍一分一毫的亏损。

“还有什么项目？”从过山车上下来的姬时意，面不改色地问询助理。

“报告老板，晚上七点还有一场秀，在乐园外区的贝壳剧院。”马助理忍着胃里的翻江倒海，坚持本职工作拍马屁，“若是您能去，一定是他们三生有幸。”

打工时间迫近，君毅把拍好的视频发给聂倩倩，收拾好装备正打算走，手机突然来电。是俱乐部的伙伴，龚鸣。

“毅哥，官网上排位成绩出来了，雷霆在我们队之下，他们要找你重赛。”

“不服就再战好了。”君毅不以为然。

“说是这么说，但是我们干吗要冒风险和他们再比一次。雷霆的人听说你在游乐园打工就追过来了，你能避就避一下。等今天数据采集通道关闭后他们就消停了。”

遥遥地，君毅能从人群里看到四处张望的雷霆熟人。再比一次是无所谓，但不能是现在，兼职绝不允许迟到。

少女拉低帽檐，退后两步隐入人群，小男生一般的身形毫不起眼。不巧的是，没走出两步，她又撞见一冤家。

王牌学长双手叉腰，城墙似的堵着路：“看你往哪里跑，君毅！”

洪亮的嗓门引来了雷霆飞手的注意。君毅一矮身，灵活地从王牌学长腋下穿过，拔腿就跑。君毅的无人机的确飞得很快，但矮个子的君毅不行，她完全跑不过三个全盛期的青年。

眼看雷霆飞手越逼越近，就在这时，广场内驶入一辆游乐园电瓶车，正好挡住了他们的去路。两人刚想绕开车身追上来，不料脖颈被人往后一拽。

魁梧的王牌学长皱眉说道：“你们也找君毅？排队，我先来的！”

侥幸逃脱的君毅，心有余悸地向后张望，一不小心撞上从车上下来的那人。反作用力立刻让她向后仰去，她赶紧伸手瞎抓了一把，这才站稳。

“松手。”

男人的声音自头顶传来，君毅抬眼望去。

夕阳将那人深刻的五官镀上金辉，让他看上去仿佛是希腊神话里的神明，拥有惊心动魄的俊美以及与之相匹的高傲，周身向外迸发出冷峻。

明明是从不退让、不屑妥协之人，此时却不得不低下高贵的头颅，俯身离君毅咫尺——因为，领带被君毅死死拽住了！

“喂！”姬时意带着恼意的气息扑到了君毅的脸上。

“你这小子干什么的！”马助理大声斥责。

君毅这才触电一般松了手，又忍不住多瞄了几眼。这男人真是好看，比倩倩学姐任何一届的男友都要好看。不过，谁会穿西服从游乐园电瓶车上下来，还是三件套非常正式的那种。西装裤那么紧绷，不嫌勒吗？

如果君毅知道，姬时意不但西装笔挺地逛了游乐园，还面无表情地坐了过山车，一定对他肃然起敬。

等马助理从电瓶车那边绕过来，君毅已经跑开老远。

“老板，冲撞到您了。那不长眼的小子到底在干吗，您没事吧？”

修长的手指解下被捏皱的领带，姬时意朝君毅远去的方向瞟了眼：“不是小子，是个姑娘。”

“啊？”马助理摸不着头脑，“您……您怎么知道？”

“她盯着我的脸看超过了45秒，抓着领带的手心直冒汗。”姬时意勾了勾嘴角，得意扬扬又理所当然。

“是，是、是，您说得太对了！”马助理点头附和，反正老板的确帅得当之无愧。

“扔了。”他厌恶地甩来领带，就像要把刚才的狼狈感一起甩掉。天晓得，怎么会有那么大手劲的女人，明明就是个矮冬瓜。

马助理赶紧从地上捡起领带，迈着小碎步跟随老板走进贝壳剧院。

晚上七点，乐园的钟声响起，眼前的世界逐渐暗下，半开放的中央剧场与天空相连，深蓝色的背景中只剩星光。

姬时意的目光和所有人一样，被聚焦在了舞台现场。

黑暗中，一颗小小的星辰从遥远的天空缓缓掉落，以微弱的光照亮了舞台上的舞者们。随着歌声扬起，星辰带着炫目的拖影，从舞者高举的双手中一一穿过。在一片惊呼中，它飞速掠过观众的头顶，最终停在一个孩子肩膀，仿佛他就是天选之子。

“无人机？”姬时意挑眉，发出了一个接近耻笑的音节。

马助理立刻心领神会地附和道：“这种程度也算是无人机精彩演出？宣传手册真是乱写，太小儿科了！想当年我们季风在维多利亚秘密上的无人机秀，才是真的表演。啊，我还记得整条香江都被照亮，上千台无人机带着 LED 灯变幻出各种造型，太震撼了，太壮观了，太令人感动了，简直是我有生之年……”

“去找一下那个飞手。”姬时意打断马助理的抒情文。

“啊？”马助理没缓过劲来，“找、找他干吗？”

“做季风试飞员。”姬时意说话时，目光没有离开舞台。

靠飞手手动的互动式表演与由计算机编程控制的大型无人机秀，截然不同。舞台和观众席上的人物的随机移动，全靠飞手手动应变。只要稍有偏差，无人机水果刀一般锋利的螺旋桨，就会卷起女演员的头发，扯掉头皮，甚至将漂亮脸蛋搅碎。

姬时意明白，眼前的演出虽小到不值一提，却已是极致。

舞台灯光亮起，歌手和舞者拉着孩子谢幕。又等了一会儿，马助理就一路跑了回来，跑得气喘吁吁，满头的汗。他拿出手帕来擦了又擦，开口说道：“老板，真没想到，原来那飞手就是刚才撞见您的女生。我一跟她说了季风，她就说没兴趣，还说……”他欲言又止，很为难的样子。

姬时意冷哼一声，马助理立刻就不擦汗了。他感觉到冷，就连他舌头里都仿佛结了一层霜。

“她还说了什么？”

“她还说不想让自己的理想，毁在一个人的一时性起上。”马助理见老板脸色更加难看，立刻补充，“老板，您别往心里去，看她之前就是故意撞到您的，拒绝季风的邀约一定是欲擒故纵想要吸引您的注意。哇，现在的女学生真了不起，心思真可怕。您不值得为这种小人生气……”

“你哪只眼睛看到我生气了？”姬时意顿了顿，“就挖掉哪只。”

与此同时，剧院后台。

君毅刚从后门出来，就看到了挡在去路上的三座大山。三个青年一个比一个强壮，他们虎视眈眈地瞪着她，好像要吃人。

“昨天的比赛不算！”雷霆飞手说。

“刚才的过山车试练不算！”王牌学长说。

看这阵仗，君毅知道是躲不过去了，她双手插在夹克的兜里，淡定地问：“你们想怎么样？”

“重来！”两人异口同声，“否则你别想回家！”

比起他们这些输不起的大男生，君毅挺直的身子里透着一种凛然的坚毅。

“那好吧，就再比一次。”

没想到君毅如此轻易答应，雷霆飞手喜出望外，立刻从手提箱里拿出装备。

“昨天我们的主力拉肚子缺席，和你比的飞手刚培训几天不能算，必须重新比过。”他指了指身边肤白貌美的美籍队友，“一对一！”

“哦，你们雷霆的主力还是外籍人士。”君毅调侃，“真有钱。”

“你管得着！”雷霆飞手嚷嚷，“俱乐部赛制从没规定飞手国籍。中超一个球队十一个人还能有五个外籍球员呢，比不过买就行了。谁像你们啊，穷得连统一队服都买不起！”

这话倒是被他说对了。君毅所属的W飞行俱乐部就是特别穷。没有赞助商，没有固定场地，全靠队员用爱发电。好不容易进入资格赛，令他们最头痛的问题不是如何赢下一场，而是如何赚取比赛的路费。

君毅点了点头："行吧，哪里比？"

雷霆飞手指着不远处亮起彩灯的过山车："先完成十圈的胜出。"

夜幕之下，悄无声息的钢筋轨道被游乐园的灯光照射，宛若一条巨蟒的铮铮骨架，错综复杂地盘绕在空地上。那是无人机竞速赛的天然赛道，每一条直道都考验无人机的爆发力，每一个弯道都是速度与控制力的生死对决。

在室外进行比赛，受到风力和气压影响，需要重置无人机参数。在君毅打工的时候，美籍飞手已做好准备。

就连不懂无人机的王牌学长都能察觉出形势对君毅不利。他小声地在君毅耳边说："哎，如果你帮我约到倩倩，我就帮你干掉他们……"

王牌学长话没说完，手里就被君毅硬塞了个半头盔式眼镜。

这种眼镜是为第一主视角竞速无人机专配的，视线连着无人机的前置摄像头，戴上它就像真正坐在驾驶舱里操控无人机一样，也可简称为FPV（FirstPersonView）眼镜。

"我的副驾驶，诗不用念了，看完全程别眨眼，我就帮你约倩倩姐。"君毅的眼中闪着自信的光芒，"放心，我不会输。"

"那可未必。"雷霆飞手同样自信，"你若是输了，就得交出预赛资格！"

"你们若是又输了，就得叫爸爸。"

明明是娇小的女生，气场却一点不输男人。雷霆飞手恨得牙痒痒，又忌惮君毅身边壮如小山的王牌学长，只得从牙缝里憋出一个"好"字。

出发指令响起的同时，两架无人机如离弦的箭飞了出去，同时进入过山车轨道。

君毅的疾风号逐渐加速，通过第二个弯道后沿着钢筋铁骨一路攀升。身边的雷霆战机咬得很死，只差半个机位，由螺旋桨扇动的旋涡令骨骼轻巧的疾风不断颤抖。

FPV 眼镜中的画面翻覆旋转，速度与光影的交错令王牌学长有种“灵魂出窍”的眩晕感，仿佛大脑不再和身体相连，而是在过山车轨道上极速狂飙。

王牌学长强忍住尖叫，在反胃呕吐之前，摘下眼镜。瞬间，眼前世界恢复正常，比赛仍在继续。

“学长，你又认输了啊。”君毅从视野中看到副本眼镜下线。

“管好你自己！”王牌学长老脸通红。

两台无人机完成前五圈，君毅以稳健的操控逐渐领先。

到了第六圈，雷霆的外籍飞手仗着无人机的动力构造，油门一推，强行抢道，君毅不得不闪开让出了领先位。

外籍飞手以肉眼可见的优势进入弯道。

“呵，减速了，怕了吗？”雷霆飞手企图影响君毅的判断。

“你说呢？”她微微一笑。

只听砰的一声，过山车上空炸开了一朵绚丽的礼花，那是贝壳剧院谢幕的焰火。

接二连三的强光令天空亮如白昼，外籍飞手毫无防备，FPV 眼镜中眩光一片，什么都看不到。

时速 160 公里以上，每一秒都是生死时速，更何况是在离心作用之下。待他再费力睁眼，90 度的垂直上升轨道如同一堵墙，扑面而来。

来不及转向了，雷霆战机一头撞上钢轨。散落的零件，如天女散花，向位于下方的疾风号倾泻而去。

“小心！”

王牌学长不禁叫出声来，比他声音更快的是疾风一连串向后翻滚的动作。它几乎是贴着过山车轨道，闪避了所有掉落的零件，犹如一只飞燕，从火团中穿了出来，稳稳地降落在了轨道的起始点。

雷霆的外籍飞手一把将遥控器摔在了地上，嘴里骂骂咧咧。

“浑蛋，你早知道这个点会放烟火！”雷霆飞手气坏了，上前拽住了君毅的领子，“为什么不说？”

被他像小鸡一样提起来的君毅，脸色不变：“熟悉赛道是每个飞手的工作。就算不熟悉，游乐园的宣传手册也要看一看啊。”

“你！”

“干什么呢，愿赌服输！”王牌学长顾不得自己二次落败赶紧来救场，“快放开！”

王牌学长的臂力大如猩猩，直接扯开了雷霆飞手，也一肘子击向君毅怀中的遥控器。猝不及防，君毅手中的遥控器飞脱出去。

原本停着的疾风号随之一抖，竟慢慢朝下滑落。以这个高度坠落，一定会砸个粉碎！

君毅赶紧从三人的纠缠中退了出来，朝着近处的遥控器飞奔去。

眼看君毅就要够到了，雷霆的外籍飞手飞起一脚，又将疾风的遥控器踹飞出去老远。遥控器沿着台阶一路翻滚跌落，终于停在了某人的脚边。

男人单手插着西装裤兜，弯腰拾起。

夜晚的灯光将那人的身形无限拉长，解开的西装下摆，就像是呼呼扇动的黑色羽翼。如果说日落后的游乐园像极了童话故事里的世界，那么眼前这个男人，就是每个故事里都有的坏心大魔王。

君毅朝那人高喊："绿色键！按绿色键！"

姬时意自动屏蔽了君毅的话。他像是拿到了一个新玩具，兴趣盎然地尝试了每一个摇杆，按下每一个按键。

半空中的疾风，如无头苍蝇一般左摇右晃，发出嗡嗡的呻吟。

竞速机与航拍机最大的不同，就是没有自稳与避障功能，全靠手动控制。没有培训过的飞手，根本飞不起来。

很快，疾风号就不堪蹂躏，一头栽在了水泥地上。

"这么难操控。"姬时意啧了一声。

匆匆赶来的王牌学长义愤填膺："你这人，干吗弄坏别人的无人机？"

"无人机？"姬时意没有半点歉意，"无自主飞行能力，轴距小于250毫米，电池用扎带绑在机架外。这种廉价的玩具也能叫无人机？"

"你说什么？"王牌学长不懂无人机的门道，"我管你什么标准，无人机就是无人机，就这么被你弄坏了，你还有理了？"

"若是我没捡到遥控器，它不一样会掉下来？"姬时意漫不经心地反问，"还是你打算为了这玩具，讹我钱？根据《通用航空飞行管制条例》，所有无人机都不能在市区内未申请飞行，凡是私自黑飞者，最多可处以15日行政拘留。不如……我们报警处理？"

王牌学长眼见姬时意掏出手机慢悠悠地按下了号码，倒吸一口冷气："你，你……有话好好说啊！"

姬时意嗤笑一声，朝马助理瞥了一眼。马助理总能猜到老板的意思，立刻从公文包里拿出名片和礼品卡，递给王牌学长。

"这是我们老板的一点补偿，礼品卡可以购买季风所有产品。听过《斧子掉河里》的故事吧？就算你掉的是铁斧子，我们慷慨又帅气的老板，都愿意送一把金斧子给你，希望你们能早日完善自己的玩……哦不，无人机。”

季风这个 logo，王牌学长并不陌生，随便一台无人机都上万，简直就是圈内爱马仕。他没有了声音，接过马助理递来的礼品卡，甚至小声说了句谢谢。

“姬总，您就是季风科技的姬总吧，哇，竟然能见到真人哎！您就是我童年的偶像！”雷霆飞手谄媚地笑，“我们的无人机也炸机了，能给我们一张礼品卡吗，随便买的那种？”

姬时意挑了挑眉，露出与刚才截然不同的愉悦神色，似乎很享受走到哪里都能被认出来的偶像待遇。马助理心领神会，立刻又掏出一张礼品卡，不过是满 1000 减 35 的。姬时意是商人，又不是慈善家。

“要我在上面签名吗？”没等雷霆飞手反应过来，姬时意又轻飘飘地说了句，“没带笔，下次吧。”

饶是恬不知耻的雷霆飞手，都震惊于他的自恋！

姬时意转身欲走，迎面见着了一手提着破烂的疾风号的君毅。由于身高差距，少女不得不抬着下巴仰视他。

现在，这小姑娘应该已经知道自己是谁，眼里却没有丝毫的惊异或崇敬，也没有怨或者怒，宛若一汪清水，荡漾着令人难以忽视的光，直愣愣地盯着他。

那种目光，令大魔王起了一身的鸡皮疙瘩。

马助理抢先开口：“如果不是我们老板捡起遥控器，你的玩具一样会摔坏。难道你以为我们家老板是因为你拒绝来季风工作，故意弄坏的吗？”

边上的人倒抽一口冷气。季风科技的姬总竟然邀请过君毅，还被她拒绝了？助理先生，如果你不说，我们都不会知道姬总被打脸的事。

“的确如此。”君毅的视线并没有从姬时意的脸上移开，“不过，因为一时兴趣去摆弄别人的无人机的家伙，必须向我道歉。”

姬时意高冷地看着她，仿佛在看一个胡闹耍泼的小孩。

“还给他。”君毅冷静地吩咐王牌学长，“把那什么卡还给他。”

“你嫌不够？一个玩具能值多少钱？”马助理狐假虎威地嚷嚷，“再欲擒故纵就过分了啊。我们老板是有身份的人。”

“你不要，我们要。”雷霆飞手趁王牌学长走神，一下从他手上拿走了礼品卡。

马助理搞不清楚几个人的关系，见有人收了卡便又摆出一副施恩的嘴脸。

君毅一个眼刀横向雷霆飞手：“还给他！”

“我不还，就不还，你来抢啊。”连输两次的雷霆飞手终于找到了泄愤的办法。

很可惜，他找到的办法是错误的。

只见横出一只纤细手腕，牢牢锁住雷霆飞手的胳臂，下一秒，他竟然腾空飞了起来。君毅一个帅气的过肩摔，将雷霆飞手按倒在地。

手劲还真大，怪不得刚刚被她拽着领带，他怎么都扯不开。冷眼旁观的姬时意不由得摸了摸脖颈，仿佛刚才的窒息感还在。

众人没反应过来，君毅已将礼品卡夺回，塞给了马助理。

“竞速机不是玩具。”她的眼里闪着光泽，“它和你们在流水线上生产的无人机是不一样的。”

“哦？有什么不一样？”旁观多时的姬时意突然开口问了，“你们的小玩具有什么不一样？”

一架竞速无人机约有 1200 个零件，每一个零件都是飞手一个个手工安装。飞手们不但要了解电路原理还得懂得工程学，最重要的是坚持长时间的飞行训练。每个人都与自己的无人机共同成长，那不是从网上买来的无人机能够媲美的。

少女昂着头回答他："竞速机是注入灵魂的。"

闻言，姬时意嗤笑出声。

"哎哟，老板别和她废话了，还以为她能说出什么核心技术，灵魂？哈哈哈……动画片看多了吧。"

在马助理肆无忌惮的嘲笑中，君毅没有动摇，似乎也没太在意，仿佛他们管他们笑，她管她说。本来就在不同维度的人，她没必要费力气去说服。

这场景不禁令姬时意产生了莫名的熟悉感，似乎在某个时刻，某个地方，曾经见过这般不把任何人放在眼里，独活在自己世界中的理直气壮。

"你……会后悔今天对我的无理。"姬时意垂眼看她，"你叫什么？"那傲慢的姿态，仿佛令对方奉上名字都是很大的恩赐。

君毅并不想理会，越过他，径直走向王牌学长。

"学长，走了。"

"啊？"王牌学长还处在震惊中，"君毅，真的不要那什么礼品卡吗？飞机都摔坏了，按道理应该……"

少女充耳不闻，帅气地背上书包。尽管她比王牌学长矮了半截，但一看就知道谁是做主的人。

"喂，你什么意思？"马助理还想说什么，却瞥见老板已经抬脚朝反方向走了。他赶紧跟上，小心翼翼地观察老板的表情。

"老板，千万别生气，那种不知好歹的学生妹，别睬她。"马助理边走边说，"或者我去查一下他们那个什么比赛，给她点颜色看看！"

姬时意的心思很难猜，即便是跟在他身边好几年的马助理，也难以从不按常理出牌的他脸上看出真正的喜怒。能把一家大学生创业的无人机公司，在短短几年里做到世界前三，姬时意的能力不容忽视。

“她的眼睛，像我以前养的猫，是只野猫。”刚坐进车里，姬时意就没头没脑地来了句。

“猫很难养的，又高傲又独立，对它再好也养不熟。”马助理不愧是马助理，恭维之词张口就来，“不过老板一定不一样，就凭您的个人魅力和王者气场，别说是猫，连老虎都能养得喵喵叫！不管是什么样的猫，最后都会归顺您。”

“是吗？”姬时意嘴角勾起一丝冷酷，“最后，是我亲手埋了它。”

君毅因和雷霆私斗的事迎来了卓凡的一顿臭骂。一同被骂的，还有俱乐部的其他飞手以及几次想打圆场的俱乐部经理聂倩倩。

“教练，君君知道错了。她也是被人逼得没办法才飞的。”

“被逼？”卓凡冷哼，“君毅要是不想做的事，谁能命令她？还不是见到活的世界 20 强，手痒了？”

“至少毅哥是赢了的！”龚鸣为君毅说话，“说明毅哥的水平能进世界 20 强。”

“为国争光啊！”年龄最小的 Z 附和，说话的时候偶尔能听到金属摩擦声，是他的牙套发出的。

“毅哥可是彰显了我队实力，看那些雷霆的人还敢不敢来！”远在城市另外一端的可达鸭也帮腔起哄。

君毅、龚鸣、小 Z、可达鸭这四人是俱乐部的主力，但在队长卓凡眼中，他们什么都不是。

“都给我闭嘴！疾风报废，作为主力，君毅正式比赛只能用备机。这种杀人一千自损八百的打法，脑子是进水了？”

卓凡句句犀利戳人心，常将队员削得无言以对，当事人君毅也不敢出声。

“你们知不知道，我们俱乐部得到参赛资格有多不容易？若是雷霆耍诈真的把君毅压过去了，都不要去北京比……亲爱的，我这就来！”

众人还没反应过来，就听到通信频道中响起卓凡教练的另一种声音。

“爸爸抱，举高高，转圈圈，呼啦啦。”

这奶爸是谁？与刚才把他们当孙子训的刻薄教练，判若两人！

“卓凡，你又在和俱乐部那帮小子开会？”通信频道里传来教练夫人“师母”的咆哮，“别以为我不知道你把女儿扔摇篮里不管？再把奶粉钱拿去玩飞机，我让你下辈子……”

哔……信号终于被掐断。

“大家等一下散。”聂倩倩打破沉默，“明天的练习场地定在航天纪念馆后空地，每人 120 块。不能再赊账了。”

俱乐部很穷，每次集训都是众筹的，能打到资格赛实属不易。

下午，龚鸣掐准了时间去找君毅，他刚得到了一块进口飞控，或许能帮上忙。

“小哥哥，A 大的箐箐堂怎么走？”龚鸣被外校的女生拦下，对方在看清他的长相后双颊微红。

在众多女生的眼中，龚鸣的长相乃至性格都是极品初恋款，放在小说里足够成为青春校园男主角。

只可惜龚鸣心里已经没了空位。

“抱歉，我不是 A 大的。”

龚鸣礼貌地与人道别，走向女生寝室楼，还没走近，就看到门口耸着一座小山——魁梧的王牌学长双手叉腰，站在楼下。

“学长，你追的是倩倩学姐吧，干吗堵在毅哥寝室楼下？”龚鸣疑惑不解。

“我这是曲线救国。”王牌学长不愧是学霸，追女生靠的是策略，“堵不到倩倩，我还逮不到君毅？君毅和倩倩关系那么好，跟着她我就能碰到倩倩！”

龚鸣露出敬佩之色：“有志者事竟成！”

正在两人交谈之际，从楼里走出来一女生，见了他便调侃道：“龚鸣啊又来找君君，你不会是看上我们君君了吧？”

“闭嘴，丽佳！”青春校园男主角的脸顿时爆红如猪肝。

没弄清情况的王牌学长忍不住问：“你们是朋友啊？”

两人异口同声回答他：“不是。”

龚鸣与丽佳从小学起就是非典型青梅竹马，打打闹闹，互看不惯的那一款。到了高三，龚鸣终于以自身实力少考了30分，不再与丽佳同校。结果两所大学竟然只相隔一条马路，丽佳成了君毅的热心室友。

“君君去虬江路淘货了，她的什么飞控坏了，找不到替换件，没和你说？”丽佳语气惋惜，“她果然看不上你。”

“别泄气。”王牌学长拍了拍龚鸣的肩膀，“君毅谁都看不上，只喜欢无人机，这种女生比倩倩还难追。”

“谁说我们家君君没有喜欢的人？”热心室友打抱不平。

王牌学长不可思议地追问：“对方到底是何方神圣？”

丽佳得意地瞟了眼龚鸣：“是一位坐过山车还能念情诗的男神，W飞行俱乐部的创始人，卫之！”

“阿嚏！”

从虬江路无功而返，冷气十足的轻轨车厢让君毅狠狠打了个喷嚏，差点把手机摔掉。

“着凉了？”电话那一头的青年关切地说，“我不在你身边，你得好好照顾自己。”

“没事。”君毅吸了吸鼻子，继续说，“卫之哥，你还有疾风飞控厂家的联系方式吗？市面上找不到类似的。”

“君君，疾风已经飞了三年，作为竞速无人机早该淘汰，不如整机换。”或许是刚起床的关系，青年的嗓音低沉而性感，犹如上好的绢绸磨砺在砂纸上，“旧的不去新的不来。”

轻轨车厢外的夜幕徐徐降临，与国内相差十二小时的另一头现在却是明亮一片。他们之间不仅仅有远隔重洋的距离，还有昼夜的颠倒，以及不同的彼岸。

君毅想，卫之是不会懂的。

对于飞手来说，无人机只是竞赛的工具；但对她而言，疾风是卫之手把手教会她的第一台无人机。他们曾经有个共同的理想，但眼下只剩下她还在坚持。

电话那头传来布料的摩擦声，卫之换了衬衫，准备出门。

“SL 的竞速机套装很不错，刚出的样机还没上市，喜欢的话我寄给你。”卫之边讲着电话，边带上门，同时与廊道里的邻居含蓄地打了招呼。

住在公寓里的都是 MIT 的学生，他们对这位蝉联最高奖学金的亚洲学霸相当熟悉。卫之给人的感觉就像清晨的阳光，淡淡的，看着没什么温度，但你知道在不久之后，那道光芒就会炽热耀眼得叫人无法直视。

“SL 的新款！”君毅不由得惊叹，“很抢手哎，卫之哥你是如何拿到的？”

“最近实验室和 SL 有合作，他们将研发重点转移到工业级航拍机上。据说是 M 国当局出于信息安全考虑，不想再继续使用外国品牌的无人机，嗯，好像是叫季风吧，你在国内应该听说过。”

M 国 SkyLine 天际线是全球最大的无人机生产商，也是竞速机世界锦标赛的独家赞助商，堪称无人机界的微 R 公司。季风虽在用户量上比不过 SL，却因单价和高性能的航拍性能，成了无人机界的苹果公司。

长期以来，两家公司在各自的领域井水不犯河水，但这一次受到两国关系影响，SL 要向季风出手了。

“如何？我回去把 SL 样机寄给你？”卫之听得出她有多兴奋。

“算了，时间来不及了，下周就要比赛了。”君毅婉拒，“我还是找找其他飞控把疾风拼起来，谢谢你。”

卫之开门的手一顿，他听得出君毅的生疏之意。

“君君，你还在怪我三年前离开你来 M 国求学的事？”

从小失去父母的君毅就像小尾巴一样，整个童年都跟在邻居哥哥卫之身后，几乎形影不离无话不谈。是卫之让君毅领略到了无人机竞速的魅力，也是他在三年前带领 W 飞行俱乐部获得锦标赛参赛资格后，选择 MIT 的 offer 一走了之。

“我没有怪你，每个人都有不同的理想吧。”君毅笑了笑，对着电话那头无奈地说。而她的理想，则是接过卫之的队长之位，重振 W 飞行俱乐部。

轻轨驶到了新天地站，人潮从君毅身后拥向车外。

沉浸在思绪中的君毅，一不留神被推了出去。待她站稳，这才发现新天地站变了个样，巨大的季风 logo 承包了整个站台。

从她身边擦肩而过的小情侣兴奋地说：“快去占个好位置，听说今晚要打破吉尼斯世界纪录！”

君毅挂了电话，不由得好奇地跟着人流走。

距离季风夜空秀的盛大演出，还有二十分钟，马助理提着咖啡一路飞奔。老板品位独特，喝不惯新天地私人会所的斯里兰卡猫屎咖啡，只喜欢711 买一送一的廉价拿铁，还专门让他拿了积分卡。

堂堂身价几个亿的公司老板，品位怎么就这么差？当然，在老板面前，马助理用的词是“勤俭持家”。

“老板，来了来了！”马助理跑得满头大汗，“咖啡来了。”高档场所附近的便利店真心难找。

新天地一侧的马路边竖着禁止入内的围栏，漆黑的街面上整齐停放着千架最新款巡风无人机。再往外是簇拥着的观众，他们翘首以盼的面孔被投射在时代广场的大屏上。

“老板，听您吩咐，随时开始。”蓝牙耳麦里传来季风首席科学官的声音。

姬时意收回视线，起身面对漆黑的虚空。

所有的灯光在此刻隐去，喧哗的人群渐渐宁静。一时间，繁华的新天地，被熄灭了。在沉寂的黑暗中，他缓缓抬起双臂，仿佛是世界的帝王。

音乐响起，漆黑的街道被点亮。犹如万千星辰整齐划一缓缓上升，它们突破了平面，勾现出石库门建筑的外形与地面交相辉映。人们抬头仰望，惊叹不已。令人汗毛直立的壮观，展现在面前。

“老板！”科学官声音急促，“现场受到了强干扰，部分编组无法联络。”

市中心难免会有电磁干扰，东边天空出现零星光点游离在画面之外，对整体画面影响不大。

“上中继机，调整为第一信道无线电控制。”姬时意简明扼要地吩咐，“中继机开启黑盒，记录干扰源。”

中继机起飞成为空中的指挥机，由它辐射的指令比地面站更为清晰。

情况很快有了好转，没有任何人发现这一小小的瑕疵。数不清的无人机构成了细小光点，与周围亮起霓虹的高楼交相辉映，在新天地的上空舞动起一幅三维立体画卷。

时间仿佛在这一刻停驻，人们的眼中只剩光芒。

“不愧是老板。”马助理心中各类修辞手法争先恐后生成溢美之词，“无论何时，老板都准备充分，所以我们季风才能有今天的发展，能在这样的老板手下……”

“闭嘴！”姬时意厉声道。

序列又出现了轻微的错误，天空的画布仿佛被一只无形的手拨乱。

“终止演出。”

“老板……”科学官不理解，距离演出结束也就一分钟了，那一点点偏差并不影响整体效果。

“我说了，终止！所有无人机立刻返航。”

话音未落，天空中本应受控列队的无人机突然偏离巷道。

它们或互相碰撞，或原地自燃。天空中的荧光乱作一团，仿佛一道道拖着长尾的流星，纷纷坠下。半个夜空燃烧起来，宛如一场耗资巨大的灾难片现场。

围观的群众没弄明白发生了什么，以为是收尾视觉特效，一个个激动地鼓起掌来。

谁会把每台价值2万的无人机当火球烧着玩？

姬时意一把将廉价咖啡扔在地上。

最后，一千三百台无人机只有三十台完好降落，大部分都化作流星落在了太平湖里。季风大楼灯火通明，几乎所有员工都接到了紧急加班的通知。

如此大规模的破坏，明显是人为的。

“给我查出来！到底是怎么回事！”姬时意愤怒地吼着，“把中继机的数据立刻调出来！”

“老……老板，中继机不见了！”蓝牙耳机里冒出科学官崩溃的声音。找不到中继机就意味着天空秀的感染源记录一并丢失。

姬时意一咬牙：“愣着干吗？全都给我出去找！”

原以为这已是最糟糕的情况，显示屏上一则新闻，又刷新了姬时意的底线。

M国无人机制造厂商SkyLine，在北京时间零点全网发布最新型号航拍无人机“天空掠夺者”，性能与外形几乎与季风今日坠毁千架的新机巡风一模一样。

“啊！我们被抄袭了。”马助理怒拍桌子。

而且这种抄袭的手法非常巧妙，让季风根本无从告起。

君毅回到寝室的时候，已经午夜，女生寝室的门禁是十一点，她回来晚了。

“君君！”室友丽佳收到君毅的微信，从二楼寝室窗口张望，“我以为你去学姐那里过夜了。”

“桌上的工具箱丢给我。”君毅站在窗台下，小声喊道，“我去通宵自修教室，我找到疾风可用的配件了。”

被人推下轻轨后，君毅莫名其妙地看了场无人机秀，最后的收尾盛况空前。

回来的路上，她在垃圾清扫车上看到了一台摔成破烂的无人机，季风的logo已经模糊不清，机盖翻起露出完好的芯片一角，竟是她寻找了很久的疾风同厂飞控。她立刻把车拦下，用一百块钱把它买了回来。她当时就想，反正也要被当成垃圾回收的，不如给她拿回来维修疾风。

“通宵自修教室环境多差，都是小情侣，你一个人搞什么飞机。”丽佳趴在窗台上给出提议，“君君，我帮你搞到宿管阿姨的钥匙，作为回报，明天早上你替我去兼职怎么样？”

想起荷尔蒙浓郁的通宵自修教室，君毅点了点头：“成交。”

事情就这么决定了。丽佳一觉睡到天亮，一睁眼，看到忙了一晚的君毅顶着黑眼圈正准备出门。

“你不能就这样替我去打工！”丽佳拽住君毅，从抽屉里拿出 Tony 老师的套装，“小熊猫，你给我坐下。”

“烫烫烫烫！”君毅尖叫，她的头发正在卷发棒下冒着白烟，敏感的耳朵都要烧起来了。

“马上好，别动！一会儿就弄好了。”

君毅还在挣扎：“你究竟要我去打的是什么工？”

“昨天没跟你讲？”丽佳心虚地眨了眨眼，“放心，很正规的，就会展那种啦。”说着她拿出一顶猫耳头箍，牢牢地扎在了君毅被烫卷的头发上。

Chinajoy 的确是正经的展会，向来以貌美腿长的小姐姐和最新游戏竞技体验著称。可今天人气最高的部分却是最后的专业论坛——季风新品巡风无人机发布会。

玩家、媒体蜂拥而至，只为一睹最新一代国产航拍机的真面目。

“你是新来的？”领队上下打量着君毅，从脸蛋到小腿看了个遍。

两人所在的地方很隐蔽，紧邻已经关闭的 VIP 通道，几根廊柱遮挡了视线。

“小妹妹，知道我叫你过来的原因吗？你不是丽佳。我们做模特这行的呢最重要的是讲信用，说好一米七的大长腿，就得有一米七，你一米六都不到吧？”

“呃，我的照片显高。”君毅说得坦然，可十厘米的高跟鞋让她毫无安全感，“我真的是丽佳啊。”

领队蛇一般的目光又绕回到君毅纤细的腰肢上：“这样吧，我们加个微信，这次就算了，以后我还能介绍新工作给你。”

或许是穿惯了夹克，扮惯了男生，君毅只觉那人眼神怪异，却没有往心术不正的方面想。

突然，领队的耳机里传来总调度慌张的声音。领队顿时失去与新人调情的兴趣，朝着对讲机怒吼：“怎么可能取消？”

会场的另一头吵吵嚷嚷，不知道发生了什么事，领队怒气冲冲地朝外走。

距离发布会还有十来分钟，君毅不急着回到礼仪队伍中站着受罪，索性脱下十厘米的高跟鞋，背靠着廊柱慢慢揉起备受摧残的脚来。

还没等她松口气，就听到廊柱另一边响起了急促的脚步声。

“时意，巡风的发布会不能取消！媒体记者都已经来了。”胡超群焦虑地追上去，“你不能因为主办方有人说了句‘富二代有什么了不起’，就取消发布会！而且她说错了吗？你的确是富二代。”

姬时意陡然停住。

“你再说一遍。”

若是马助理在场，当然知道绝不能提富二代的事。姬时意创业以来从来没用过家里一分钱，当然也是因为姬家不肯给一分钱。对任何把他与姬家联系在一起的事，姬时意都深恶痛绝。

可惜，居功自傲的胡超群，并没把姬时意的个人癖好当回事。

“对手抢在我们前面发布了最新航拍机，性能与巡风相差无几。今天如果还不能把巡风顺利推到众人面前，我们会丢掉北美的订单。时意啊，你若是担心昨晚的意外，我已经处理好了，说起来也是同时起降的数量太多才会引发问题，正常情况下客户用机并不会……”

“够了。”姬时意厉声打断他，“立刻取消发布会！”

正在这时，姬时意的手机上传来了马助理的信息：“会展方已按胡总要求准备就绪，恐怕无法临时取消。”

姬时意啧了一声。昨晚无人机秀失利后，他就喊停了巡风所有的宣传工作，包括今天的发布会，任何有瑕疵的产品都不应该上市。

“你没有权力私自决定公司的事。”姬时意愤怒地瞪着胡超群。

君毅抵着廊柱，她已经错过了偷偷溜走的最佳时间，只能被迫偷听。

“时意啊，别生气了，我也想让季风的新品尽快占据市场啊。”胡超群苦口婆心，“你忘记我们当初的理想了吗？”

“理想？”姬时意一哂，“我没有理想，只有目的。”

他拿起电话，拨给助理，在胡超群面前厉声吩咐：“即日起吊销胡超群所有权限，清算赔偿金，必要时走司法程序。给我今天就辞退此人。”

“什么？”胡超群这才意识到姬时意是动真格的，“姬时意你犯不着吧？季风不分给我要求的股权也就算了，你还解雇我？在公司最困难的时候，是谁辛辛苦苦带着你的无人机去各种产业交流会？又是谁在北美市场帮你卖出第一台无人机！若不是我，M 国人谁会知道你和你的季风？”

“说得没错。”对方突然的妥协还没让胡超群松口气，就听到姬时意继续说道，“的确是你胡超群为公司开拓了北美市场，既然已经开拓完了，我留着你干吗呢？”

胡超群不可置信地盯着他：“你想过河拆桥？”

之前的相遇，君毅只是觉得姬时意是一个蛮不讲理又骄傲自满的商人，如今这段撕破脸的对话，却真实地显露了他的冷血无情。

她听到胡超群愤然离去的脚步，正想脱身，一道冰锥般的声音朝她背后袭来。

“出来。”

姬时意此刻的心情非常差。

“我说了，出来！”不待人回答，他长臂一展，将人一把拽了出来。

少女没来得及穿鞋，精致圆润的脚趾，宛若小巧的珍珠落在红色的地毯上，鲜亮又可爱。她站得不稳，整个人倾斜着攀住姬时意的胳臂，外加耳朵和尾巴的特效加持，姬时意仿佛从柱子后面，活生生拽出了一只黑白相间的小猫。

姬时意皱眉，猛地甩手，粘在手臂上的少女竟没有被立刻甩开，纤细而有力的五指，隔着衬衫在他的皮肤上掐出了红印。

微弱的痛感令大老板嘶了一声，就像是徒手抓野猫，反而被挠了一把。

君毅站稳后赶紧松手，后退一步。

“你，都偷听到了什么？”他厉声问道。

姬时意瞪人的时候目光尖锐又沉重，足以令胡超群那样上了年纪的男人低下头去。但君毅毫不畏惧，朗声说道：“我没有偷听，是你们自己要大声讲的。”

“呵。”姬时意欣赏她的胆量，“那你躲在这里干什么？”

君毅疑惑地眨了眨眼，这人应该是没认出她来吧，都穿了那么羞耻的女仆裙还化了浓妆。既然没认出来，那么就好办了。

“您是季风科技的姬总吧，我的兄长非常喜欢无人机，他是您的忠实粉丝。我刚才看到您，一路跟来的。可以请您给他签个名吗？”说着，君毅还真从随身包里掏出了纸笔。

“粉丝？”

君毅点头如捣蒜，脖子上的猫铃铛随着她的动作响个不停。为摆脱困境，她想起了马助理的说话方式，再接再厉：“姬总您也别生气，不就是竞争对手先发的同款机型吗？一般只有特别优秀的公司才会被人抄袭，您看人家苹果公司一直被抄袭也从未被超越啊。”

这话说得一下子就把姬时意竖起的毛抚平了。姬时意愉悦地勾了勾嘴角，顺手接过纸笔问道：“小粉丝，那你觉得应该怎么办？”

我刚说的粉丝是我的兄长……君毅很想提醒姬时意，不过看着他那副自信到自大的狂妄姿态，又不想浪费口舌了。

“自然是要比之前做得更好，谁不服，就再战喽。”

此话深得姬时意的心，他不由得多看了几眼这位娇小可爱的猫女郎，越看越觉得顺眼，越看越觉得眼熟，胳膊上被她挠过的红印渐渐发痒。

不过，她手指上的伤是怎么回事，哪有娇滴滴的小姑娘十指缠绷带，都是割伤？

“老板！您在这里啊。”马助理的声音打断了姬时意的怀疑，“赶紧的，发布会要开始了。您得过去，没您在现场还真不行。”

姬时意龙飞凤舞签了个字扔给君毅，转头走了。

“老板走到哪里都有粉丝。”马助理谄媚地迎了上来，意外发现老板的心情不算太差，“我就说嘛，咱们老板不但长得帅还超级有财力，我是女性也会倾慕您。”

姬时意的心情雨过天晴，可他不知道，少女一转身，就将签了名的本子扔进了垃圾桶。

发布会程序按照事先约定走，与姬时意发生冲突的主持人已被替换掉。

“正所谓外行看秀，内行看技术。巡风不愧是工业级无人机的顶级产品。”临时顶替的主持人背着台词卡，慷慨激昂，“下面有请季风科技的姬总上台，为我们介绍这款科技与艺术结合的终极产品。”

姬时意缓步而来，勾了勾嘴角露出理所当然又漫不经心的笑，傲慢之色一如既往。

在创业圈里，姬时意的存在非常特殊。他是房地产大亨姬言的二公子，与从小就被决定继承家业的兄长不同，他向来自由散漫，读书读到一半就辍学创业。老姬总快给他气死了，一分钱不肯出。因此谁都没有看好过姬时意玩票性质的创业公司。直到有一天，季风科技被外媒报道占据了全球无人机市场的半壁江山，人们才恍然得知姬时意身价已过亿。

据说他的成功是因为富二代的身份，他什么都没有干全靠买来的技术打包成套卖……当然这些都是传言，从未坐实，只是喜欢挖掘内幕的自媒体们对此都深信不疑。否则为何每每被提及富二代的身份，姬时意就一副气急败坏的样子，就连今天的发布会都差点被取消了。

姬时意漫不经心地扫了眼台下，也不做任何说明，直接伸手揭开了中央台面上的神秘面纱。

流线型的巡风，忽地展现在灯光之下，它背后的大屏中立刻出现昨晚新天地的盛况。正当人们再次沉浸在巡风带来的震撼时，媒体席中间位置有一个人站了起来。

“姬总，听说昨天晚上，一千多台巡风无人机受到强烈干扰，在最后回收阶段失控坠毁，如此大的安全漏洞，您怎么看？”

人群哗然，普通观众根本看不出无人机秀有任何闪失。

仿佛是为了更令人信服，记者补充道：“我刚从吉尼斯大会得到的消息，昨日的秀是失败的，各位可以去官网查证。姬总，您现在进行缺陷产品的发布会，意欲何为呢？”

姬时意取消发布会便是预计了会出现这样的场面。树大招风，多少双眼睛盯着季风，就算胡超群企图瞒天过海，也无法掩盖巡风的确出现的问题，而且还是在竞争对手发力的时刻。

他冷哼，一切也太凑巧了。

所有人都在等着姬时意的反应。提问的记者也盯着姬时意的表情，似乎想看看不可一世的家伙，是如何被当众狠狠打脸的。

姬时意慢悠悠地回答："巡风的设计没有任何问题，对于人为破坏我们将追偿经济和名誉的损失，并悬赏10万元作为提供线索的奖赏。"

这么一说，很容易就把人们的注意引开。似乎是嗅到了业界八卦的气息，台下议论纷纷。

"锤子！"姬时意趁机轻声嘱咐马助理。

马助理慌慌张张地走下台。领队听完他的话一脸蒙："我们只负责出人，不负责出锤子。"

"我有。"一个声音从马助理身后传来，他一回头就看到一位礼仪小姐手里拿着一把不小的锤子，一锤能砸破脑袋的那种。

看她长得那么可爱又性感，随身还带着锤子，是个人爱好，还是防身工具？管不了那么多了，马助理伸手指着那位戴着猫耳的礼仪小姐。

"你上！"

灯光一打，君毅不得不迈开不太稳的步子，朝姬时意走去。

这段路明明很短，十厘米的鞋跟却让她如履薄冰，走得歪歪扭扭。最后连姬时意都看不下去，出手搀扶了她一把。

只听咔嚓一声，君毅一脚踩到木质舞台的细缝中，后跟如钉子一般卡在了里面。

姬时意接过锤子，抬了抬眼，示意礼仪小姐可以撤了，可那位猫女郎纹丝不动。

也不是君毅不想动，她正靠脚背用力拔着鞋子。

“嗯？又是你，就那么崇拜我？”姬时意觉得有趣。

崇拜个鬼，把鞋子拔出来，我立刻走。但碍于场面，君毅不得不赔着笑。

在精致的妆容下，少女的笑容光彩夺目。姬时意得意地哼了一声，心情更加舒畅。他举起铁锤，对着无人机狠命砸去。

不料，无人机的外壳太过坚硬，没能撼动。

巨响令现场立刻安静下来，人们惊讶地注视着台上持锤的男人。

“季风不需要与别家性能相仿的产品。”说着，姬时意又是一锤。钢铁化身的巡风，仍是纹丝不动，反倒是他被震得虎口发麻。

到底是什么材质做的？防爆系数也太高了吧！媒体纷纷举起摄像头。

就在姬时意准备给巡风第三下的时候，君毅的身影晃了一下。经过不断努力，她终于从夹缝里把鞋跟拔出来了！

可君毅没高兴多久，一米五八的身高被强行垫高到一米六八，一抬脚就失去了重心，君毅猛地向台前扑去。

只听咔嚓一声，被姬时意狠砸两下仍固若金汤的无人机，就这么被猫耳少女一、掰、两、断！

姬时意不可思议地看向她，台下众人也不敢相信自己的眼睛。

君毅很快镇定下来：“不是要把它砸烂吗？我帮你啊！”

过人的手劲，总盯着他脸看的直白视线，以及猫咪一样的姿态，都让姬时意感到异常熟悉。他终于想起对方是谁，不可思议地念出了那个名字：“君毅？”

台下媒体一阵闪光灯，闪得君毅睁不开眼。

“呃，这次是我不好，不过我们两清了啊。”君毅边说边往后退，一转身就冲下舞台，消失了。

姬时意还没回过神来，台上就只留下一双十厘米的高跟鞋。

从聚光灯下逃跑的灰姑娘还是被人堵住了。

“哎哟哟，可闯祸了！”领队拽住君毅的手臂不放，“小姑娘怎么这么不小心？”

君毅耸了耸肩：“反正姬时意也是准备砸了的。”

“那可是姬总啊！谁知道他是不是故意给人看设备多坚固的。你倒好，直接把人家的样品机给打折了。”在业界，姬时意的公司和他阴晴不定的脾气一样出名，领队眯着小眼睛装出很是担心的模样，“他要是叫你赔偿怎么办？一台好几万。”

一提到钱，君毅顿时有了紧迫感。

“不如这样，你和我过来，我来想办法。”

姬时意被媒体簇拥着走下台来的时候，正巧看到模特队的领队哄骗君毅的一幕，不悦地皱起了眉头。

“把君毅给我带过来。”

谁？马助理愣了片刻，终于在老板投向某人的视线里，将名字与人对上了号。他一溜小跑，跟着两人拐进准备室，刚想叫人出来，听到门里面有争执的声音。

嘭的一声，门被人猛地撞开。

马助理震惊了，只见一个人劈头盖脸地朝他砸了过来。幸好他眼明手快闪到一旁，那位被丢出来的仁兄就没那么好运了，躺在地上爬都爬不起来。

将人轻易过肩摔出来的少女，低头对地上的人风轻云淡地说道：“不用你帮忙了，我自己去找季风的人。”

马助理一哆嗦，主动为少女让开了路。女孩双手叉腰，赤着脚在马助理面前停下，仰头问：“要我赔吗？”

她身材娇小，外形可爱，可浑身散发的战斗气焰令马助理犹豫不决。

“这……”

按照老板锱铢必较的风格别说赔了，叫人赔得倾家荡产都有可能，但此刻要是这么说的话，马助理觉得自己可能无法活着回去报告老板。

“君毅！”

一声呼叫打破了马助理的犹豫，两人身后急急忙忙走来一座小山。

“这样吧，我先去问问老板，会再联系你的。”马助理㞞了，一溜烟儿地走了。

王牌学长与马助理擦肩而过，没机会认出那人，双眼牢牢地钉在一身猫女仆装的君毅身上，脸上的表情惊恐不已。好半天，他才重新找回了声音：“天哪君毅，你怎么可以这么……这么娘！”

君毅翻了一个白眼：“学长，你怎么又来了？”

“我这不是听说你们今天下午训练，开车送你去吗？我这个人向来以德报怨，以德服人。哟，这是谁啊，怎么躺在这儿？”王牌学长踢开地上呻吟的领队，真诚地望着君毅，“君毅，快告诉我，在哪里训练？你们学姐等会儿在哪里训练？”

马助理在贵宾休息室找到了姬时意。大老板靠在沙发里，低头刷着手机，发布会上的闹剧仿佛对他没有任何影响。

“人呢？”姬时意垂着头随意问道。

“揍了人，刚走，拦都拦不住。”马助理添油加醋，“老板，您真不知道那个小女生有多大力气，一把能将男的摔出三米多。”

姬时意下意识扯了扯领口，他当然知道君毅有多厉害，只是突见她打扮得那么可爱忘了而已。

忽然，刷手机的手指停了下来，一则小视频吸引了大老板的注意。

画面里，高速旋转的第一视觉带着观众，俯冲，拉升，风一般呼啸掠过游乐园上空，又宛若疾走在隐形过山车之中。眩晕感扑面而来，却又刺激着感官叫人难以移开视线。

“图像质量也太次了，效果不及季风最便宜的入门机。这种视频竟然能得首奖。”马助理凑过来拉踩，“到底是用什么东西拍的？”

视频播放完毕后，关联推送了不少同类视频。

一台台造型奇特、装置简陋的小型无人机，以第一视角急速穿梭于地下车库、茂密树林、废弃的工厂之中，视频下点赞无数。观众们看得热血沸腾，谁还管他什么画质？

“第一视角竞速无人机？我知道了，就是那几个小孩玩的自制无人机。”马助理继续看下去，不禁惊奇道，“竟然还有锦标赛？”

姬时意若有所思，继续搜索着信息，果然在赞助商那栏看到熟悉的名字——天际线（SkyLine）。

不服来战？姬时意琢磨着君毅相当中二的台词。

“召集各部门开会，立刻。”他意已决。

就在这时，手机响了，电话那头不眠不休48小时的首席科学官用异常亢奋的声音说道：“老板，找到中继机了。”

废弃的航空博物馆的后面有大片空地，这里曾经是航模爱好者的乐园，现在无人看管，逐渐荒芜。

姬时意崭新的皮鞋压在野草上，发出嘎吱的响声。他双手插在裤兜里，威风凛凛，仿佛王者巡视疆土。

“老板！”扶墙缓行的马助理小声朝他喊，“低调，我们得等律师来啊！如果真是 SL 搞的鬼，现在可别让他们认出您。”

马助理紧张不已，他们家的老板真不适合偷袭，总自带光芒，走到哪里都一副俨然是世界中心就怕你看不到的高傲姿态。

姬时意朝马助理点了点头：“你说得对，不能让人认出我。”

还没等马助理松口气，就见姬时意从口袋里拿出墨镜戴上，大摇大摆地朝场地走去。在他身上，永远没有“低调”二字。

远处的空地有几个人搭起了金属支架，大小不一的几何图形如一道道龙门交错排列，粗粗看着，就像马戏团里狮子们跳跃钻过的火圈。

一架外形酷似蚂蚱的小型无人机，嗖地掠过。

它急转穿过龙门，俯冲避开障碍又 90 度拉升至半空，冲向弯道。它灵巧的身姿与姬时意那天在过山车旁看到的无人机很是相似。

只不过眼前这架，在躲过钟摆之后一头撞在了龙门支架上，掉落在地。

龚鸣摘下 FPV 眼镜感叹了一句：“唉，如果是毅哥，这个弯道一定没问题，她人呢？”

“在里面调整疾风，听说是找到了合适的飞控。”小 Z 回答。

透过落地玻璃窗朝屋内看去，里面的女孩背对着门趴在工作台前。她已换回了一身正常的衣服，猫耳头箍被扔在一边。压在棒球帽下的长发还是卷的，配上来不及擦掉的彩妆，即便一身男孩气的打扮，也叫人惊艳不已。

“是不是这样？”君毅向手机视频另一端那人展示疾风的参数，“换了新的飞控，螺旋桨的升力有点肉，加了 1S 电池，噪声太大整个机体又飞不稳了。”

飞控是无人机的大脑，控制整机的飞行状态。如今的疾风，既是过去的疾风，也是全新的疾风。

“等飞两圈有了基值再调整，可能是电调电阻过大的关系。”视频通话的另一端，青年柔声回答说，“君君，不要急，你已经做得很好了。”

午后的阳光晒得君毅暖洋洋的，卫之所在的实验室外却是午夜时分。

MIT 风洞实验室内，深邃的白色通道仿佛连接着另一个世界。造型奇特的巨大机翼在聚光灯下，折射金属的锐利感。有人在叫卫之了，他转过身用英语与同伴快速交流了几句，那个同伴手里拿着君毅完全看不懂的数据仪表。

君毅敏感地问：“是不是耽误你工作了？”他们之间难得有现在这样的互动，君毅又怀念又感慨。

卫之避而不答，他知道如何哄君毅开心：“君君，过年我带礼物回去看你。”

“过年回来？”君毅兴奋地坐直了身子。

“是啊，回去看看你这个野丫头到底有没有在认真读书，整天想着无人机可怎么好？”卫之笑，黑眸宛若夜间宁静的湖面，“所以，你现在得放我走了。”

“知道了，卫之哥你去忙吧。”君毅露出了甜美的笑。

她一定不知道自己此刻的表情有多柔软，仿佛一只对谁都冷飕飕的酷猫咪，乖巧匍匐在主人的轻抚下，使劲发着嗲。

这样的表情同时落入了两个男人的眼中，视频通话中的卫之以及君毅侧边窗外偶尔路过的姬时意。

“毅哥，好了没？”对讲机里，小 Z 在叫君毅了。

“来了。”君毅关了视频，抱起无人机走出房间。

随着她的移动，马助理拿着的 GPS 定位器随即发出警报。

“老板，中继机就在她手上！”

君毅的疾风犹如红色闪电掠过众人眼前，扬起的旋风引起聂倩倩的惊呼，美人经理赶紧压低了自己的裙摆，同时按下手中的计时器。

“君君，第一圈的速度比平时慢。”

这都算慢？王牌学长目瞪口呆。

即便如此，疾风仍把 W 飞行俱乐部的其他无人机远远甩在后面。机身上的灯带，在空旷的操场上划过一道绚丽的弧线。

“有毅哥在，什么比赛都能赢。”小 Z 不禁赞叹。他是俱乐部里最小的成员，今年初二，正处于整牙期，满口的钢牙令他的标志笑容显得金属感十足。

“你是谁啊？我们是包场的！”

不远处粪鸣的声音，引起了场边人的注意，只见一个西装革履的男人，怒气冲冲地朝着君毅走去。

君毅摘下眼镜，惊讶地看到来人。

“偷走中继机的就是你吧！”马助理怒不可遏，“藏哪里了？”

“喂，你干什么？”小 Z 立刻像豹子一般扑过去。

马助理平时很㞞，但背后站着老板时，他从来不㞞，因为身后那尊大神发起火来，可比他面对的任何困难都要可怕。

他一把推开小 Z，吼道：“你们这帮小孩，赶快把季风的中继机交出来！”

季风？聂倩倩眼皮一跳，立刻看向君毅，竟从平日里大大咧咧的少女脸上看见一闪而过的心虚。

“啊，他就是把君毅的飞机弄坏的人！”王牌学长小声说道。

聂倩倩一回神，发现魁梧如小山的王牌学长竟然躲在自己身后。

“不太好惹啊。”王牌学长指了指姬时意，“那个人不好惹。”

“喂！你干吗！”龚鸣不甘示弱，他必须保护俱乐部的队长和自己喜欢的女生，“你们怎么证明是毅哥拿了你们的中继机？”

马助理按下手中的GPS呼叫器，疾风立刻哔哔地叫了起来。他得意地看着这几个孩子吃瘪的样子，恶狠狠地说道：“看到了吧，你们这些小屁孩就是贼！特别是这个丫头，不但偷了中继机，还掰碎了巡风样品机。”

“你说什么！”Z跳了起来，一副要咬人的样子。

“是我，是我拿走了季风的中继机。”君毅从龚鸣身后走出来，坦荡地看向马助理，“之前你们老板同意赔偿我任何一台季风的无人机，我就拿了。只是废物利用罢了，若是真那么了不起的机械，怎么会摔到地上砸了个稀烂？”

“废、废物！”马助理急切地嚷嚷，“黑匣呢？你把黑匣弄去哪儿了？”

飞控的数据存储空间有限，君毅把疾风的参数传上去的时候覆盖了原来的数据。她并不知道被刷掉的数据，对季风有多重要。

“我会赔偿的，不要为难我的同伴。”君毅这么说着，却把疾风抓得牢牢的，像是怕那人突然伸手抢夺一般。

就在双方剑拔弩张之时，姬时意摘下墨镜，拍了拍助理的肩膀。

“让开。”

“好的，老板！”刚才还一副与人搏命模样的马助理一秒收起狠劲，“您请，老板。”

“君毅是吧，你能赔我什么？”姬时意居高临下地垂眼睨她，“中继机飞控里的数据，是季风控告对方不正当竞争的重要证据。粗略计算，季风可得到2000万的赔偿款，现在被你刷没了。不如这债你还？熟人价打个八折，再四舍五入，1500万好了。”

君毅惊悚地瞪大了眼，就像一只弓背竖起全身毛的猫咪，就差露出爪子挠地。

“你你你……你这是讹诈！”龚鸣气不过，脸都红了。

姬时意是一个精明的商人，心里已经有了盘算。

“不然，你们一起还也是可以的。”他风轻云淡地扫视众人，眼神带着压迫，“既然是一个俱乐部的，就该同甘共苦。”

又有一人朝这边走来，正是季风的顾问律师，君毅怎么看都有点眼熟。

“哼！”马助理狐假虎威，“你们完蛋了，有什么话和律师说吧。”

还没等律师走近，只听王牌学长发出一道悲鸣。

“倩倩！”

聂倩倩捂住心口躺倒在地。

“怎么回事？还带装死的？”

马助理显然不信。但后来的律师可不这么想，他推开挡着道的马助理，三两步赶到聂倩倩身边，紧张道：“学妹，你怎么了？”

“学妹？”

“心……心口好疼。”聂倩倩皱着的小脸惨白一片。

“倩倩学姐心脏一直不好。”边上的龚鸣立刻补充。

“啊？我怎么不知……”王牌学长话没说完，就被小Z打断。

“所以倩倩姐想要找能在过山车上念诗的男朋友，她自己坐不了过山车！”

王牌学长恍然大悟。

“什么都别说了，先送倩倩去医院！我去开车。”律师先生是个怜香惜玉的人，“一切等人送到医院了再谈。”

君毅终于想起这位眼熟的律师先生，在某一次倩倩学姐男友选拔赛中，他曾经吐了她一身。

“你……你到底是不是季风的律师？”马助理不乐意了。

“在律师的身份之外，我首先是个有担当的男人！”

“老板，这……”马助理不确定地看向姬时意。

姬时意无意纠缠这些琐碎的事，在看到君毅惊恐万分的表情时，觉得目的已经达到。谁叫君毅那丫头总一副看不起他、却又对别人百依百顺的样子？

姬时意不置一词，冷哼一声，转身走了。

从来猜不透老板在想什么的马助理赶紧跟上去，不忘回头对少年们撂下狠话：“这笔账，你们赖不掉的！等着吧。”

人刚一走，聂倩倩一个鲤鱼打挺坐了起来。王牌学长吓了一跳，其他队友则见怪不怪。

作为女人中的真女神，女神中的林志玲，聂倩倩的战略向来是以柔克刚。

“君君，你是怎么惹上这个大麻烦的？”聂倩倩没有一点责怪的意思，表情兴奋异常，“季风哎，航拍无人机知名企业。”

“唉，说来话长。”君毅叹了口气。

“那就务必长话短说！”美人学姐激动地拉着她，就像饿了好久的狼突然见到了肉两眼放光，“托你的福，俱乐部有救了。”

“倩倩，你是不是说反了？”王牌学长担忧地问。

第二章

/

为我而战

学生会勤工俭学部门的部长为难地看着眼前两人，一个是长期合作的甲方，一个是自家的学生。

穿着夹克的君毅双手插在兜里，似乎很不满意被叫来听训。而那位会展公司的模特队领队则滔滔不绝痛诉君毅是如何以次充好，以一米六不到的身高冒充一米七的大长腿，并在事情败露后把他摔成骨折的。

“总之，今天必须给我一个交代！”领队恶狠狠地盯着君毅，绑着石膏的腿就差抬到桌上了，“除了违约金，还要赔偿我医疗费、误工费、精神损失费！”

女大学生脸皮薄，又没有任何证据，自然是不敢说出真相，这种事他以为一般的女学生大多扭扭捏捏，哭哭啼啼，最后学校为其商议个赔偿款，和平解决。

可惜，他今天遇到的并不是一般女生。

“这人想占我便宜，对我动手动脚。”君毅冷静极了，一双猫眼透着英气，“我就推了他一下，他自己摔的。”

“胡说八道！”领队拔高了嗓子，长满青春痘的脸涨得通红，慌不择言，“我我……我干吗要占你便宜，这就是你们A大学生的素质吗？而且你看我这样，像是自己摔的？”

像，太像了，简直像摔了脑子。

“大家冷静，冷静一下。”部长想做和事佬，可偏偏有人不让他如意。

来人穿着黑风衣，走起路来气场强大，堪比明星出街，引得众人注目。而他本人则对旁人惊艳的目光习以为常，甚至有些享受。站定在距离他们几米开外，他高调命令道：“君毅，过来。”

少女顿时垮了脸，刚才那股在恶势力前岿然不动的魄力，哗啦一声散了。她不得不在那人趾高气扬的视线中，一步步走去。

领队愤怒异常，拐杖敲得咚咚响。

“喂，小鬼，谁允许你就这么走了？你们到底是……”他突然看清近处那人，立刻变了脸色，“姬、姬……姬总！”

“闭嘴！姬总也是你叫的！”马助理横眉冷对，一副正义伙伴的姿态，“像你们这种欺压学生恶人先告状的会展公司，竟然还有素质如此低下的司仪诽谤姬先生的名誉，就等着收传票吧！”

“啥？”领队顿时傻眼，立刻甩开拐杖追上去，石膏脚套却成了阻碍，没走两步就摔了个狗啃泥，他不甘心地趴在地上哀号，“哎，等一下姬总，别这样，咱们有话好说，等等我啊……”

见多识广的勤工俭学部门的部长心想，这个世界上，恶人也是分等级的。有些人作恶张牙舞爪，有些人则只要一个眼神。

大恶人低头瞧着不甘不愿挨近身边的君毅，勾了勾嘴角：“现在，你应该对我说什么？”

“谢谢姬总。”她假笑，大眼睛眯成一条线，丝毫诚意都没有。

小野猫没那么好收服，姬时意不以为意，心情却好了几分。说来奇怪，只要看到君毅，无论她是作死还是卖萌，都会让他觉得舒服。就好像撸了一手的猫，神清气爽。

“上车，去机场，别让大家都等着你。”姬时意憋着笑，冷声吩咐。

匆匆赶来救场的丽佳，只来得及看到君毅跟在某人身后上车的背影，那亦步亦趋小媳妇般的模样让她瞠目结舌。

“君君和谁走了？”她转身朝室内走去，走得太急，一米七的大长腿踩到横躺在地上的领队却浑然不觉。

“还有谁？”部长朝她眨了眨眼，“她老板呗。你看，季风的实习合同都签好了，条件还不错。”

时间倒退到两天前。

从“昏厥”中惊坐起的聂倩倩，在她的律师追求者回来之前，组织大家从航天馆后门撤退。接到救命 call 的卓凡风尘仆仆赶回来，和倩倩在咖啡店里谈了许久，久到服务员续杯的时候都带着异样的眼神。

第二天，经理聂倩倩召开线下紧急会议。

与以往 W 俱乐部省吃俭用的朴素风格不同，这一次倩倩把大家约在了一个创意园区的办公室里。办公室还未完成装修，只放了几条长桌，从窗口可以看见一楼硕大宽敞的室内空间，据说这里是厂房改建的。

难得所有的成员都来了，包括行动不便的可达鸭。大家都知道，俱乐部到了危急存亡的关键时刻。

今年是 W 俱乐部第一年打进世界锦标赛的资格赛，也可能是最后一年。业余俱乐部的经营每况愈下，穷到靠众筹才有路费，若是被姬时意那样的人讹上绝对是死路一条，但他们谁也不想原地解散。

已经过了约定时间，迟迟不见卓凡与倩倩的人影，俱乐部的队员们渐渐按捺不住。

“要不直接和季风干一架！”铁齿小Z提议，“我看那个姓姬的就是找碴儿。大公司老板了不起啊？”

“对！”其他年轻队员附和，“让他知道我们的厉害！”

俱乐部自从第一代的卫之那辈先锋走了之后，吸纳的队员都是些血气方刚的学生。就在众人说得热火朝天之时，卓凡和聂倩倩终于出现。和他们一起进入众人视线的，竟然还有姬时意本人！

小Z高喊：“不愧是教练！直接把敌人逮来了，兄弟们上啊。”说着，他就露出了金属獠牙，冲上前去。可还没走出两步，斗志就被卓凡冷飕飕的目光冻住了。

“Z，谁叫你来的，补习班呢，怎么又没去？你和你妈承诺不会因为无人机影响成绩，现在是不想再飞了是吧？”

“哎，现在不是说这个的时候！教练，我们要一致对外！”

办公室内暗涌着一股力量，每位俱乐部成员都恶狠狠地盯着卓凡身后的姬时意，仿佛只要教练一声令下，他们就会飞扑上去。

空气中回荡着两个大字：怼他！

“今天召集大家是有重要的事宣布。”聂倩倩笑眯眯地说。

卓凡欠了欠身，恭敬地将人请到前面。

“欢迎俱乐部的投资人姬总，前来视察！”

“从今天起W俱乐部就有赞助商的团队了。”聂倩倩捧着合同书，从两人之间穿过，“一人一份，季风不但给我们提供训练场地和固定办公室，比赛培训出差费用也全报销。”

这是什么神转折，龚鸣第一个站起来反对。

“季风要用钱控制我们战队？我不同意。毅哥，你放心，我们一定不会签这种丧权辱国的不平等条约。就算是为了你，我也……”龚鸣激动得红了脸，忍不住往君毅那边看去，这一看让他又立刻白了脸，“啊！毅哥，你这是在干吗？”

君毅唰唰两笔签下自己大名。

聂倩倩安抚他：“龚鸣啊，今后的比赛，路费再也不用众筹，晚上再也不用睡桥洞，从此以后俱乐部就有钱了。有钱不好吗？难道你想一直让卓教练免费维修设备到天荒地老，卓教练家也不是金山银山。”

龚鸣慢慢坐下，明白不能再让教练花钱，师母会手撕了他，可是……

“可是倩倩姐，我们飞竞速机为的是理想，不是钱！”小Z抢白。

“不签就不能和君君一起比赛了。你最崇拜你毅哥对不对？”聂倩倩笑容可掬，迎头一盆冷水浇醒了Z。

可达鸭滑着轮椅来到君毅的身边，他虽腿脚不便，却是俱乐部发挥最稳定的选手。

“毅哥，为什么？”可达鸭小声问她，“你真觉得我们俱乐部应该投靠季风？”

“我只想继续比赛而已。”君毅的大眼眨了眨，“你也是这么想的吧？”

“对我而言，能飞就行了。”可达鸭温和地笑了笑，很快签了名字。

可达鸭和君毅参加俱乐部的动机很像，他们都有一个必须要赢的目标，眼下的屈辱就变得无关紧要。

最终，在威逼利诱下，聂倩倩成功收集到了所有人的签字。

“下面，有请季风科技的姬总，为我们讲话！”卓凡恭敬地做了一个请的姿势。

姬时意缓缓走到简陋的小桌前，双手撑在两侧，那浑然天成的高傲姿态，仿佛这里并不是四壁空空的办公室，而是众人瞩目的新闻发布会现场。

他轻慢地扫了眼W飞行俱乐部的成员，都是些小孩。这样的队伍能走多远不好说，不过能用就行。

“我想你们都知道季风的创业经历，季风一开始是做飞控的，产品远销世界各地，最近三年做的航拍机整机，也是全球第一，M国消防局、海豹突击队都在用我们的机器。”姬时意的口吻处处透着炫耀，每一个停顿都在等待掌声，“季风是一家进步的企业，我本人也是，最大的优点就是不记仇。之前的事既往不咎。从现在开始，诸位，为我而战。”

卓凡和聂倩倩立刻鼓起掌来，他们以实际行动告诉俱乐部的所有飞手，出钱的是甲方，是金主。对待金主，就应该放低姿态，面带微笑，假的也行。

“君毅。”卓凡叫她，“过来代表大家，给姬总表个决心。”

俱乐部的飞手唯队长君毅马首是瞻，聂倩倩早在做出决定前就找她长谈过。

世界上没有可以让君毅妥协的事，除了飞行。为了尽量配合俱乐部工作，此刻的君毅就像是收起了利爪的猫咪，刻意用尾巴把前肢卷起来，伪装乖巧。

她上前，对姬时意一笑，用的正是那天伪装成粉丝妹妹的表情。这不是姬时意想要的，他见过小猫真心实意对某人笑，可比现在甜美多了。

“姬总，谢谢您给我们机会。”君毅仰头，直直地望着他微笑道，“我们一定赢得比赛。”

假得不能再假了，却激起了姬时意的好胜心，偏要收服这只小野猫，让她知道谁才是真正做主的。

“输赢而已，我无所谓。”

姬时意的话引起了俱乐部一众飞手的哗然，包括君毅也不可思议地瞪大了眼。

比赛不看输赢，那比什么？

“老板，我来了。”马助理指挥着一队人马，搬运着大包小包从外面赶来。他擦了擦满头汗，将其中一个箱子打开，是季风的运动摄像头。

“竞速无人机拍的短视频，就和帕金森病人录下来的一样，完全无法和季风的航拍效果比。”姬时意拆开一个运动摄像头扔给龚鸣，“既然是我季风投资的队伍，下周比赛，所有竞速机都加装运动摄像头。”

龚鸣立刻反对：“竞速无人机不讲究画质，只要我们飞手看得清就行，再加一个摄像头，整机的重量改变，所有参数都要重调。”

“运动摄像头只作录影用，你们可以继续看你们自己模糊不堪的模拟图传。”

“你是打算用竞速机录下比赛？”

“可以这么说，其他问题你们自己克服。君毅，”姬时意转头看她，仿佛是想看她为了参加比赛能委曲求全到什么地步，“W 俱乐部的队长，你来和队友说说。”

但这次，君毅没有退让，任何想要改动疾风的做法，她都不会赞同。

“我的疾风绝对不……”

卓凡一把捂住她的嘴，用力点了点头：“姬总的要求，我们一定照办。”

“很好。”姬时意傲慢地勾了勾薄唇，似乎早知道了对方会妥协。

小 Z 愤怒地跳出来：“喂，你这个只会做航拍机的家伙，根本不懂竞速机！我敢打赌，是你根本看不了第一视角竞速画面。”

姬时意不以为意：“你有什么可以赌的？”

没有接受过训练的普通人，的确欣赏不来第一视角的无人机竞速画面。比如聂倩倩的追求者王牌学长，只戴上 FPV 眼镜十秒就吐了。

小 Z 很有自信，伸手一指："我赌她！"

众人立刻怪异地看着小 Z，这孩子的语文是体育老师教的？

"好，就赌她。"趁着小 Z 没反应过来，姬时意一口答应，"若是你们输了，君毅就得听话。"他双手插着裤袋，偏向目瞪口呆的少女，难得露出了一丝笑意。

一言既出驷马难追，君毅莫名其妙地从英雄变成了扎着红绸带的奖品。

"对不起啊毅哥。"小 Z 挠着后脑勺，怪不好意思地对君毅说，"我一时口误，给你惹麻烦了。都怪那个姓姬的！"

"放心，我不会输。"君毅戴上棒球帽，朝伙伴喊了一声，"可达鸭，要不要赛一场？就你和我。"

坐在轮椅上的少年，文静地应了一声。

当众人来到楼下的室内场地时，不由得发出惊叹。

两个篮球场大小的空间里，分为上下两层。照明大灯关闭，数十个障碍门轮廓灯逐一亮起，与地面的引导光带交织成一组科幻感十足的迂回赛道，令人仿佛置身未来的赛博世界。

比他们用五毛钱搭起来的野场子专业精致多了。刚还对姬时意颇有不满的飞手们，顿时没了气焰。

见飞手们一个个目瞪口呆，马助理找回优越感："收起你们的崇拜，W 俱乐部的未来，被我们老板承包了！"

没理会场边的骚动，君毅调试好 FPV 眼镜，交给姬时意。

"嗯？"姬时意从鼻子里出声，"你帮我戴。"

明明是不会用吧，君毅心想。瞧着姬时意双手抱胸高高在上的样子，真想把眼镜直接砸他脸上。君毅忍了又忍，倩倩和她约定，为了俱乐部一定要乖顺。

因此，她笑容满面地双手举高，可惜两人的身高差距太大。

“头，低下来点，我够不着。”她说。

“嗯？”姬时意从不低头，可偏偏在这娇小的女生面前，不得不低下高贵的头颅。

君毅踮起脚，将 FPV 眼镜的松紧环从姬时意头顶扣入，而后缓缓拉动两边的系带，手指无意间抚过姬时意的耳郭。一开始，姬时意只觉得被触碰过的头皮稍稍发麻，再接着这股酥麻随着血液蹿到胸口。他不由得抬眼，撞进了少女专注的目光。

或许是飞手的习惯，她总用全神贯注的眼神凝视，猫儿一样的眼珠清澈明亮，仿佛深藏了整个海洋。

下一秒，君毅猛地抽紧了系带，姬时意整个人一僵。

“太紧？”君毅歪着头停下手，心想，真没想到这人脑袋那么大。

姬时意咬了咬牙：“你手劲特别大，不知道吗？”脑壳就快被她勒裂了！

“我怕太松，等下你吐到眼镜上。”君毅坦言。

“给、我、松、手！”姬时意一字一顿，刚才什么麻什么酥的都是幻觉，只有疼才是最真实的感觉。

就在两人你来我往之际，龚鸣坐不住了，三两步走到跟前，一把拉下尚在姬时意额头的眼镜。

“我来吧，毅哥，你去准备。”

或许是本身颜值高的关系，被遮去傲慢的双眼后，姬时意刀削般的脸部轮廓柔和下来，不再咄咄逼人，露出本色的俊美。与时下的流量明星稍显阴柔的儒雅不同，他的俊，是古装片里随时刀剑出鞘的俊朗与不羁。

这么看，就一点不讨人厌了，君毅暗忖。

几分钟后，另一边可达鸭也准备就绪。比赛由聂倩倩宣布开始，她一声令下。

疾风嗖的一声从出发点起飞，可达鸭的竞速机也紧随而上。在回形针一般的障碍赛道上，两架无人机并驾齐驱谁都不让谁。

眼镜中的视野不断翻滚，堪比 F1 还没车前玻璃的急速感，分分钟令人胃抽筋。特别是第一主视角目睹疾风的穿越，超神般的催吐效果。

两人的无人机已经快到形成红、绿两道光带，从眼前一掠而过。

“啊！是钟摆！”小 Z 叫起来了，“小心避让！”

赛道之中，障碍竟然动了起来，眼看无人机就要撞上。疾风立刻横滚偏航同时控了油门，惊险闪过。另一侧，可达鸭没有任何变速，以精准的测算从摇晃的钟摆间直线冲了过去。

可达鸭算得太准，分毫不差，也因为这个决策，他出圈的速度快过疾风。

“漂亮！”小 Z 激动地跳起来。

可达鸭擅长障碍闪避，君毅擅长超高速直线，两人不断交换排位。无人机急速翻转，急停俯冲，刺耳的螺旋桨声刺激着观众的心跳，他们热切地注视着场内情况，竟没有人去关心姬时意的状态。

两架无人机再次来到钟摆障碍，可达鸭占据领先优势，他没有减速仍打算直线穿越。而在他一个机位之后的疾风则突然提速。

“毅哥推油门了！”

“加速过障会撞的！”

在飞手们的惊呼中，疾风犹如出鞘利剑，以诡异的角度，贴着障碍穿了过去。但她速度太快，螺旋桨擦到灯带，机身猛地晃了一下，眼看就要落下。

君毅立刻横滚向右切去，疾风终于收住下坠趋势恢复平衡。只可惜这个抖动，让她失去了夺回优势的机会。

直到可达鸭以一秒险胜，两机稳稳落地，这才有人想起，姬时意怎么还不吐？

“告诉你们，我们老板不可能输的，过山车知道吧，老板上去五圈，下来还能开会。”马助理见缝插针夸赞自家老板，“你们这些雕虫小技，就别挣扎了！”

君毅取下眼镜，疑惑地回头望了眼卓凡教练。她已猜到姬时意是如何办到的，但卓凡比了个噤声的手势。

“不可能！”龚鸣怒不可遏，“你们一定耍了诈！”

“好了。”君毅赶紧拉住龚鸣，扬起不那么真诚的笑容，走到姬时意跟前，“是你赢了。”

几乎能听到小猫磨牙的声音，但姬时意还嫌不够。

“早知道会落在我手里，你折腾个什么劲？”他高高在上地伸出右手，似是恩赐般与她握手言和，“我也退一步，只有你的疾风可以不用变动，其他人必须按我说的做。”

君毅笑得更假了，抬起右手紧紧与他相握。

只听咔嚓一声，姬时意刚才还挂在脸上的得意笑容，变得十分诡异。他的手像被一把铁钳子死死卡住，而那钳子还在不断用力。

姬时意嘴角抽搐着，既抽不开手，也不想透露出自己被一个娇小女孩几乎捏碎手骨的事实。

“喂！”龚鸣冲到两人跟前，“干吗抓着我们毅哥不放？我们会按照约定改装无人机，以后我们都听你的！”

君毅这才松了手，退回伙伴中。她低头看了看自己的手心，有些惊讶地朝姬时意瞥了一眼。好粗糙，没有想到养尊处优只负责签字的大老板，手掌也会那么粗糙。

“很好，我喜欢识时务者。”姬时意转身就走，“第一轮资格赛，赛场见。”

啊！这个人竟然还要和他们一起去比赛，简直是恶魔缠身！

回到俱乐部办公室，小 Z 头痛万分，正打算和人商量对策呢，就见其他队友被什么吸引了注意力。

原本空空荡荡的室内，如今挂满了飞手需要的器材，俨然是无人机的专业工作室。再加上楼下随时可以训练的专业场地，对于穷惯了的 W 俱乐部飞手们来说，简直就是天堂。

见他们一个个都两眼放光，小 Z 看不下去。

“喂，你们可不能动摇！一个小时前还说过要和我一起揍他的！”

“刚才我们是想揍他没错，但现在……我们只想抱着他大腿！你看看 16 信道的手柄、高端蘑菇天线……还有……”

“还有高配 3D 打印机！”小 Z 丢下伙伴，兴冲冲地奔了过去。

少年人哪有什么深仇大恨，分分钟一笑泯恩仇。

在队员们的大呼小叫中，君毅听到身后有人轻声说：“君君，谢谢你。”是聂倩倩，她把一切都看在眼里，“你也知道，卓凡这几年为了俱乐部花了不少积蓄，现在他有了自己的家庭和孩子，我实在不忍心让俱乐部成为他的累赘……”

“我不在意，只要能打比赛，怎么样都可以。”

君毅对竞速无人机之外的事总不上心，既是她的缺点也是优点，而聂倩倩恰恰是利用了这点。

“老板，您太厉害了，那么快就收服了那帮愣头儿青。”马助理快步跟上走向车库的姬时意，满脸的崇拜，“我看着那小飞机飞来飞去就头晕得要命，您怎么看第一视觉都那么轻松呢？到底如何办到的？”

姬时意高深莫测一笑，只说了三个字：“闭上眼。”

闭上眼不就什么都看不到了吗？而且别人也不知道他闭了眼。

马助理心悦诚服，不过他立马又想到了前一阵舍命陪君子坐过山车的事。

“难道坐过山车您也闭着眼？”他当时吐得好惨。

姬时意没有理他，掏出手机，滑到自己头戴 FPV 眼镜那张照片，自言自语：“马助理，你抓拍得不错，我的确是又帅又酷。这张留着，等以后宣布季风进军无人机竞速圈时用。”

“啊？”马助理跟不上老板的心路历程，“您是来真的？那个什么竞速无人机和咱们季风的产品相比，就像是玩具。”

“租场地工作室的钱都花了，你当我是慈善家？”

“当然不是，不过……”

不过季风没有经验。

“我们就是要做一款优于 SL 性能的小型无人机，也让 M 国人尝尝，被人超越是什么感受。”姬时意昂首挺胸道。

这个男人，在被人偷袭了一拳之后，竟打算堂堂正正地站到对手的舞台，未免太狂妄了。

不过也正是因为狂妄，他才是姬时意。

“站住！”

突然，两人背后响起一个声音。

不知何时跑来的龚鸣，怒气冲冲地指着姬时意。

“姓姬的，有钱有什么了不起？买下俱乐部又怎么样？我绝不会把君毅交给你！”他过于激动，脖子都红了，“君毅，由我来守护。”

姬时意把手机收回裤袋中，手骨的疼痛让他整个动作都显得格外缓慢。

在像龚鸣那么年轻的时候，他也曾经为了某人跑去兄长姬景礼那里叫嚣，只可惜到最后不但没有守住，还差点丢失自己。从此之后，姬时意就开始搭建季风，搭建属于自己的堡垒。

虽然事情过去了好多年，现在想来只觉可笑，但姬时意从未忘记当初的狼狈和无奈。

他突然一笑，朗声说道：“希望你记住今天的话，少年人。”

说完，他高昂着下巴，头也不回地走了。

资格赛第一场比赛的时间定为次日傍晚五点，地点设在野长城司马台段，全场两公里。

巍峨壮丽的古长城逶迤迂回，开阔的自然环境及不可预测的风向都加大了比赛难度。到时城墙会点起烽火，与点亮外壳的障碍门一起构建出整条赛道的外貌。这一幕将古老与科技融合，仿佛过去与未来的碰撞，科技感十足。

匆匆换上季风运动摄像头的 W 俱乐部成员，提前到达现场试飞。姬时意不想赢是他的事，但 W 俱乐部也绝不会输。

“君毅，我有话对你说。”龚鸣扯了扯身边专心于调试飞机的少女，“你能给我几分钟吗？”

君毅穿着宽松又帅气的暗红飞行夹克，马尾辫压在棒球帽下。她从不在意自己的穿着，也不刻意打扮，一点没有女孩子的婉约，却在这萧索暗淡的秋季里，显得格外灵动耀眼。

“你最近怎么了，心事重重的？”君毅歪头看他，“有什么话说啊，我们什么关系。”

兄弟或是战友关系？

君毅的性格干脆利索，比一些男孩子更加爽快。她对自己认定的伙伴极好，也正因如此，无论龚鸣之前如何明示暗示都得不到半点反馈。

在少女关切的注视下，龚鸣的脸渐渐变红。之前，他曾与丽佳说起过姬时意这个人，丽佳除了冷嘲热讽他一番，倒也说出了他最担心的事。

丽佳是这样说的：“你们学姐没错，趁那什么姬总对君君还有兴趣，赶紧给团队铺好路。过了这村就没这店了。”

“你是说姬时意是……”

“女人，你拒绝了我，我就承包你的世界！”丽佳豪迈入戏，瞬间就脑补出了整部连续剧，“不过你放心，霸道总裁而已，我们君君绝对不会动心。因为君君喜欢的是她的卫之哥哥啊，相隔两地也念念不忘。不过……我总觉得那个卫之好像并不知道，或者说他假装不知道。”

“既然如此，毅哥应该早点放弃那人。”龚鸣为君毅感到不值。

“放弃他选你吗？”丽佳乐了，拍了拍他的肩膀，“名花有主还要松土，我看好你啊小铲子，试试呗。”

龚鸣很想试一试，但他怕说出来之后令两人尴尬，毕竟都是同一个俱乐部的飞手。

“算了，比赛结束后再说吧，如果我飞到前三。”他又退回了原地。

君毅腾出一只手，拍了拍他的肩膀：“你一定行啊。”

少年的心陡然热了起来，他还想说些什么，一个尖厉的声音横插入两人之中。

“咦？这不是附中的君毅吗？”

来人是一群学生模样的女孩。无人机竞速门槛高，受众少，鲜有女飞手，女粉丝就更瞧不见了。她们长得可爱，小鸟般叽叽喳喳，引得周围的飞手们好奇张望。

“毅哥，你朋友啊？”龚鸣问。

君毅瞅着几人，似乎是回想了一会儿，摇了摇头：“不认识。”

带头的女生不高兴了：“君毅你狂什么？要不是你因为打伤人被休学一年，谁会认识你啊？”

“就是，你招惹美美的男朋友，要不要脸？”

美美又是谁？君毅满头问号。

“你们说什么呢！”龚鸣听不下去了，这哪是校友见面，明明就是来找碴儿的。

“这位同学，我们说的可是千真万确，君毅从小父母双亡没人管，整天混在男生堆里，没有一点羞耻心。你别被她骗了。”

“别胡说八道！”龚鸣气得脸都红了。

中学时代，君毅的特立独行让她与整群青春期的少女隔离，仿佛百花丛中一支黑色的郁金香一般格格不入，又引人注目。她明明一点不软，一点不甜，却总能凭借一个帅气的回眸，成为少年梦中的情人。

当然，君毅本人并不知道，也从不在乎。

她瞟向带头的女生：“你们也是来参加比赛的？”

“琳琳姐的男朋友可是SL国内第一批签约赛手。”边上的女生趾高气扬，“第一场就遇到他，算你们倒霉。智星学长只要一轮就送你回家。”

“智星？”君毅眼睛亮了，脸上露出兴奋，“是去年打进沙特决赛的智星？”

龚鸣见状暗叫不好，他见过君毅这种表情。她的斗志一旦被点燃就是熊熊大火。游乐园那次比赛历历在目，大赛在即，可不能再因私斗被教练骂了。

也顾不得讨回公道，龚鸣直接拽了人就走。

“怎么，怕了吧？输了别哭啊。”为首的女生还在挑衅，“我男朋友可是超厉害的。”

君毅顿了顿，转身看了眼对方，咧嘴一笑。

“厉不厉害，也得看你男朋友的速度追不追得上我啊。”

女生立刻被刺激到，说：“当然追得上，你就等着被我男朋友追吧！”话一出口，她就意识到被君毅耍了，恼羞成怒，“君毅你故意的吧，什么意思，给我回来！”

“琳琳，”高大男生自远处走来，“你们在和谁聊天呢？”

“智星学长！”刚才还嚣张跋扈的女生立刻变得乖巧可人，所有的柔情都堆在了脸上，“碰到我的同学了，不谈她，我们再去抓蝴蝶玩好不好？”

智星和气地笑了笑：“好啊，我们这边也准备得差不多了，有很多时间可以陪你。”

几人来到一处无人的烽火台，智星取出竞速无人机“厉鬼”。

那是一台有着钛金属旋翼的特制无人机。在智星的控制下，厉鬼朝着长城脚下的灌木潜行，扇起的强风，很快逼出了其中休憩的蝴蝶。

一时间花花绿绿的蝴蝶四散飞去，宛若天女向空中撒出了捧花，壮观而华丽。

“快追上那只金色的凤蝶。”琳琳兴奋地指着手机画面中最大的蝴蝶，“我要它！”

智星推动油门，厉鬼破风之声，若凄厉呼啸。锋利的金属桨飞速旋转，形成螺旋劲风，瞬间将凤蝶吸进无人机上空。

“啊！要抓到了，快！”

在女孩子们尖厉的笑声中，青年轻轻一动手指。

蝴蝶奋力挣扎，但终是逃脱不了旋风的强力拉扯……

另一头，龚鸣跟着君毅走向俱乐部的地面站。

“她们胡扯的我一点也不相信，只是怕在比赛前惹麻烦。竟然说你是女流氓，太过分了！”

“她说的是真的。”君毅满不在乎地耸了耸肩，“我以前打架超厉害。卫之哥见我力气大，就劝我去学散打。之后就没人敢欺负我了。”

说起和卫之的事，君毅就会双眼发光，即便是别人讥讽的过往，她也引以为傲。龚鸣不知道说什么好，仿佛任何话语在她与卫之的回忆面前，都显得乏味。

到底，这个人在君毅心中有多大的分量？

“烽火台那边测得怎么样了？”

可达鸭的声音令龚鸣不好再把话题继续下去。小Z也从另一边回来。龚鸣看了眼身边无知无觉的君毅，只能放弃刚才的谈话。

每次比赛前，W俱乐部都会在现场进行赛前分析，根据实际赛道制订方案，以确定可以超越对手的点位，选择不同的道路让他们有机会和别的飞手线路错开，避免撞机的发生。

长城赛道包括3个烽火台和14组障碍物，光走一遍就要十来分钟，飞手们不得不分开试飞，再把经验整合到一起。

“在第三烽火台左侧，有一股强上升气流。”龚鸣指着标记点，“无人机抵达前一组障碍门时已靠近低位，大油门过弯容易被上山风推到墙壁上炸机。”

“但是在烽火台弯减速，就会丧失后面天空回环的爬升优势。”小Z不想放弃他最擅长的障碍。

“君毅你决定。”卓凡看向队长。

君毅已有了自己的打算，指着烽火台一侧：“在这里加速，右向横滚保持速度过烽火台。”

其他人面面相觑，并不是所有人都能做到君毅说的操作，他们的竞速机没有疾风快。

“无人机竞速赛是团队赛，一个人获胜没有意义。”卓凡不以为然，“你再考虑一下。”

“没关系，让毅哥先拿到第一，我们的名次不要太靠后就行了。”龚鸣为君毅辩解，“团队合作是很重要，但也不能为了配合我们让疾风减速啊。”

“放心吧，教练，我们会获胜的。”可达鸭和小Z也说。

卓凡仍是不赞同的表情，眉头深皱，君毅被他盯得汗毛都竖起来了。

他们教练什么都好，就是太过严肃……不过也仅限于在无人机的赛场上。

古怪的铃音从卓凡的手机里冒出来。不用说，又是师母来查岗了。他迅速地背过身去，一分钟前还眉头紧蹙的教练立刻化身为妻奴。

“亲爱的，听我解释，骗你说出差是我不好，但这次比赛我真没用家里的钱，我们有投资人了，真的没骗你……”

看样子一时半会儿是解释不清了，几名飞手准备先散。

聂倩倩走过来问：“君君，姬总人呢？他不是和你一起来的吗？听说还给你解决了点麻烦？”

“他不给人添麻烦就行了。”君毅一脸无奈，她装乖巧装得好累，假笑都要笑得脸抽筋了。

“话是这样说，但想想啊，若不是姬时意，我们比赛期间能住度假酒店？既然人家是投资人，和他搞好关系总是没错的。我叫了奶茶，还差一杯可以满减，要不要算他？”

“不用。”龚鸣脸一沉，“我喝两杯。”

距离司马台长城不远的度假酒店里，琳琳和女伴们正走进宾客电梯。听说明天早上有孔明灯祈福会，几人相约一同前往。

“琳琳，刚才那个叫君毅的女生，真有你说的那么糟糕？”

“可不是！”

短短两分钟足够电梯上到30层，也足够琳琳添油加醋将君毅的过往描绘成少女堕落三部曲，似乎恨不得把所有坏女生的特质都套在君毅的身上。

“哎哟，我也讨厌这种野姑娘，家里没人管，和男生称兄道弟，说得好听是假小子，其实就是轻浮，太……”

“借过。”

女伴没来得及说完，就有一个冷淡又不耐烦的声音从几人身后陡然响起。

琳琳回过头去，男人的表情和声音都是冷的，比深秋里野长城上的北风更加凛冽，但真的好帅，就算是被冷酷地藐视，她都会有心动的感觉。

从电梯出来后，马助理就小跑着跟在大长腿的姬时意身后。

“老板，原来君毅是这种人。”

“哪种人？”姬时意似乎不怎么高兴。

“就是那种……”马助理再次偷瞄了眼姬时意改口说道，“就是那种特立独行、潇洒自在，一眼就能从芸芸众生中脱颖而出，所以经常遭人嫉妒。”

“哦？你什么时候那么欣赏君毅了？”姬时意冷哼一声。

“不不不，我只是作为一个有良知的人，为君毅打抱不平，电梯里的丫头片子们都没眼力。”

“是挺没眼力的。”姬时意顿了顿，“还无人机粉丝呢，连我都不认识。”

“是，是是，您说得没错。可是隔行如隔山，玩小飞机的不认识我们航拍机霸主，也是可以原谅的。”马助理努力拍马屁，拍到最响亮，“拿破仑也不一定认得华伦庚啊。”

姬时意终于一笑。

“我开视频会，晚饭在房间里吃。”

“好的，老板，我跟酒店说下，等会儿送餐到房间。”

“那么贵还加15%服务费。”姬时意瞥他一眼，“我给你开工资是白给的吗？要我帮你减去15%吗？”

马助理立刻懂了，抽出皮夹中的711积分卡：“我这就给您去买，微波炉加热的盖浇牛肉饭什么的，太好吃了！”

姬时意在房间里开视频会议，一直持续到第二天凌晨。北美市场被SL新出的航拍机划去不少份额。而M国国土安全部也在今日声称，各大机构使用中国航拍机会对信息安全带来“潜在威胁”。虽然声明没有具体点出是哪一家中国航拍机制造商，但照这个趋势，季风可能会失去北美的所有购买机构及公司买家。

天空尚未完全亮起，姬时意合上笔记本电脑，起身活动筋骨。

过去，季风曾是他逃离姬家的堡垒，而现在，季风已经是他的所有，怎么可能被区区一个 SL 击败？

忽地，窗户底下，人影一晃。姬时意紧皱的眉头松开了，玩味一笑。

马助理抬头，见老板拿着外套正要出门。

“出去散个步，不用跟。”他似乎心情很愉快。

长城的威仪笼罩在暗淡的天光中，只见巍峨轮廓，宛若沉睡巨龙。龙脊的一处露出微光，渐渐照亮烽火台一侧，仿佛一盏随风而起的孔明灯，又像精灵迎风飞翔。疾风闪着 LED 灯绕着烽火台转圈，尝试以最小角度绕过烽火台的门洞。

如此无聊的操作，在姬时意看来相当减压。他脑子里的弦始终绷紧，无须喝咖啡都会睡不着。现在看着小飞机转圈，看着君毅娇小的身子在黑暗中点着亮光，他慢慢放松下来，甚至打了个哈欠。

养过猫的人大多有这样的体会，没有什么烦躁是猫治愈不了的。君毅时刻给他一种猫的错觉，他甚至怀疑君毅就是他家黑猫的化身。

正当姬时意打算回去睡觉时，只听啪的一声。

疾风高速撞到烽火台一角，失去控制，朝长城下的山林一头扎了下去。

下一秒，君毅摘了眼镜，双手一撑从城墙缺口处翻下去。

顿时，姬时意睡意全无，快步走向豁了口的城垛。

朝下望去，年久失修的野长城裂开了一段，与山体形成足以让人下滑的陡峭坡道。尽头是深不见底的松林，仿佛一张漆黑的大嘴，吞噬了少女的身影。

“君毅！”姬时意高喊一声，回应他的只有林海沙沙。

又等了半分钟，姬时意咒骂一声，大长腿跨过了城垛，也向下滑去。他可不想看到刚买的俱乐部，女飞手半夜摔下长城成为新闻头条。

可他马上就后悔了。

坡下的密林一片黑暗，千万纵横的枝条犹如张开的手臂，要把人抓进无尽深渊。潮湿的风拂过姬时意的皮肤，留下一串鸡皮疙瘩。他刚想摸手机照明，却发现滑下坡的时候，手机不知道丢在了哪里。

“姬总，怎么有如此雅兴？”

姬时意猛地回过头去，只见君毅提着发光的 FPV 眼镜，仿佛是提着一颗星星的暗夜精灵冲他浅笑。微弱光芒笼罩着她白瓷般秀丽的脸蛋，纯净而美好。

“你，你……”姬时意心中一悸，不自在地拍了拍西装裤上的尘埃，“干吗为了一架无人机跳下来？这么黑，这么高，不怕遇到危险吗？”

“姬总你知道我是来找飞机的啊。”君毅眨了眨俏皮的眼，“你偷偷……看了很久吧？”

“什么叫偷偷？”被揭穿的姬时意扬起下巴，恢复了往日傲慢的模样，“我不放心女孩子一个人走夜路。跟我回去，天亮了再找飞机。”

“姬总你放心，我不是一般的女孩子。”君毅退了一步。她可不想在疾风快没电的时候和他纠缠不休。

姬时意一下子就看穿了她逃跑的打算，伸手就朝小姑娘的肩膀抓去，但她动作更快，姬时意只抓了把马尾。

一阵酥麻如电流穿过掌心，姬时意一愣，女孩却已经钻入林中。

“野猫。”他咬了咬牙。

茂密的树林中几乎没有光线，君毅根据推算出的距离向坠落点跑去。很近了，FPV 眼镜发出越来越急促的嘀嘀声，提示她疾风就在附近。

君毅伸手拨开阻挡视线的芦苇丛，猫一般的眼睛瞬间瞪大。她面前是一道开阔的水域，氤氲的水汽将暗淡的天光淹没。

如果疾风的确在这附近，恐怕是沉到了湖底。

为了应对户外多变的天气，疾风做过防水处理，但长时间的浸泡是不行的。君毅争分夺秒，脱了鞋就往湖里走。

冰冷的湖水很快没过了她的膝盖，淹过了她的胸口，她俯身探摸，湖底软泥被踩得扬起，微弱的光线中湖水混浊不堪。她不得不一次次憋气浸入水中，用肉眼寻找。

水涌向耳膜，鼓胀地发出咚咚的声响，就像金属被敲击发出的沉闷回声。

…………

“咚咚咚……”年幼的君毅有一下没一下地敲打着窗户栏杆，生锈发红的杆子落下片片铁屑。她被姑婆关在地下室出不去，只能透过这半截露在地面的窗户，看着路上行人走来走去。

降温了，人人走得匆忙，想在第一场雪落下来之前回到家中，没有人注意到只露出半个脑袋的小君毅。

忽地，有一双球鞋挡住了她的视线，球鞋的主人弯下身子看向铁窗里的她。冬日的阳光落在来人的肩头，勾勒出侧脸儒雅的轮廓，他抿着唇笑了笑，眸中尽是暖意。

“又和同学打架了？”青年语气温和，将她的烦躁抚平。

“没有！”小君毅立刻反驳，“我也不想打架，只是……”

只是因为总有人拿她家说事。

君毅挥拳击向每一个嘲笑她的人，仿佛这样就能为遭受重创的家庭挽回声誉，可惜收养她的年迈姑婆不那么想。君毅在学校天天打架，在姑婆看来就是顽劣不化。老人家一辈子单身，没养过小孩，只养过未驯化的幼犬。幼犬和小孩若是不乖，关起来就是最好的办法。

卫之淡淡一笑，伸手越过栏杆，摸了摸小姑娘的头。

“这样吧，我带你出去转转。”

“姑婆没回来，我开不了门。”

“不需要。”卫之拿出一副奇怪的眼镜，看着就像科幻电影里的道具，“戴上它，我带你出去。”

隆隆的小飞机升腾而起，戴着FPV眼镜的君毅立刻发出了惊叹。身体明明被困在地下室，眼睛却随着它飞到了远方。

她风驰电掣地越过了小区的牌楼，飞过了公园和学校，穿梭在置办年货的人群间，引来阵阵惊呼。

“没有人，能禁锢你自由的心。”卫之温和的声音，至今仍环绕在耳边。

君毅相信卫之的每一句话，也愿意为了他摘下世界的桂冠。可是，没有疾风不行，没有他们一起搭建起来的疾风，不行!

她胡乱地在水里抓着，渐渐走向湖心。

君毅会打架，会装机，坐过山车还能念诗，唯独不会游泳。等她发现不妙时，湖水已淹没了头顶。

衣服吸饱了水仿佛一块沉重的石块，柔软的淤泥像是长出了千万条手，缠绕着她的腿，一个劲往下拽。冰冷的湖水从鼻子灌进了气管，她剧烈地咳嗽，一张嘴更多的水涌了进来。

就在娇小的身形快要沉到底的时候，突然一只大手扎进了水中，用力把她提了起来。

“不会游泳就别往水里摸。”姬时意凛着怒容，夹着人就往岸边走，“只是一个机器而已，不要命了？”

“放开我！”君毅一边咳嗽，一边扭动着身子，“我知道疾风就在那里！”

姬时意早有准备，一把将外套裹住她的手腕。这招釜底抽薪，就像再凶残的猫咪被人抓着后颈提起都会瞬间乖顺一般，君毅很难挣开。

可双脚刚一落地，她立刻又不顾一切地冲向湖边。

盛怒中的男人不再怜香惜玉，避其腕力，伸手揽住她的腰肢，往肩膀处猛地一推。

跌坐在河滩上的君毅，溅了他一身的泥，湿透的衬衫和西裤看上去更加糟糕。

“有病！”姬时意暗忖，自己是发了神经才大半夜跑来关爱社会智障人士。

“你不懂。”君毅再没有了平日里伪装出的乖顺，几乎是吼出来的，“疾风对我很重要！”

她再一次从泥泞中站起来，浑身发着颤，那绝不是因落水受凉的寒战。

“你……”姬时意抽动嘴角，指着又要扑过来的人，凶神恶煞一般撂下狠话，“你，给我等着！”

在君毅惊异的目光下，姬时意只身朝着湖中央走去。

成年后，姬时意很少冲动行事，因为清楚每一次冲动都会付出代价。但此刻他咬着牙，潜入冰冷的水中。

并不是被那家伙感染，也没有心生怜悯，只是单纯想尽快解决这件事，姬时意如此安慰自己。可是湖底的光线太暗，很难在泥沙翻滚的湖底找到什么。他计算着目睹无人机落下时的位置，考量继续寻找的可行性。

突然，昏暗的视线亮了起来，姬时意疑惑地仰头朝天空望去。

太阳明明还没有升起，湖面却被一层摇曳的光芒笼罩。无数的光点，蒙在白色的油光纸中，缓缓升空。

孔明灯？

借着这些光亮，姬时意终于看清了渐渐平息的湖底。

疾风的飞控在沙砾中闪烁红光，仿佛是一颗顽强的心脏，无论环境有多糟糕，依然不息地跳动着。

没多久，漫天的孔明灯就将湖滩照亮，也照亮了从湖中回来的姬时意。

他浑身湿透却不显狼狈，点点微光落在肩膀，仿佛披着银光战甲凯旋的英雄。君毅不由得站起来，猫儿一样的大眼放着光彩。

姬时意撸了一把垂在眼前的头发，露出光洁的额头和天神般俊逸的面容。

“拿去，机桨和电调烂了，其他地方的防水处理做得不错。”他装作若无其事，将无人机抛给君毅，“不必太感恩戴德，毕竟……”

在他的想象中，君毅应该欢天喜地地接过无人机对他感激涕零，崇拜不已，但事实上，光脚站着的少女根本没在听，只顾低头检查无人机的破损情况。

姬时意啧了一声，高昂的情绪低落下来。

“另外，必须告诉你，我的衬衫、西裤都是很贵的，你必须洗干净给我送回来！”他恶狠狠地甩着身上的水，这才引起了君毅的注意。

她仰着脸看向他，又很快被他身后漫天遍野的天灯吸引，突然没头没脑地问：“孔明灯，为什么现在放飞？”

姬时意双手叉腰，长叹一声，只觉得浑身不断滴下的水，全都是他脑子进的水。大半夜的，他到底中了什么邪？

“好，算我多管闲事。”他捡起外套，往回走去。

背后立刻响起赤脚踩在泥潭里的声音，君毅追了上来。

“到底是为什么？”君毅等着答案，“为什么现在有孔明灯？”

“因为风！”姬时意愤愤地答，“长城昼夜温差大，黎明和傍晚都有落山风。”

“孔明灯不应该是在无风状态下升空吗？为了将风的影响降到最小？”

“没学过伯努利？风从来不是飞行的阻碍。哼，我跟你说这个干什么。”

背后的脚步声变得急促，姬时意皱眉往身后看去。君毅上前几步，激动地拽着姬时意的手。

“松开！”姬时意恼了，可君毅力气很大，甩也甩不掉。

作为一个理应养尊处优的富二代，姬时意的手掌实在太粗糙，少有人触及的指根处厚厚的茧子积年累月。那是一双与飞手们很像的手，因为长年打磨，变得与众不同。

无论他嘴上有多不满，行为有多傲慢，始终是下水帮她捞起了疾风。

“谢谢你。”君毅说道。

缥缈的天灯宛若星辰，将她的小脸照亮。不含杂质的笑容，真诚又耀眼，猝不及防地，姬时意心脏猛地一悸。

原本以为对君毅的好奇和关注，是出自对曾经那只猫咪的怀念。但他好像从没对自己家的猫，这么动过心。

傍晚时分，野长城司马台段。

城墙上烽火燃起，把长城赛道映成橙红色，LED灯带造型的各类障碍门与肃穆的古城墙交相辉映。无人机掠过时的隆隆之声，宛若遥远纪元的战鼓被再次擂响。

长城赛共六支队伍，两两竞赛，以团队积分确定唯一出线资格。从当前的记分牌上看，SL签约赛手智星所在的野火战队一枝独秀，而与野火交过手的俱乐部分数都特别低。

下一场该轮到 W 飞行俱乐部与野火对决。

君毅摘下 FPV 眼镜和棒球帽，走到场边喝了口水，小脸蛋被野风吹得红彤彤的，像极了甜美的苹果。她已带领 W 俱乐部赢下了前四场。

“你就是君毅？”休息站里，陌生青年友好地与她打招呼，“我看过你模拟器上的成绩。交个朋友，我是智星。我女朋友经常谈到你。”

君毅微一挑眉，兴致盎然，那是一种对强者的打量。也就在这时，耳机里传来可达鸭的全队广播：“小心野火的 SL 签约飞手智星，他用 5 寸金属翼，前几场比赛削掉了不少无人机的桨翼。”

锦标赛对无人机的要求很简单，对角线不超过 33 厘米，重量不超过 1 公斤，不可自带智能避障系统，其他随便。

通常飞手们会用塑料螺旋翼来参加比赛，减轻重量，同时也相对廉价，方便随时更换。

君毅看向停在出发点的黑色厉鬼，四端的螺旋桨翼透着金属的冷冽，没有任何防护设计。当它通上电，四面的金属翼就会像疯狂旋转的水果刀，杀伤力惊人。

君毅指了指厉鬼：“你的无人机，很贵吧？”在竞速的赛场上竟然选择这么一台大杀器，SL 的签约飞手果然很有趣。

“自然是……”

“智星前辈，教练让您去一趟。”同属于野火战队的飞手，急匆匆跑来打断了他们的对话，“他说您不能这么飞。”

青年脸色顿时阴沉：“没看到我正忙吗？”

“对……对不起。”飞手瑟缩了一下，“教练想……”

“你管他想什么，要不是我，野火想赢比赛？还不快滚！”

待野火的飞手远去，智星又恢复成原先彬彬有礼的样子。

“没吓到你吧？这些菜鸟烦得很，我更喜欢和你这样的人打交道。”智星笑眯眯的，变脸之快，令人不寒而栗。他完全不把自己的队友放在眼里。

君毅神情不改，只是好奇：“智星，你为什么要参加资格赛呢？”

青年耸了耸肩：“每个人玩无人机的初衷都不一样，有的人追求速度，有的人挑战难度，也有的人单纯为了快感。”

“我看不出在这里虐资格赛的初级队有什么快感。”君毅直勾勾地盯着他，毫不避讳。

“毕竟野火是给了钱的。做一天和尚撞一天钟吧，我就不相信你没有被挖过脚。”

智星猜对了，在模拟器上的排位出来后，就有不少俱乐部向君毅伸出橄榄枝。只可惜君毅就是个钉子，难以撬动。她绝不离开W飞行俱乐部，因为W飞行俱乐部的创始人是卫之。

“我也只在野火飞一场。SL正在全球招募飞手，要不要我推荐你？”智星扫了眼君毅身后逐渐走来的W飞行俱乐部的其他飞手，“签约飞手即便团队被淘汰，也能参加外卡赛。”

“没兴趣。”君毅重新戴上棒球帽，将帽檐往下压了压。

“想清楚，你们那个什么业余战队，今天肯定无法出线！你难道要止步于资格赛？”

“倒也不是。”君毅低着头，抓住了智星的手，翻来覆去看了半天。

“怎么，给看手相啊？”智星一时间不知道君毅的打算。

“我们业余飞手呢，每一颗螺丝都是亲手拧的，每个接口都是自己焊的。作为职业飞手的你，为何手心一个茧子都没有？”

“SL 提供整机套餐，我为什么还要自己 DIY？”

“也是。这就是我们不同的地方。”君毅歪头，酷酷一笑。

“喂，你干什么，抓着我男朋友的手干什么？”张琳琳在场外快要抓狂了，无关人员不得进入飞手赛区，她只好整个人贴在栅栏上，“君毅，你这个没人要的野丫头，快放开我男朋友！”

“哦，那是你男朋友啊。”

张琳琳的背后突然冒出个声音。男人身穿名牌风衣，双手插在兜里，还戴着一副墨镜，若不是此地偏远，还真像是明星出街。

相同的气场，相似的傲慢，张琳琳想起来：“你是电梯里的……”

“看到没有，”姬时意伸出一根手指，指着君毅，“那丫头是我的飞手，等一下会让你男朋友输得很惨，记得好好安慰他。”说完，姬时意撇下一脸蒙的女生，推开飞手赛区通道的门走了进去。

姬时意的出现，引起现场小小的骚动，立刻有人认出了这位在航拍机界独领风骚的科技新贵。几周前数千架新品无人机失控坠毁，损失千万美元北美订单的事，给他的传奇添上浓墨重彩的一笔。

“普通观众不能进来。”主办方出面阻止。

“谁说我们是普通观众？”马助理立刻拨开阻挡的工作人员，“这位是 W 俱乐部的老板，姬总。”

其他几个赛队的负责人吃惊不已。他们都认识姬时意，季风不顾自己的烂摊子，却跑来竞速无人机竞赛刷存在感，果然有钱任性是富二代的标配！

与此同时，姬时意也打量着其他战队的赞助商。

“姬总您好，摩天科技做无人机物流的。”年轻人兴奋地想与他交换名片。

“无人机物流？噱头而已，技术不是门槛，成本才是。”姬时意没有收名片，只与他握了握手，“国内很难搞起来的，趁早转行吧。”

“蓝紫科技，姬总，广交会我们见过。”

“嗯，我知道，调试5小时，跳舞2分钟那家。”

对方被嘲讽得连手都抬不起来了。

“野火俱乐部是我们家的，先锋科技……”

“先锋科技啊，山寨季风的无人机好玩吗？”姬时意打断他，顺便也扫了眼众人，“也不只是你们一家，有的抄外壳有的抄程序，拜托大家都是做无人机的，有点自主创新能力不好吗？”

“谁……谁说我们抄了？”先锋科技的老板红了脸，因为底气不足不敢大声争辩。

这位眼睛长在天花板上的富二代，想得罪所有人，早说啊！

还有不死心的人凑过来套近乎。

“姬总，你们买赛队的事，还没公布？这一点都不像季风的作风啊？”

“怎么能提前公布？”姬时意古怪地看着他，“如果他们输了，我还得换一个队投。”

这都可以？老板你是来菜场挑菜的？

小Z咬着钢牙立刻发出抗议：“喂，你说好不在乎输赢的。”

“你们还真会输？”姬时意瞥了眼冲动的小朋友。

“当然不会。”君毅自信地看着他。

近距离看，少女脸上的红晕让她看起来多了几分艳丽，连续参赛的疲惫积攒在湿润的眼中，楚楚可怜。

到底是谁说她一副男孩气不可爱？这般姿色，不当飞手，做个少女偶像也是能吸粉出道的。

瞧，边上的青葱少年就看得目不转睛，青涩的爱慕透过眼神，投射在君毅身上。

姬时意突然抬手，拍了拍双眼发直的龚鸣：“既然不想输，就得专心啊少年。”

“哎？什么，我？”龚鸣一脸的莫名其妙。

君毅歪头看着龚鸣，担忧道：“你最近总心不在焉！”

少年脸色通红，闷闷地戴上 FPV 眼镜。他就觉得姬时意有问题，有很大的问题！

W 和野火八台无人机同时起飞，螺旋桨的噪声压过山风的呼啸，仿佛一场腾空而起的 F1 方程式大赛。姬时意却摘下望远镜，打了个哈欠。

“真无聊。”他完全不顾边上人的白眼，“这么小，你们看得见？”

“就是，看都看不清，完全不知道有何意义。”马助理立刻呼应。

竞速无人机的速度太快，体形太小，普通摄像机根本无法捕捉到画面，前置摄像头画质又差到掉渣。现场观众除了看看几个飞手半张脸的紧张表情，听听螺旋桨的轰鸣，什么都看不到。几个锦标赛的工作人员跑前跑后记录障碍物上的得分写在记分牌上，志愿者则友好地向观众分发点心和饮料。

这就好像兴冲冲跑来围观星球大战，到了现场却发现只是参加了一场郊野冷餐会。

“姬总，竞速机和你们的航拍机不一样。”边上人好言相劝，“航拍机注重技术，竞速机全靠手速。”

“听上去就是一个廉价的游戏？”姬时意轻蔑一瞥。

过了一会儿，姬时意摸出手机，打开动态摄像头。这些摄像头是强制W飞手们装上的，尽管第一视角的即时画面效果不错，可惜完全不能用。

以肉眼判断，摄像头的画面与数码图传大约相差了5秒。160公里每小时急速飞行的竞速机，绝对差不起这5秒。

“快看！来了！”有人高喊。

姬时意懒洋洋地举起望远镜，视线中红色机身快如闪电，一闪而过。他一下子坐直了。

疾风以零失误冲向折返点，第二阶梯野火的两架无人机紧随其后，再后面是智星的厉鬼。

在第三个菱形门障碍处，野火的第三架无人机出现了失误进入了厉鬼的航道，厉鬼没有更改线路，直接将它绞了个粉碎。

众人不禁惊叹，什么人啊，狠起来连自己队友都削！

眼看着W的无人机群就要接近厉鬼。缓速飞行的厉鬼蜂鸣声就算在观众席都能听见。

“怕是要翻车。”马助理担忧道。

“是炸机。”姬时意纠正他。

“对对，炸机！妈呀！快逃啊！”

刚才还在抱怨的两人，已然被激烈竞速抓住了眼球，那是 种就算只从望远镜里看都血脉偾张的刺激。

突然，疾风速度骤减，机身45度倾斜下落，让身后的野火有机可乘，完成了超越。

“她在干什么？”

众人正纳闷，只见一股看不见的气流直冲第三位的厉鬼。横行霸道的大杀器顿时发生晃动，三架W无人机立刻利用他的失误蹿了过去。

待厉鬼全油门加速，却发现难以靠近W机群。他被一堵看不见的墙，挡住了！

螺旋翼尖涡流的气流是有规律的：靠翼尖内侧，气流向下；靠翼尖外侧，气流是向上的。君毅正是利用了高速状态下气流的斜切角，以轻柔的螺旋翼扇起强劲的风。

W 俱乐部四架无人机集合后重新提速，企图与厉鬼拉开距离。

“精彩！”马助理激动得一跃而起。

“速度太快了，会撞到烽火台！”专业观众很快看出了弊端。机群距离烽火台折返点太近，低空高速飞行丧失了最佳入弯角度。

后有洪水猛兽，前有铜墙铁壁，怎么看 W 都是团灭的节奏。

就在观众的惋惜还未吐尽之时，四架无人机忽然垂直位移，仿佛被一双神奇的大手推举了数米。几乎同时，它们横滚偏航控制油门，精准地从烽火台内侧，急速通过。

“落山风？”姬时意惊讶道。

每逢黎明与黄昏，日夜交替之时，都会有一股奇特的风自下而上吹拂过古老的城墙。轻盈的机体乘风而起，身上的 LED 闪着光芒，就像是一盏盏扶摇直上的孔明灯。

姬时意猛然想起那张兴奋的倩丽脸蛋。她用力地抓着他的手，兴奋地说着，谢谢你。她到底在谢什么，姬时意现在终于知道了。

“君毅，不要恋战。”卓凡的声音打断了姬时意的回忆。

不远处，疾风又擅自降低了速度，再次与厉鬼正面相遇。眼看那乌黑的金属怪物就要追上，姬时意终于和身边其他观众一样，紧张地站了起来。

疾风带着红色的旋风，大角度进入转弯轨道，贴着烽火台迅速转向，厉鬼紧追不放。智星已将油门打死，两机距离越来越近。

突然，厉鬼的右侧机翼发出了撕心裂肺的声响，仿若指甲深深地抠着黑板。

它撞上了！

撞到了石墙！

历经千年风雪依然屹立的烽火台，无情地将厉鬼的旋翼折断。横行霸道的大杀器瞬间迸射出火花，沿着石壁陨落了。

意外发生得太快太突然，观众席沉默了一秒才爆发出欢呼。

曾被厉鬼驱逐、伤害的无人机飞手们雀跃不已。

姬时意再次看向厉鬼的折损处，终于想起在数十个小时前，君毅曾经在相同的地方炸机。她根本就是知道，那里有绕不开的旋风！

在空中没有绝对的力量，谁掌握了风，便是王。

W 俱乐部最终以个人实力及团队配合赢得了比赛。他们的胜利实至名归。君毅摘下眼镜，夕阳将她的面容照得红润而艳丽，也叫旁人都看清了长城赛道冠军的脸庞。

“你说得没错，每个人玩无人机的初衷都是不同的。”她朝智星微微一笑，飒爽的英气自眉宇间袒露，“但相同的是，我们热爱的是飞行本身，而不是无尽的欲望。”

“你玩阴的！”智星气急败坏地将眼镜狠狠甩在地上，“亏我还想推荐你！”

野火的队友一拥而上，阻止他与对方发生冲突。

“姬总，”聂倩倩的声音让不知在思考什么的姬时意回神，“您还满意今天的比赛的吗？”

这位嘴上说着只看利益不看胜负的大老板，慢慢转过头来，气定神闲地开口说道：“庆功宴在二楼宴会厅。”

看他的样子仿佛早就知道了比赛的结局，聂倩倩不由得问：“如果我们没赢呢？”

“这么没信心？你们的君毅可不是那么说的。”姬时意的视线掠过聂倩倩，漫不经心地扫了君毅一眼。

她正被其他飞手拥抱，仿佛胜利女神。

下一秒，姬时意皱起眉头。

和人抱来抱去，怎么都不避嫌，真当自己是男生吗？

“去把君毅给我叫过来！”姬时意吩咐聂倩倩。

“恐怕不行，她一会儿还要领奖的。”

说这话的时候，君毅已经从众人的拥抱里退了出来，她脸色潮红，朝着聂倩倩这边激动地挥了挥手，兴奋之情溢于言表。

“那就算了。”姬时意看了会儿，起身离开。

“您不参加颁奖典礼？”

姬时意插着裤兜，酷酷地扫了她一眼：“资格赛的其中一站而已，等什么时候拿到大奖了再叫我。”

W 俱乐部是穷惯了，参加庆功宴远比比赛获胜更让他们兴奋，见到自助宴席一个个迫不及待地胡吃海喝起来。

“君毅呢？”马助理瞥向聂倩倩，“怎么，赢了比赛很了不起？庆功宴都不来。”

“她不是故意的。”聂倩倩赔着笑，“君君练了一个早上的飞机，现在有点不舒服。”

姬时意眼神一顿，马助理刚想说话，卓凡又插上一句：“请姬总和马助理不用担心，明天她就能好。”

这两人一唱一和，回答得滴水不漏，无论君毅是否故意缺席，姬时意都抓不到把柄。

至于吗，护得那么周全？就好像他是什么恐怖大魔王整天要与人作对。姬时意撇了撇嘴。

“姬总，请您先落座。”卓凡试图打破僵局。

姬时意的手机振动了一下，他低头看了眼，吩咐助理：“在这里看着，我去接个电话。”说着，也不理会卓凡的邀约，大摇大摆地走出了宴会厅。

小 Z 由衷地感叹：“踋上大了，教练请了也不来。”

“哎，说什么呢，多么好的‘大腿’。”同伴安慰他，“你看看这海鲜不限量自助、哈根达斯畅享，不香吗？”

远离喧闹的宴会厅，姬时意接起电话。

“你什么意思，为什么不出现？”对方愤愤的声音几乎要从手机里钻出来，“就这么想拂我的面子？”

“我人在北京，有事不能回来。”

与平日里傲慢又看不起人的姬时意不同，在对方咄咄逼人之时，他的态度算得上耐心。可惜电话那头的男人不会因此善罢甘休。

“父亲没有见到你，非常失望。到底是姬家重要，还是你那个什么科技公司重要？”

当然是季风重要，对姬时意来说，季风就是他逃避姬家的堡垒。姬时意独立门户时，姬家阻止过，最后没阻止成，索性一分不给，让他认识社会险恶，回头是岸。可季风就这么给姬时意做起来了。

只不过，姬时意不能当着那个人的面这么说，母亲还在姬家，他必须忍耐。平时的狂妄和自负，在这一刻荡然无存。

“请转告父亲，等我有空一定会去看望他。”姬时意克制着说，“这次是我的过失，请原谅我。”

“你最好记着自己的本分。”

说完，对方就挂断了。

姬时意长叹一口气，像是要把胸中的郁闷全数叹尽，可惜不行，他仍感到烦躁与愤怒。

“姬总，”大堂经理从背后叫住姬时意，“这是您的员工落下的。”

“员工？”姬时意转过身。

大堂经理瑟缩了一下，姬总原本就生人勿近的气场变得凛冽又刺人。

“是，是，就是住在2023房间的君小姐。她来取干洗的衣服，退烧药和门卡落在前台了。”

姬时意刚想给聂倩倩打电话的手缩了回来，伸向大堂经理。

“给我。”

大堂经理犹豫了，姬总看上去心情不好……虽然他心情从来都没好过，但现在更糟了。让他给员工送遗失品，不会是害了那人吧。

“废话那么多干吗！”姬时意直接从他手上抢过东西，转身就走，气势汹汹的样子和提刀去砍人没多大差别。

一开门，姬时意眉头皱得更深，他本想丢下药就走的，可床上那坨裹成毛毛虫的东西，伸出两条白白净净的长腿，醒目至极。

若是别人进来看到，女孩子家岂不是吃亏？

“喂？”姬时意耐着性子拍了拍君毅的脸。

君毅纹丝不动。

他没办法，只能自己动手帮她盖住长腿。

熟睡中的君毅却没让他轻易得逞，总在他扯被子的时候裹得更紧，甚至泥鳅一般扭来扭去。姬时意越是想快点抓住她，就越力不从心，最后不得不整个人跪坐在床上，才成功把她完整塞进了被子里。

他愤愤地退了一步，只觉头颈一紧，这才发现在刚才的缠斗中，领带又被君毅死死地拽住了。

“甲鱼精吗？松手！”姬时意恨得咬牙切齿，本已不太好的心情又被搅得乱七八糟。

可回应他的，只有君毅难受的呼呼声。

小姑娘应该很难受，滚烫的小脸蛋往他冰冷的手背又靠了靠。几个小时前意气风发的少女冠军，如今猫儿似的蹭着他。

姬时意小时候养的猫，很野，对谁都不亲近，就连他也时常被挠得满手伤。但他很喜欢它，把身边的一切美好都双手奉上。因为小猫是他在格格不入的家庭里唯一的伙伴。可惜小猫最终没能活过三岁。

或许是当时太过伤心，之后他便再也没养过其他宠物。可他依然记得那温暖的触感，就像现在这般少女以滚烫的额头抵着他的手心。一股酥麻伴着灼热从手心延伸到心底，将他的浮躁与焦虑瞬间抚平。

好吧，他妥协，就勉强做一下她的冰袋，不收费的。

这么想着，姬时意自觉地换下了已被焐热的手，以别扭的姿势将另一只冰手覆在了她的头顶。

睡梦中的女孩感觉舒服不少，呢喃一声：“别走。”

姬时意缓缓勾起了嘴角，成就感陡然而生。

君毅昏昏沉沉地又往他身边钻了钻：“别走，卫之哥。”

“谁？”得意扬扬的姬时意，浑身一僵，“谁是卫之哥？”

待君毅完全清醒，已经是第二天的早上，敲门声震天响，装睡都装不了。

她翻了个身，狐疑地瞥见桌边吃了一颗的退烧药板和半杯水，再低头发现缠绕在手上的半截领带，菱格深蓝色条纹，总觉得有点眼熟。

“毅哥,快起床！”小Z嘹亮的声音极具穿透力,恐怕君毅再不去开门,隔壁的都能被吵醒。

一开门，兴奋的小Z差点扑进来：“龚鸣哥让我给你带吃的。”

“他自己怎么不来？”君毅还记得昨日龚鸣欲言又止的样子。

“龚鸣哥太惨了，昨天自助海鲜吃多了严重过敏，半夜被送去急症。啊，别担心，现在没什么大问题，就是整个人肿得像猪头！”

听上去真的好惨，自己那一点感冒伤风，君毅都不好意思提了，不过——

“哪儿来的自助海鲜？”

“姬时意请客啊。哎，我跟你讲，那个姓姬的果然不是什么好人，有人看到他昨晚衣冠不整地从廊道里经过，领带都少了半截，不知在哪儿春风一度呢。”

“领带？”君毅下意识地把垂下的半截领带钩回掌心。

第三章

/

天空是我的

季风科技自从他们的大老板从北京回来后，就特别低气压。所有人的头上仿佛都有朵乌云笼罩，时不时打雷，时不时下雨。

季风在北美那边的订单几乎都丢光。如今巡风的生产线已经暂停，唯有拿出新产品，才有可能挽回损失。

怪只怪 SL 与季风九成像的新产品，对市场冲击实在太大。

例会上众人群情激愤。

“太过分了，竟然抄袭巡风！”

“M 国人保护自己的企业，我们提交的知识产权控诉，竟然不受理。”

“我看巡风演出秀的干扰就是他们干的！”

“淡定。”姬时意毫不在意，“这个世界上，只有顶尖的产品才配被人抄袭。就像 Q×× 抄 ICQ，微 ×× 抄袭手机 MSN，被抄的都是当时顶尖的技术。”

“但是老板，ICQ 和 MSN 最后都倒闭了啊……哎哟，你干吗！”

桌下，马助理狠狠踹了那人一脚，随即笑容满面地转向姬时意。

“老板，继续，请您继续……”

姬时意调暗了会议室灯光。W飞行俱乐部第一视觉的飞行记录展现在屏幕上，与过往追求稳定和画质的季风系产品完全不同，运动摄像头捕捉到的是叫人热血沸腾的急速画面。

“诸位，接下来季风要做的产品，是融合航拍与竞速为一体的小型无人机。”姬时意把设计图的3D成像投在屏幕上，“就叫它小季风吧。”

季风所有航拍机的原型，都出自姬时意之手，但这次在座的技术人员面面相觑。

“老板，这东西准备卖多少钱？”有人问。

“比SL的竞品，便宜一半。”

众人瞪大了眼，那才多少钱，小型无人机本来就比航拍机便宜。是打算把钻石当玻璃卖啊？

“卖一台亏一台，公司迟早要倒啊……谁、谁又踢我？”

姬时意丝毫不顾旁人的反对，反正季风由他说了算。

“亏不亏本不用你们考虑，自然会有人给我钱。”姬时意看向技术部门，“按照我的设计，研发样品机需要多久？”

技术部总工程师与下属讨论了一番，最后不确定地看向老板：“五个月吧……”

“嗯？”

“三个月！”

“我给你三十天，做不出来就滚蛋！”说着，姬时意又看向媒体负责人，“联盟赛的转播权谈得如何了？”

这时，刚才那位被马助理连踢两脚、戴着厚重眼镜一脸灭绝师太面孔的女人，突然站了起来。

“国内的独播权已经买下来了。人家谢绝赞助，给钱不卖。我看还是算了吧，公司现在面临亏损，就别送钱了。”

“哎，你这个人怎么说话的？”马助理踹不到她，急得站了起来。

“对了，我介绍下，这位是 Eva。”姬时意说道，“Eva 是我请来的特别助理，将会替代胡超群的位置。”

“什么？”马助理惊讶到不行。他马屁拍得那么响都只是个助理，这位毒舌妇一上来就是副总级别的特助，公平吗？

“我调查过，或许是观赛效果太差了，这几年无人机竞速锦标赛从未出圈，主要靠 SL 为主的全球厂家养着，连年亏损都没不盈利。与其说是专业比赛，不如说是面向爱好者的公益活动。公益活动也不需要大量赞助，所以锦标赛委员会这么做也是考虑过的。”Eva 补充说明。

“尝试加大筹码。”姬时意相信，没有什么问题是钱解决不了的，差别只在于多少钱。

不过，也有一群人，让擅长用钱打人脸的姬时意尝到了失手的滋味。

下午，马助理的尖厉声音直戳姬时意的后背。

“什么？一个礼拜没来了？”马助理对着电话那头的场地管理直嚷嚷，“当是主题公园，办了季卡，想来就来？来够就走？”

于是，聂倩倩被叫来谈话。她小心翼翼地观察那个坐在老板椅上的高傲男子，有种奇怪的感觉。他在生气，并且是迁怒。

“姬总，我们飞手是真有事，不会无故缺席训练。”

姬时意冷眼看她，满脸写着我不信。

“什么事那么重要？下个月就要去无锡比赛了！”马助理替老板提出了质疑。

“姬总您离开学校久了，可能忘记了学生与社会人最大的差别。”聂倩倩好声好气地说。

“什么差别？”

“就是……”聂倩倩提点他，“学生有期末考试。”

潇潇洒洒大半年，一夜回到高考前。A 大校园这几天通宵自修教室都是用抢的。

勤工俭学和参加比赛让君毅落下了不少平时成绩，若期末再不给力，肯定得挂科。和她一起参加临时抱佛脚集训的，还有龚鸣和丽佳。虽然君毅觉得前排这两位就是来凑数的，从开始补习，他们就在窃窃私语。

“我懂了，你还没表白？”丽佳小声对龚鸣说。

“怎么表白？”龚鸣脸都是肿着的，整天戴着口罩，“医生说我这次过敏严重，至少要三个月才能好……哼，一定是姬时意搞的鬼！”

“哟，不惜花巨资请全俱乐部十几号人吃豪华海鲜自助，就为了试试你是不是对帝王蟹过敏，好阻止你表白？”丽佳嘲笑龚鸣的脑回路，“有这么好的事，我也要去向君君表白！”

“喂，你别添乱！”龚鸣来不及阻止丽佳。

“君君！”

君毅回过头来，思绪还没从微积分中抽离，一脸的木讷。

丽佳趁机双手捧住她的小脸蛋：“我好喜欢你哟。”说完她一口亲了下去。

龚鸣脸色涨得通红，看上去过敏更严重了。

啪的一声巨响，一根球棒落在君毅的课桌，直接就把课桌砸裂了一个角，三人惊吓得缩成一团。

王牌学长缓缓收起他气势惊人的球棒扛回肩上，面露鄙夷：“学渣们，好好听讲很难吗？”

王牌学长不但是校棒球队的王牌，同样也是高数、大物等多门课程最优成绩的保持者，堪称德智体美劳全面发展的栋梁之材。当然作为补课老师，他最厉害的一门技术，叫作押题。

“看看这本大学语文题海，如果没有我就得背诵全文，现在有了我，只要做我打印的那些就足够了！”

不过，王牌学长也不是白白给君毅他们补课的。

“你们要是挂科了，我怎么向倩倩邀功，怎么趁机约她出去，怎么偷偷和她牵手，怎么在开满鲜花的喷泉边向她表白，怎么获得她青睐从此走上人生巅峰？”

“学长，你想得有点远……”龚鸣小声说。

王牌学长横他一眼：“研究生的事，本科生不懂！”

“怎么办，要不要把女神学姐拥有众多备胎，他连备胎都算不上的事情说出来？”丽佳偷偷和君毅讨论，“据我观察，倩倩学姐有一个年长的男朋友。上次撞见她从某辆豪车上下来，还和那人吻别了。”

倩倩学姐在校外的生活丰富多彩，又讳莫如深，朋友圈都是分组发的。若真有这么一位年长有钱的男友，也不令人感到意外。

君毅谨慎地摇了摇头：“今天不能说，说了我怕出不了门！”

“倩倩，我的女神倩倩啊！”王牌学长慷慨激昂道，一手撑着直立的球棒，一脚踩在课桌上，“现在，你们都给我好好做题，为了爱情之崛起而读书！”

门外陡然传来了掌声。

谁那么捧场，三人正纳闷，就看到姬时意趾高气扬地走了进来，一副领导视察工作的模样，身后跟着笑容精致的聂倩倩。

王牌学长用来撑住自己的球棒直接滑脱。

“倩倩、倩倩……你怎么来了？”

“哟，还真是在补课。”姬时意扫了眼黑板上的字，“大学语文？你们不都大三了吗，还没考过？”

“这回，您相信了吧。”聂倩倩笑容不改。

姬时意踱步到三人跟前，君毅心虚地低下头去。说实话，那天晚上她是如何把人家半根领带揪下来的，完全没有印象。看姬时意刚才进来时不祥的眼神，君毅猜想一定是一场惊天动地的厮打。

是的，很有可能她吃了药，迷迷糊糊把人揍了。

唰的一声，君毅桌面上的卷子被姬时意翻起，他粗略看了几题，嗤笑出声。

那声音刺激到了原本就神经紧绷的君毅，她起身伸手就抢。不料姬时意早有准备，敏捷地躲开了。她纤细的手指，便从纸张边缘猛地划了过去。

“啊！流血了！”丽佳惊叫起来。

干燥的纸张，犹如锋利的小刀在君毅的手指上割开了一道口子。姬时意眼角一抽，嘴角勾着的嘲弄笑容瞬间僵住。他似乎想要说什么，却被聂倩倩狠狠地瞪了眼。在这之前，他从未见到聂倩倩露出分毫不敬的样子。

“没事。”君毅按住手指对丽佳说。

这种小伤口不比打磨无人机时的金属挫伤，前一段时间她十指都裹着绷带，也没见丽佳那么大惊小怪。

“哎，怎么可能没事？你是女孩子哎，赶快去医务室。”丽佳拉着君毅就往外走，聂倩倩跟了上去，丽佳几次回头用眼神示意龚鸣——别说老同学没帮你啊！

龚鸣果然站了起来，但他没挪动脚步，面对脸色难看的姬时意，大声说道：“毅哥只是偏科，理科一点不差。”

走在前面的丽佳差点跌个跟头。钢铁直男啊，现在是讨论成绩的时候吗？怪不得没女朋友。

一下子，教室里只剩下三个心思各异的男人，姬时意继续翻看君毅各科的卷子，眼神却瞟向女生们离开的方向。

他咳了一下，似乎是意识到状态不太自然，于是他继续用平日里习惯的讥讽语调来掩藏内心的波动。

“语文这么差，君毅是怎么考上 A 大的？”

龚鸣不负众望立刻接茬：“现在成绩差不代表她高三的时候成绩差，大家都说高三时候才是学术的顶峰，况且以前有个特别厉害的人物给君君强补。”

“卫之？”姬时意看似漫不经心地问，“男朋友？”

“才不是什么男朋友，他们甚至没有在一起，卫之只是教会君毅玩无人机的人，三年前出国了。而且拿的是绿卡，全家移民。”

“教人玩无人机很了不起啊？”姬时意嗤笑出声，“那我教员工赚钱岂不是神？”

“哎，有你这么说话的？对君毅来说，卫之就是她童年的偶像。”

“偶像？”姬时意立刻做出了判断，“所以她是单恋。”

“什么叫单恋？你这人从小就没有偶像吗？偶像的意思是崇拜，是敬畏，是只可远观不可亵玩的精神寄托！”龚鸣忽然想到了什么，挠了挠头，“不对，我告诉你这些干什么。”

姬时意一笑，拍了拍龚鸣的肩膀，语重心长道：“少年人，好好读书，你的脑子会好的。”

从龚鸣这样单纯的人嘴里套出话来，易如反掌。姬时意松了口气，原来是偶像，还出国了啊，那基本就和没有一样。

“喂。”龚鸣一把将他的手挥开，“你说我脑子不好？少看不起人！”

“脑子好的人，连这种题目都不会做？”

“什么叫这种题目？”忌惮姬时意的王牌学长突然跳了出来。

本场作战外加专业光环，没理由再被姬时意这霸道总裁压着打。王牌学长和龚鸣对望了一眼，两位革命友人，准备同仇敌忾。

王牌学长双手抱胸，睨视姬时意：“说得像真的似的，你一个富二代能看懂大学考题？”

如果马助理在场，一定会告诫他们这些刚从菜鸟村出来就准备挑战魔王的勇士：千万不要提“富二代”三个字，那是会使姬时意攻击力翻倍的buff（增益）。

果然，姬时意眼睛一眯，浑身散发出不祥的气焰。

女生们回到自修教室时，看到了惊人的一幕。

“什么情况？”丽佳不可思议地瞪大了眼。

讲台后的两块白板，被写得密密麻麻，两人手持水笔，各占一方。

王牌学长书写规规整整，公式嵌套忙中不乱。姬时意龙飞凤舞，只能看出最后答案。

从答题数量来看，竟然是姬时意领先……肯定啊，他就写个答案速度当然快。

龚鸣继续从厚如字典的大学物理题海中随机盲选：“第十七题，请听题。”一连串天书一般的描述从他口中冒出，聂倩倩和丽佳愣是一个字没听懂。

“伯努利方程？”只有君毅还在思考。

答题的双方均没有立刻落笔，但从姬时意脸上的表情来看已胸有成竹。

“这种小 Case，我们老板分分钟解决。”三个女生背后冒出一个声音，她们转头一看，正是熟人马助理。

马助理被派去 711 买咖啡稍微比老板晚了一会儿，但马屁永远不会迟到！

“小儿科！无人机的图纸都是我们老板自己设计出来的，就你们那点大学工程物理不在话下，老板加油！”

王牌学长面露难色，原本以为姬时意是行政管理专业毕业的，自己肯定占优势，没想到他理科也那么好，简直是搬起石头砸自己的脚。

很快，胜负揭晓，王牌学长垂死挣扎：“虽然你在答题总数上超过了我，但大老板你这题不是也没写？我知道这道题太超纲，那是 NASA 用来招工程师的，不过你也就这个水平了是不？”

面对王牌学长菜鸡般的挑衅，姬时意瞟了眼观战中的君毅，气定神闲地说道：“我就问一个问题，既然是 NASA 的题，你想我用英文答，还是用中文答？”

“还能用英文答……”王牌学长受到了一万点暴击，魁梧的身子摇摇欲坠。

“老板！喝咖啡，脑子动多了得补充补充能量。”马助理拨开围观人群走了进去。

“好，我承认是我输了。”王牌学长面露土色，“不过你得告诉我，刚才那道题，用英语怎么答？”

姬时意抿了口咖啡：“I don’t know（我不知道）.”

众人愣了一秒，这才反应过来。这个答案，果然非常符合姬时意的人设。

君毅和丽佳笑得前仰后合。

姬时意假装不在意地瞥君毅：“笑得那么开心，看来你手指不怎么痛。”

"本来就不痛，丽佳大惊小怪。"

君毅的干脆利落来得太快，装一下疼都不愿意。姬时意以为自己会松一口气，却发现视线仍久久地粘在她的手指上，反复在想，她是不是逞强？真的不疼？怎么说都流血了。

"老板，金少打来电话问我们还去不去。"马助理的声音打断了姬时意的思绪。

姬时意不动声色地收回视线，说了声："去，他们一起去，带上竞速无人机。"

"哎？去哪里？"龚鸣提出抗议，"还没补完课，我们哪里都不去。"

很快，大家就知道了，在姬时意面前，抗议是没有用的。

除了小Z，所有人都被紧急召集。一下车，众人望着开阔平坦的专业跑道，不由得发出惊叹："F1方程式赛车场？"

嘉定的上海国际赛车场，拥有国内唯一一个承办了世界一级方程式比赛的专业赛道，整体造型犹如一个翩翩起舞的"上"字。赛道平均车速205公里，赛车经过面前，就是一眨眼的事。

金少穿着一身浮夸的裘皮大衣，食指上鸽子蛋一般大的宝石戒指熠熠生辉，隔着老远就能感受到扑面的奢靡之风。相比于长年深色西装，把711当作食堂的姬时意，这位才更像是富二代。

金少踩着最新款的体感车而来，高人一等地打量着飞手们，视线在经过君毅时顿了一下。

由于小Z的缺席，头戴棒球帽的君毅，看上去是全队里年龄最小的。如同中学小男生一般稚嫩的气质让金少一笑。

"哎哟喂，你这是带学生来冬令营的？我就说嘛，便宜没好货，孩子们毛都没长齐。看看我家重金买来的赛车手。"他遥遥一指，远处几个身着统一赛车服、高大强壮的男子朝他挥了挥手。

姬时意挑眉，一言不发地转身就走。

金少一见玩笑开大了，赶紧从体感车上下来，拖住姬时意的手肘："我的意思是说诸位年轻有为。"

"嗯？"

"金少的意思是，能带领这样的团队，老板您真是青年才俊！"马助理立刻补充。

姬时意的脸色好看一点，开始说正事。

和大多数正常富二代一样，金少喜欢玩车，车队争气，拿过不少大奖。他就想请人将车队行驶中的英姿拍摄下来，作为形象宣传片。只可惜外面的摄影团队无法做定位赛车的高速摄影，这才有求于搞航拍机的姬时意。

其实，季风的航拍机也拍不了。以稳定、高清、三防为主要技能点的季风航拍机跟不上赛车的速度。不过，姬时意知道W飞行俱乐部可以做到。

待几个飞手被领去安排工作后，金少才松了口气，不由得发出感叹："时意公主，真难伺候。"

王牌学长和丽佳掏了掏耳朵。

"你叫他什么？"

见他们吃惊的样子，金少解释道："'姬'字有公主的意思，而且你看他这副跩样，可不就是公主病？"

一种他乡遇知音的喜悦油然而生，于是，两人对金少肃然起敬。

W飞行俱乐部的飞手们很快准备就绪，引擎的轰鸣声宛若血液沸腾之响。数台加装了运动摄像头的竞速机同时升空，以重量优势获得更快的启动速度，如同一只只凶猛而轻盈的鹰隼，紧紧咬住来自地面的猛兽。

竞速无人机本来就为了追逐而诞生的。

运动摄像头传回的画面比 FPV 眼镜延迟 5 秒，飞手虽不能用它来即时操控飞机，却能令普通观众大呼过瘾。有多少人体验过破风的速度，又有谁能穿越在急速的赛车之间。

金少爷捧着平板电脑，切换不同机载视角，只觉激动万分。

“哇！太爽了！简直就像坐在 F1 赛车里，不，赛车不会飞！”他欣喜若狂，不断地往姬时意身边蹭，“公主啊，你的团队真神了。我有预感这次能拍出前所未有的大片。”

“我们说的条件不要忘了，”姬时意挪后几步，一脸嫌弃，“还有，不要叫我公主！”

“哈哈，好说好说！对了，W 俱乐部的队长是哪位啊？我得去拜会拜会。”

“刚不是见过她了？”

金少掐指一算，姬时意带来的人里唯一有点存在感的，是美女经理和一脸正气的棒球青年，两人明显都不是飞手。

就在他苦思冥想之际，车手休息区一阵喧哗。

不远处，一个魁梧的赛车手，被人一个过肩摔仰面砸到了地上，发出嘭的一声巨响。摔人的那个竟足足比赛车手小了一圈，似乎还只是个少年。

“哎哟喂，那是谁啊？”金少目瞪口呆。

姬时意一笑：“队长，君毅。”

赛车手从地上爬起来，愤怒地摔掉头盔，眼看就要往君毅身上扑过去，就听到身后冷飕飕地飘来一句：“怎么回事？”

金少与姬时意及时赶到，姬时意脸色严肃地挡在冲突双方之间，袒护之意明显，赛车手一时不敢动手。

“没什么。”君毅淡定地耸了耸肩，她低着头，棒球帽把马尾辫压了个严实，只露出一截白皙的脖颈。

“误会，一定是误会！”金少赶紧将赛车手往外拉，暗地里用戴着宝石戒指的手指戳他的腰，低声威胁，“大人欺负小孩能看吗，不想混了？”

赛车手骂骂咧咧，却不再追究被人过肩摔的事，大概也觉得非常丢人。

看热闹的人被轰走，休息区只剩下姬时意与君毅两人。

“怎么在每一个地方，你都能惹麻烦？”姬时意双手抱胸，没有责备，只感到好笑，“喂，和你说话呢。”

君毅捡起被扔在地上的包，拍了拍尘土，从里面翻出一只精美但破损严重的礼盒，递给他。

“给我的？”姬时意诧异不已。

“嗯，谢谢你。”君毅认真地说道。

过去姬时意养的猫咪，也会偶尔送他礼物，例如死掉的老鼠、爆浆的蟑螂、血淋淋的小鸟什么的。他查过资料，猫咪送礼的举动代表了对主人的认同感，从此我们就是一家之类的。

姬时意努力克制嘴角扬起的弧度，保持镇定。他飞快地接过礼盒，拆开揉烂的包装。

盒子里是一条三线名牌的领带，价格相当于穷学生君毅一个月的打工钱。

“就为了这个和人打架？”姬时意心花怒放，不免脑补出了一部护宝大戏。

可惜君毅没有接戏，理所当然地回答：“因为贵啊。”

这么说也不是没道理，但既然都送了能不能有点诚意？

“颜色也太难看了。”见她一愣，姬时意又立刻改口，“也不知道合不合适，得试一下。你帮我戴上。”说着，高傲的男人双手插着口袋，再次向少女低下了头。他凑得很近，带着意味不明的笑，落下的影子将君毅完全包裹在了里面。

从他的眸子里，君毅能看到目不转睛的自己。每每靠近，君毅都会沉迷于姬时意的美色。毕竟这张俊脸是除了无人机，少数能让她心跳加速的事物。

这么看来，手里绿得发光的领带，的确非常破坏美感。

“好像是不太配……”君毅抽动了领带。

姬时意赶紧拽住领带的另一头，一本正经地说：“我觉得还行，继续。”

“确定？”

君毅手劲很大，姬时意不得不用更大的力气维持平衡，防止领带被抽走。很快，熟悉的窒息感爬上了脖颈，但他依然没有松手，咬牙说道：“确……确定！”

终于，君毅卸了力气。姬时意猛吸一口气，只觉眼前星光闪耀。总有一天，他会死在君毅手上吧！

既然姬总那么喜欢这条苍翠的韭菜色领带，君毅便从善如流，纤细的小手在他面前迅速地把领带交叠套起。

“手法挺熟练的，有男朋友了？”姬时意轻描淡写地问。

“没有。”

“喜欢的人呢？”

君毅狐疑地瞟了他一眼：“没有。为什么这么问？”

“因为……”姬时意看着她的眼睛，若无其事地说，“我可不想看到你因为个人感情问题，影响发挥。”

“没人能影响我。”君毅笑了笑，露出可爱的虎牙，“我呢，一定会赢的。”

她每说一个字，就往下拽一次，身材颀长的姬时意不得不公鸡啄米似的点头，要是被旁人看到别提有多滑稽。然而，姬时意浑然不觉，眯着眼睛近距离凝视君毅的笑颜，仿佛在欣赏一件珍宝。

“毅哥！”

一道声音打破了暧昧，君毅手一松，与她抗力的姬时意向后仰去，差点跌在地上。

“毅哥！我发现了一个大问题……姬总，你怎么在这里？”龚鸣狐疑地朝两人扫了眼，顿时被姬时意绿意盎然的领带吸引，“这颜色……”

“真有品位。”聂倩倩赶紧补上一句，媚眼瞥向马助理，“您说是不是？”

“简直了，如高山流水，又似冬去春来。”马助理果然不负众望，“只有醇正的绿色，才能配得上我们老板俊逸非凡的气质。”

俱乐部的飞手们逐渐回到休息区，大家已经完成了今天的拍摄任务，个个像参加了一场激动人心的比赛，特别有成就感。

趁着人多，龚鸣大声说道：“我就问姬总一个问题，刚才我和赛车手聊过，在金少投资的赛车俱乐部，赛车手们都是领工资的。今天这样的拍摄活动还有额外加薪，为什么我们飞手一分钱也没有？”

马助理刚想回答，就被姬时意阻止。

“你是不是搞错了？”姬时意扬着下巴，一秒变回傲慢的商人，“你们这些学生飞竞速机，到底是为了什么？”

“当然是为了飞行的理想，”有人小声说，“最好还能赢得比赛证明自己。”

“说得没错，所以我就问你，俱乐部平时要不要维护配件？要不要训练？要不要赢比赛？要不要实现理想？”

姬时意咄咄逼人，龚鸣无法招架。

“理想……理想当然要实现。”

“很好，我和你们谈理想，你竟然和我谈钱？”

龚鸣哑口无言，小Z不在，他没有僚机可以掩护，直接就被姬时意的会心一击击溃。

事实上，除了龚鸣，没什么飞手在乎有没有工资的事，他们早就习惯用爱发电，艰苦朴素了好多年。若是真在乎钱，谁会入坑无人机？要知道光进口电机、电池、旋翼这些消耗品的花费，可不比打高尔夫少。

“小兄弟，你是赢不了那家伙的。”王牌学长语重心长地拍了拍龚鸣的肩膀。

同样对金钱话题没兴趣的可达鸭，留意到君毅默默退出人群。

疾风是队里最快的，却由于没有安装季风的运动摄像头无缘本次摄制。看君毅趴在看台，瞧着飞速往来的赛车的样子，可达鸭猜得到她心里想的。俱乐部的每个飞手都是抱着各种各样的理想而来的。

“毅哥，你想和赛车比试？”可达鸭推着轮椅来到她的身边。

君毅用力点了点头，眼中盛满晶亮之光。

“那还等什么？”

她叹了下，不无遗憾地说：“刚才我试过，有无线电干扰。”

车辆和车队之间使用无线电通话，频率接近于无人机的遥控，因此，控制飞行的距离相当受限。泱泱7公里的“上”赛道，肯定是飞不到底的。

“就算没干扰，疾风最高时速每小时180公里，也不可能比赛车跑得快。”另一个声音泼了一盆冷水。

“姬总？”可达鸭不由得向身后看去。

少女仿佛没有听到，依然趴在护栏上，双眼出神地追着赛车。流光在她明亮的眸中化成道道色彩，好一会儿她才开口：“要是我能赢呢？”

“哼，整天就知道争强好胜。”说着，姬时意双手插着风衣口袋，面无表情地往外走去。

“姬总是来干吗的？”可达鸭望着他的背影，有些不解。

几分钟后，跑车的轰鸣引起了俱乐部飞手的注意。

一台崭新的阿斯顿马丁敞篷车停在跑道上，流线型的车身狂放不羁，仿佛一只咆哮的野兽，引擎声隆隆作响。姬时意戴着墨镜，单手搁在方向盘上，十分享受众人艳羡的围观。

他懒懒地看向观众席，朝趴在那儿的君毅勾了勾手指。

“过来。”

君毅惊讶地指着自己。

“想和赛车比试？带你去追。”

这是什么电影桥段？没见过世面的众位飞手震惊了。

“超帅。”丽佳发出赞叹。

“有钱就可以为所欲为吗？”龚鸣愤愤不平，“喂！丽佳，你到底是哪一边的？”

“谁帅我帮谁。”丽佳看向戴着口罩的龚鸣不屑一笑，“你哪位？”

君毅从看台一跃而下，背着双肩包直接翻进了副驾驶座。她对新奇的跑车内饰不感兴趣，对超帅的司机本人也只是匆匆一瞥，就从包中翻出了第一视角眼镜，迫不及待地戴上。

“哟，姬总，带美女兜风啊。”

边上缓缓滑行过来一辆赛事车，驾驶座上的正是刚才被君毅甩出好远的赛车手。

“是你！”赛车手认出了君毅，立刻惊悚地升上车窗，一脚油门没了影。

赛车尾气扑向毫无防备的敞篷车，豪装车里顿时乌烟瘴气。休憩区不知哪位，噗的一声笑出来，声音和放屁差不多。

姬时意的俊脸黑了下来。

“就他吧。”君毅已调试好无人机。

“正有此意。”姬时意咬牙切齿。

疾风腾空飞起，超跑油门踩到底。

后视镜里，敞篷车突然气势汹汹追来，赛车手吓了一跳，赶紧全速前进——身为职业赛车手（替补），怎么能随便被骚包撩妹车超越呢？

两车的动力差距，很快拉开地面距离。但在天空之中，疾风宛如箭矢一般冲向前去，离赛车越来越近。

“快点，马上要丢失信号了！”君毅说道。

“当我是车夫？”话虽这么说，但姬时意换挡的动作干脆利索。

替补赛车手很快感受到来自背后的强大杀气，后视镜里，撩妹用的敞篷车宛如一头发了疯的猛兽，对他穷追不舍。他急忙进入弯道，以车辆的自身优势，狠狠将其甩在数百米之外。

可他还能听到嗡嗡的声响，仿佛头顶聚集了一团马蜂。

“什么东西？”赛车手终于看到了空中渺小的身影。

疾风满油门紧紧咬住赛车，呼啸着就像撕裂了风。地面和天空之中仿佛形成了一条看不见的纽带，将无人机和飞驰的超跑紧紧联系在了一起。

姬时意车技卓越，始终能把距离追在受控范围内，君毅与他配合默契。两人的呼吸频率都渐渐同步。

“下一个弯道对我们有利。”姬时意时刻留意天上的无人机，“注意风向。”

“放心，我们能赢！”君毅大声回应。

风呼呼地往敞篷车里灌，吹得姬时意的衣衫猎猎作响。他几乎忘记了，上一次如此畅快是什么时候。手心发着汗，心跳急速而有力，他转头看向戴着 FPV 眼镜，全神贯注于天空的女孩，嘴角克制不住地上扬。

这就是速度的魅力，让人忘乎所以不顾一切地尽力追逐，将一切烦恼和纷扰抛之脑后，眼中只有唯一一个目标。

“来了，准备好。”

君毅的声音拉回了姬时意的心绪。他立刻切换挡位，做好过弯准备。

螺旋桨已开到最大马力，疾风横切着风飞出一条平滑的弧线。姬时意浑身发热，仿佛被身边少女散发的熊熊斗志点燃了血液。

进入最后 500 米冲刺，疾风以肉眼可见的加速度直追前车。

还有 300 米！

赛车扬起的尾气遮住了疾风的视线，但小小的机体冲了出来，几乎与赛车齐头并进！

100 米！

50 米！

0 米！疾风率先冲过了终点！

世界上最快的动物并不是奔跑的猎豹，而是从高处俯冲的鹰隼。因为在空中，几乎所有的阻力，都会成为加速的助力！

姬时意停下车，胸膛剧烈起伏，炙热的血脉中仿佛有什么要喷薄而出。他缓缓放开被捏得滚烫的方向盘，手指微微发颤。

“我们做到了。”少女的声音在耳边响起。

君毅摘下 FPV 眼镜，做梦一般望着他，眸中异彩绽放，整个人都发着光。这场比赛，无人目睹，无人喝彩，甚至无人知晓，但他们做到了！

“哼！”姬时意装出满不在乎的样子，“不用太感谢我。”

下一秒，柔软的身子飞扑进他的怀里，蓬松的飞行员夹克就像一朵棉花糖将他整个胸膛塞满。

“我们赢了！”君毅用力抱了抱男人的肩膀，可很快她又疑惑地抬头，“怎么还紧张呢？都结束了。”

能不紧张吗？

血液中乱窜的肾上腺素尚未平复，少女姣好的曲线贴合在胸口，那些发丝像千万只小手抚过敏感的脖颈，扰乱着神志，他只觉一股子酥麻直冲脑门。

姬时意心慌意乱，粗鲁地将人推开。

“什……什么坏习惯，随便搂搂抱抱的。”他似乎又想到了什么，眉头一紧，“平时和龚鸣他们你也这样？”

“对啊，飞手之间……”

“不行！在我的俱乐部里这类行为……”姬时意打断她，抽动嘴角一字一顿，“绝对不行！”

不就是被抱了一下吗，要不要那么别扭啊？君毅叹了声：“果真是时意公主。”

“你……叫我什么？”

“时意公主啊，我听金少是这样叫的。”君毅补上一刀，“我觉得他说得对。”

“不准这么叫我！”姬时意整个人都不好了。

太多陌生的情绪乱成了一锅粥，他愤愤地甩门下车，深吸了一口气，又偷偷回头瞥了眼坐在车里的女孩。

君毅瞪大了猫儿一般的眼睛，无辜地望着他。姬时意的手指不自然地屈起来，刚想回去解释，就见一辆车朝他驶来。

替补赛车手从终点折返，他推门下车，小心翼翼地捧着个宝贝。

“姬总，这是你们掉的无人机吧。”替补赛车手恭恭敬敬将无人机交还给姬时意，“我在终点看到它落那儿了。你们的拍摄结束了？”

姬时意被人打断脸色不太好看。可惜替补赛车手并不是会看脸色的人，他继续滔滔不绝地说：“哟，姬总的领带真好看，品位独特啊。多亏你们一路追债一样追我，我跑出了全年最好成绩！”

正说着话，只听嗡的一声，无人机突然发动从替补赛车手的手上腾空而起，他惊得一屁股跌坐在地上，鞋都踢掉了。

“扑哧——”坐在车内的君毅没憋住。姬时意听到笑声，抬眼与她对望。笑意在两人凝视彼此的视线中累积发酵，终迎来新的一轮爆发。君毅笑得肚子都痛了，趴在了座位上，上气不接下气。姬时意也没好到哪儿去，仿佛被君毅感染，一路笑到缺氧，形象全无。

从地上狼狈爬起来的替补赛车手莫名其妙，他又不是喜剧演员。

“行，你们高兴就行。姬总啊，我和这位小兄弟……”替补赛车手朝车里一看立刻改口，“小美女有点误会，您大人不记小人过。”

姬时意笑容收敛，冷冷地盯着他：“什么误会？”

就在十多分钟前。

样样都不行，替补第一名的赛车手老兄，正和其他几个坐冷板凳的替补选手议论车队老板金少。

“他懂车吗，不学无术，能当老板还不是因为家里有钱。那些个二世祖哪个不是仰着父母的鼻息。”

“就是啊，富二代都是草包，瞧他把那几个老外捧到了天上去。人家纯粹把我们车队当跳板，我们这些人才是中流砥柱……谁在那里？”

当君毅发现误闯吐槽大会时，已来不及抽身。

一个赛车手压低了声音与同伴商量。

“看着像那个什么飞行俱乐部的飞手。你说，‘他’听到我们刚才说的话了没？”

他们背后说金老板坏话被传出去，岂不是冷板凳坐穿？唯一的办法嘛……就是拉这个飞手一起下水。看“他”还是个乳臭未干的小子，引导下应该很快会爆出黑料。

替补赛车手老气横秋地走到君毅身边，拍了拍她瘦弱的肩膀。

“哥跟你说，跟着富二代混真的没出路，特别是你们俱乐部的老板姬总，还是一个被家族抛弃的富二代。别看他现在科技公司开得如火如荼，都是一时性起，过几年，公司不行了，他还不是一样滚回姬家讨口饭吃。我知道你对姬总也有想法，说说啊。”

“真的要说？”君毅不确定。

“说吧说吧，反正没有人知道。”替补赛车手怂恿道。

“嗯……他这人很小气，平时喝 711 的咖啡，喜欢微波炉盒饭。”

“哈，我就说吧，富二代都很抠门。”男人们哄笑。

“但他请我们飞手吃最好的海鲜自助，建最好的训练场地。”君毅补充。

替补赛车手们收住了笑。

“喂，小鬼，你什么意思？那个姓姬的每个月发你多少钱？”

“姬时意没有给过我们一分工资。”

终于找到黑点了，就听君毅又说：“但他也没要求我们获胜。”

越听越不对劲，替补赛车手恼了。干吗绕这么大弯，索性揍一顿威胁下了事。他突然向君毅伸手，君毅灵敏一闪，人是躲开了，包袋却被那人一手拽住。

拉扯中，包开了口，泛着亮光的礼盒包装纸被替补赛车手一眼看到。

“什么东西？”

就在那只手伸向包里的礼盒时，君毅使出了石破天惊的一摔。她只是觉得那个人没资格触碰到给姬时意的礼物。

在莘莘学子和他们爸妈关心的期末考试成绩出来之前，一则季风出品的短视频刷遍了整个朋友圈。

巍峨雄壮的长城之上，数架小型无人机，如箭矢穿越道道激光障碍，又如雨燕飞速盘旋在烽火台之上。极速狂飙，不断翻转的场景，刺激得叫人忍不住从座位上站起来。

画面切换至人们熟悉的上海国际赛车场，竞速无人机的航拍能力再一次令人心潮澎湃，观众们仿佛亲自坐在了赛车的驾驶座上，呼啸驰骋，而且这辆赛车还会飞翔。

竞速机视频的点击量惊人，当天把金少的直播平台服务器给刷瘫痪了。

“我们被人利用了。”龚鸣满脸的红疹因为激动更加明显，幸好是团队通话频道，别人看不到，“你说对不对小 Z？”

盟友小 Z 发出破音的尖叫：“为什么没有利用我？为什么我没去 F1 现场？”

“你的重点放在哪里，自己想过吗？”卓凡冷冷地打断他，“上次段考才考了几分？”

小 Z 是个中学生，成绩中游。若不是卓凡教练多次向他妈妈保证玩竞速机不会影响他的学业，早就被以“玩物丧志”之名没收所有飞机了。这一次他没能参加俱乐部的活动就是因为复习应考。

“没想到你年纪轻轻，成绩就已经那么差了。”龚鸣沉重道，“要我是你妈，别说玩无人机，就连家门都不给你出。”

“她不懂，以后我要做职业无人机选手的！”

“所以，你们是学渣俱乐部吗？”一个熟悉的声音突然从团队群聊里冒出来，顿时频道内鸦雀无声。

到底是谁把姬时意加进来的？大家都震惊不已。

聂倩倩清亮的声音响起："欢迎姬总加入团队频道，大家鼓掌。"

频道里依然静悄悄，不过这并不影响姬时意的发挥。

"我今天来，是为了宣布一件事。既然俱乐部的飞手都是学生，那么就设立一个姬时意奖学金，成绩优秀的飞手可获得最高五万的一次性补助。"

"多少？我没听错？"

"姬总说的是5万元，税后。"聂倩倩好心地为大家重复。

"什么？读书就有钱拿？"小Z磨着钢牙，不敢相信自己的耳朵。

飞手们激动起来，议论纷纷。

"不过……"姬时意顿了顿，"鉴于你们的学习成绩，我非常担心钱发不掉。"

"不不不，我们一定会好好学习天天向上的。"

"姬总，我最热爱学习了，学习让我妈快乐！"小Z也信誓旦旦。

龚鸣拼命私信小Z："资本家的话不能信，你傻呀？"

可全队已经被好好学习天天向上的气氛感染了，一个个都立志成为学霸中的飞手，飞手中的学霸。

"很好，就是这个状态。等你们都考完期末考，我们就出发去常州比赛。"姬时意兴致满满。

"姬总，你还要亲临现场指导吗？"可达鸭真是怕了他。

"我是去验收现场效果，你们参加比赛的随意，我不在乎输赢的。"

但大家都知道这位说不在乎输赢的老板，会随时把输掉的团队换掉，就像他眼都不眨一下，就砍掉了整个巡风的生产线那么任性又不计成本。

姬时意退出群聊，嘴角勾着笑，每次怼完那帮学生，以强欺弱的优越感就让他心情格外舒畅。但是今天稍稍有点遗憾，君毅有考试，没在频道里。

算了，以后见面的机会很多，他暗想。

这种好心情一直延续了好几天，直到验收新品样机当天。

科学官和总工程师一同来见老板，姬时意难得没有咄咄逼人，他们就在危险的边缘试探了一下：“老大，技术部的同事连着加班两周半，天天深更半夜才下班，就为了赶制样品，您看……”

“季风实行弹性工作制，事做成了就行。”

换句话说，自愿加班的绝不发加班费。姬总是个理性的人，心情和薪水，从不相提并论。

“老板，大姬总的夫人在办公室等你。”马助理小声和姬时意说。

姬时意的笑意敛去，慢慢放下手中把玩的样品。

“不见。”

“她说见不到你，今天不回去。”

“那就让她等着。”

话音刚落，姬时意的手机响了。他看了眼号码，眉头深皱，一个人往安全楼梯走去。

“什么事？”他冷淡地接通了电话。

“时意，爸爸真的病得很重，你哥哥他只是……”对方晓之以理，动之以情，“拜托你回家一次。如果你还惦记着我们两个曾经的情谊……”

“嫂嫂，”姬时意礼貌地打断了她，“我们两个只有校友情谊，您这么说容易被兄长误会，慎言。”

女人顿了顿。

“对不起，是我说错话了。爸爸虽然嘴里不说，但最希望见到的还是你啊。无论你们父子兄弟之间有什么样的误会，都暂时放下吧。”

即便对方说得至情至性，姬时意的声音仍毫无波动，甚至更加彬彬有礼：“多谢嫂嫂提醒，也请父亲保重。等忙完这阵，我就来看望你们。”

“阿意，不要这样，就当我求你了。”女人在电话另一头哭了出来，“景礼说，要是我今天不能带你回家，我也不用回家，你不会真忍心这么对我吧？”

“我会。”

姬时意笑了，眸中冰冷一片。

曾几何时，他最听不得月茹的哭声，只要她一哭，就算天上的月亮，都得想办法摘下来，可现在，他的内心只有烦躁。

一切与姬家相关的事，一切与过往有关的羁绊，他统统都不想理会。他现在十分怀念与君毅相处的时光，畅快地大笑，超越最高的速度，仿佛那个时刻才是人生应该有的快意。

姬时意挂了电话，走出电梯间时，神色如常，新上任的特别助理赶紧走上前汇报工作。

马助理拉住她，小声说：“年纪轻轻的，可别去送死。”

“啊？”

“你没看到吗？”马助理朝姬时意努了努嘴，“老板心情糟透了。”

“老板不是一直这副对什么都不满意，活像人家欠他几千万的表情吗？”

马助理不由得上下打量了一番这个女人，总穿着一身活像参加葬礼的西装，嘴巴还那么毒，内心一定很苦吧。

“你干吗？”Eva 退后一步，“你……贪图我的美貌？”

“不，我只是在试图深深地记住你。”马助理诚恳地说，“毕竟你这种不会拍马屁说话很直接的人，活不过‘第一季’。就算你是老板亲自请来的也一样。”

君毅没想到又在学校里看到姬时意。季风大楼在紫竹科技园，离A大就几分钟车程，但没必要查岗似的有空就来逛一圈吧。

“时意……公主？”姬时意脸色不对，君毅想不出什么能够令老板大人开心的办法，只能尝试用老套路，“您给签个名？”

“你重修了几门？”姬时意冷声问。

求签名这招看来不行，今天的时意公主满身刺，就像来“大姨夫”。还没等君毅想到其他办法，姬时意突然就塞了一个纸盒给她。

“无人机？”君毅眼睛一亮。

“竞速机。所有的参数都是从疾风复制过来的，差别只在用料和飞控上。”换而言之就是更好更贵，“测试下，报告交给马助理。”说完，他转身就要走。

使唤人的口吻，加上高傲的表情，姬时意仿佛又回到了刚见面时不可一世的模样，但那时候的他才不会无聊到亲自上门。而且，她刚听说姬时意给俱乐部的猴子们设立了一个奖学金，现在个个好好读书，简直是世界奇观。

他才不像看上去那么难相处呢。猫儿一般的大眼睛骨碌碌地转了圈，君毅拉了拉姬时意的袖子：“你跟我来。”

姬时意的眼神还是冷的，脚下的步子却动了，跟着君毅穿过下院的走廊，来到思源湖边的开阔地带。

君毅从包里拿出疾风的眼镜，与新机配对。

“套装里有FPV眼镜。”姬时意皱眉。

“现在有两个了。”说着，她踮起脚要把眼镜给姬时意戴上。两人的身高实在差太多，姬时意看她费力的样子，不由得稍稍弯下身子配合她。

一旁的马助理都看傻眼了。

受人仰慕、崇拜、尊敬、热爱，永远高人一等的姬总，不知从什么时候起，已经习惯在娇小的君毅面前低头。

“好了，坐下吧。”君毅将姬时意按在长凳上，“自己的产品，当然要自己试。可别眨眼，我带你飞。”

不容分说地，两人的眼镜画面已上了天，看惯了低分辨画面的君毅大为惊叹：“数字图传？”

姬时意冷哼：“模拟图传的画质，怎么可能出现在季风的产品上？”

数字图传和竞速无人机用的模拟图传相比，就是 4K 电视画质和 20 世纪 50 年代彩电画质的对比。当然，数字图传也有缺点：一是贵，二是延时过大。撇开价格不谈，天空竞速分秒必争，稍有延时飞机就炸了。所以市面上用来做竞速机即时图传的只有模拟图传一种。

然而，装在这架竞速机上的数字图传却几乎没有延迟。它以精准的算法，将画面中央区域进行集中优化，放弃边缘景象，呈现的视觉效果堪比高清摄像。

君毅被眼前的画面吸引了，一口气把油门推到了顶。

小型机体嗡的一声从湖面急速掠过，直冲进灌木，转圈三周半绕过树干，穿越树冠，一口气爬升至天际。

过山车一般的急速体验，令姬时意头晕目眩想吐，随之而来的开阔视野，又让他豁然开朗，明明身体留在原地，却能感受到迎面而来的强风和疾驰带来的快感。渐渐地，心中那些郁悒灰暗被劲风剥落，它们尖叫着想要重新抓住他，却统统追不上无人机的速度，被甩在身后，落进了湖里！

姬时意紧皱的眉头松了，嘴角渐渐上扬。

仿佛能感觉到他的心境，君毅说道：“对于我们飞手来说呢，没什么糟心事是一圈爽飞甩不掉的，如果真有，那就两圈！”

话音刚落，无人机视野一抖，竟开始垂直俯冲，自由落体的恐怖感立刻支配了姬时意，若不是坐着，他恐怕就要跌倒了。

“慢一点……”姬时意抓住君毅的肩膀。

“怕了吗，公主？”君毅得意扬扬的笑声，近在耳边。

一股酥酥痒痒的热气让他挺直了腰板。

“不准叫我公主！”姬时意怎么可能被她看扁，狡辩道，“样品机很……很贵的。”

除了与竞速机相比差不多的飞行能力，季风新品采用价格昂贵的巡风芯片模组，兼顾季风一贯的奢华设计，比如可能永远用不上的“即时语音”功能。

棒球场上，王牌学长和其他队友纷纷抬头张望。什么东西？有点像无人机，不过比君毅他们 DIY 的好看太多。

全金属机身，流线型外观设计，悬停时机翼无声响。王牌学长好奇地凑近，无人机的摄像头突然对准了他，发出机械化的声音：“嘿，学长！”

“无人机成精了！”王牌学长被吓了一跳，举起手中球棒狠狠挥去。

就这样，首台造价昂贵的季风新品被一群魁梧的棒球选手，砸成了破烂。

君毅抱歉地望着身边的大老板：“呃，刚才，我只想和学长开个玩笑。不过外壳坚硬度也有待提高，太容易炸机，被砸了十七八下就不行了，而且转向提速反应有延迟……”她似乎知道自己不占理，声音越来越轻。

难得看君毅这般愧疚，宛如一只挠破沙发躲在墙角喵喵叫唤的小猫，姬时意勾了勾嘴角，心情极好。

“说吧，你拿什么赔我？”

相同的台词发生在几个月前，当初因为君毅毁了一台中继机芯片，姬时意提出了赔偿1500万的解决方案，并以整个俱乐部的存亡作为要挟。

这一次又得多少钱？

君毅斟酌许久，朝姬时意眨了眨眼：“要不，我请你吃个饭当赔罪？”

“你这丫头！”马助理气不打一处来，“为了这台样品总工程师可差点进了ICU，知道它值多少钱吗？还请客吃……”

姬时意把马助理推到一边，俯视娇小的女孩。

“成交，我要吃好的。”

“月底了，只剩下食堂饭卡有点钱。”学费靠打工赚取的君毅怎么可能真有钱吃好的，“如果介意，就改天？”

“不介意。”姬时意吃定了这顿饭，转头瞟了眼身后的马助理，“你，去把破损件捡回来，回公司交给优化。”

啊？还不管饭？马助理觉得自己被“亲生”的老板抛弃了！

君毅本以为姬时意会以承包整个食堂的气势，吃到她卡内负资产，却不料大老板学着她的样子，拿了一荤一素，仔细看还是个小荤菜。看来，一个以711为食堂的人，似乎对食物并不挑剔。

“看什么？”姬时意失笑，“要是真拿很多，你没钱刷，放回去岂不是更丢人？”

“最近忙于训练和考试，辞掉了兼职，手头紧。”君毅大方承认。

之前的每次相遇，君毅都在为生计忙碌，游乐园里被人堵，展会里被人占便宜，说起来都是一言难尽。

“兼职不去也罢。”姬时意记性很好，特别是记仇的时候，“当初我请你来做季风的试飞员，你拒绝得爽快？”

“当初，不是不熟嘛……”君毅对他俏皮地眨了眨眼。

“君毅学姐。”爽朗的男声打断了他们的对话。

餐桌边不知何时站着一位阳光的年轻人，笑起来带着酒窝，看上去超帅的。

“听丽佳学姐说，学姐在找寒假兼职，我们实验室缺一个记录员。”年轻人热情地说，“不是很难，每天计数填表，包吃包住。”

君毅喜欢看帅哥，况且这位帅哥还自带赏金。她眼睛立刻就亮了，可是还没说话，就听姬时意替她回绝：“她没空。”

“喂，你干吗？”不打工哪里来下学期的生活费。

大老板扔下筷子，将她凑过去的脑袋一掌盖住，转头对年轻人说道：“君毅，我订了。”

帅学弟疑惑地看着两人：“这位是？”

姬时意挑眉以眼神威胁，让君毅硬生生地把“不认识”三个字吞了下去。

“算是……我老板。”见他一脸阴郁，君毅想起聂倩倩的谆谆教诲，立刻补充，“超帅又有钱的老板。”

论颜值，这学弟并不比姬时意差多少；但在气场上，社会大老板就不是普通学生能比肩的。他就像只大型恶犬，浑身散发着强大气场，令人知难而退。

“是我打搅了，两位慢用。”帅学弟明智地选择离开。

待人走远，姬时意冷飕飕地瞟向君毅。

“怎么，还想给人打工？别以为我会那么轻易放过你。小季风下个月要出样，你得给我天天试飞，飞到完全没有 BUG（漏洞）为止。”

“天天？”君毅也不是省油的灯，“行啊，时意公主一起飞，天天就天天。”

之后的几天，姬时意深刻理解到了什么叫飞到吐。但话都说出去了，哪有收回来的道理。

姬时意舍命陪君毅的举动在马助理眼里不可理喻，向来都是别人围着他家老板转，哪见过老板天天加班到深夜也要挤出白天的时间陪着飞的。

君毅的手机响了，她把飞机调了回来，摘下眼镜。姬时意很顺手地就将手机递给她。

“小 Z 恐怕不能参加下一场比赛。”电话那头卓凡严肃地说，“他段考没及格，寒假要留校补课。”

想起小 Z 错过赛车拍摄时的捶胸顿足，君毅问：“要不要再确认下？”

“这次是小 Z 的妈妈联系我退赛。”卓凡说道。

作为一个未成年人，小 Z 就算有再多不满，仍必须听从家长的教诲。就像以前，君毅被姑婆关在地下室，邻居们看她可怜也没人能帮她。

未满十八岁的孩子，就像大树上开出的花，细嫩美好，却去不了远方。

“我们队还有人可以替补吗？”君毅担心起来。

业余战队管理松散，除了主力，其余飞手的技术达不到比赛要求。

“得提前考虑三对四的作战方案，这周我从广州回来。”

君毅挂了电话，瞟了眼身边的姬时意。他都听到了，但没有任何表示。

“时意公主不担心？”

“我是在乎输赢的人？”姬时意反问。

见他气定神闲的样子，君毅觉得奇怪。当初姬时意到底是为什么从众多职业俱乐部里挑中了 W？

只因为不花钱吗？

第四章

/

你的秘密

小 Z 放弃比赛，意味着下一场比赛将空出一个赛席，人人跃跃欲试。

替补上位的选拔采用模拟器积分制度。本周在模拟器上得分最高者，将成为 W 飞行俱乐部第四名参赛选手。

模拟器是电脑上的竞速机游戏，由世锦赛官方发布。飞手们在模拟真实赛道的游戏中进行比赛，综合考虑风速、气压等各种问题，比起真实情况的炸机，模拟器是一个省钱又能快速决出胜负的比赛形式。

因此，训练场内除了君毅三人仍在实飞，其余都戴着耳机对着电脑屏幕，神情严肃，手速惊人，偶有骂声。

姬时意过来遛弯的时候，还以为自己买了一个电竞俱乐部。他注意到在 W 俱乐部的历史榜单上，始终有一个名字占据榜首。

“WZ 是谁？”姬时意问，“君毅都排在后面？”

年轻的飞手告诉他：“是 W 飞行俱乐部的第一任队长，卫之大神。”

模拟器的影像投在电脑屏幕上。虚拟的赛道中，始终有个半透明的影子领先于飞手，自前方落下一条长长的轨迹线。

“卫之大神知道所有赛道最佳的加速点路径，从新手开始，我们就经常跟着他的轨迹练习。队长现在的速度比他快，但不想超越大神的影子，因为俱乐部的联机模拟器上，只能保存一个第一名的轨迹，一旦超越了，大神的也就彻底消失了。”

君毅的偶像总出现在各种传说中，君毅就差给他建个神龛，每天点香膜拜。对于这种摸不着看不到的对手，姬时意内心真是五味杂陈，但谁也不会因为对方有个偶像就为此怄气。

“卫之前辈是最快的，当年若不是他主动退赛，W 飞行俱乐部早就有机会进军国际赛事。”飞手继续说道。

“既然他那么厉害，又怎么会退赛呢？”

“说是全家移民，他去 M 国读书了，人各有志吧。”

姬时意沉吟片刻，对那飞手说：“你让开，我试试。”

几个小时后，飞手们纷纷从模拟器上退出，准备去吃饭，顺便看了眼排名。

“哟，这是谁的小号，今天刚建的账号，叫 BigBoss，结果垫底，好菜啊。”

唯一知情的飞手不敢说话。君毅也过来凑热闹，见姬时意面色不善地靠在一边，还用眼神威胁着伙伴，不由得好奇地轻声问他：“BigBoss？”

姬时意咳了一声：“不知道你在说什么。”

君毅扑哧一声笑出来，浑身不自在的姬时意，在见到她的笑颜后反而轻松下来。

“术业有专攻而已。”他若无其事地耸了耸肩，“很快，我就会让你知道，谁才是能够走上神坛的人。”

“啥？”君毅眨了眨眼。

几天后，替补选手出现。虽然注册时间短，但他几乎 24 小时在线，成绩远超三天打鱼，两天晒网的其他飞手。这匹黑马在模拟器上的名字是一个大写的“A”。

就在众人疑惑不解之际，君毅和龚鸣心中同时升起了不祥的预感。

“下面，隆重介绍我们的新飞手。”聂倩倩悦耳的嗓音响起。

只见一人从光芒中走来，他身材魁梧、气宇轩昂，宛若救世的王者，踏进俱乐部的训练室。

“王牌学长！”君毅与龚鸣异口同声。

“没想到吧！”王牌学长双手叉腰摆出威风凛凛的姿势，“我就是 A，你们最后的王牌 A！哈哈哈哈哈哈。”

聂倩倩笑意盈盈：“赵启峰，也就是你们的王牌学长在模拟器上苦心练习，积分终于已经到了参赛水平，大家欢迎。”

“不会是作弊器刷的吧？”

有飞手小声嘀咕，马上遭到王牌学长的杀人眼神。

“倩倩，为了你！别说竞速机，就算开火箭我也能学会的！”王牌学长动情地说。

君毅扯了扯龚鸣的袖子：“没有人告诉他，倩倩学姐已经有一个年长的男朋友了？”

“我说了，学长不信。他认为冰清玉洁的倩倩学姐，才不会因为对方有钱有势就跟着对方。”

“既然如此，欢迎你加入我们的战队。”卓凡教练与王牌学长握了握手，“模拟器和实战有一定差距，接下来的集训很辛苦，希望你加油。”

“不苦不苦，能每天看到倩倩就是我最大的幸福。”

“学长，我就问一个问题。”君毅记得王牌学长戴上 FPV 眼镜 10 秒就呕吐的纪录，“模拟器上的比赛，你用的是 FPV 眼镜？”

“不，我用的是手机。”

“那你准备如何用 FPV 眼镜参加比赛？”

“山人自有妙计。”王牌学长从口袋里拿出一锦囊，上面写着三个大字：晕车药。

还能这么操作，众人心服口服。

寒假来临，当其他学生整理好包裹各自回家时，W 飞行俱乐部的飞手们欢乐地坐上了开往常州的大巴，个个喜气洋洋。

“海鲜！”

“郊游！”

“泡温泉！”

卓凡扫了眼众人：“我们这是去参加比赛！”

“对，没错，比赛交给你们了！”一个飞手感激地握住龚鸣的手，“海鲜、郊游和泡温泉，就放心地交给我们！”

姬时意虽然在模拟器上排名垫底，但他在财力上相当雄厚。

奖学金因为各位学渣不争气发得少了，多余的钱就让俱乐部所有成员提早一周前往常州环球港比赛地集训，还订了五星级温泉酒店。王牌学长因为论文的事耽搁了，第二天才能到，错过了一班开往幸福的巴士。

一到酒店，飞手们撒欢似的奔向自己的房间。

“小 Z，我给你看啊，这次姬总大手笔。”飞手们忙不迭向可怜娃炫耀集训的住所，“哪是什么集训呀，分明就是度假！”

“我看到你得意的样子了。”视频的另一头，小 Z 的钢牙咬着笔杆，痛不欲生，“新闻上说了，明天季风的新品发布会就在你们住的酒店举行，大家都要参加？”

“对！”戴着口罩的龚鸣凑近镜头，“就说我们是被利用的吧！姬时意的新产品要我们站台。看这身荧光的连体队服，丑到没朋友！”

龚鸣退后一步，露出俱乐部队服。显眼的黄色条纹纵贯整件紫色连体衣，胸前醒目的 W 标记仿佛是超人的代号，自带荧光效果，紧身塑腰完美起到了收腰提臀的效果。这么骚包的设计显然出自金少之手。

“你说是不是特别过分？”龚鸣愤愤然。

小 Z 惊呆了：“连队服都有了！实名羡慕啊！我也想给姬时意站台，就是我妈不让。”

“听听，你说的都是什么话！”友谊小船彻底翻船，龚鸣继续道，“既然如此，距离高考只有 1470 天了，你加油，再见！”

“啊，不要啊龚鸣哥，我说错话了。”初二学生都要哭了，可他突然收住了眼泪，一脸震惊地指着龚鸣背后，“啊！那是谁？”

众人转过身看去。

君毅别扭地拉了拉超短裙，可大长腿怎么也盖不住，紧身连体裙将她青春的曲线突显。或许是窘迫，棒球帽下的脸蛋红扑扑，退去往日男孩的气概，显得娇羞又可爱。

“毅哥？不是吧，你怎么这么娘……哈哈哈哈哈哈！”小 Z 在视频里笑翻了过去。

现场除了中二不懂审美的小 Z，男飞手们都看得双眼发直。这位二次元大眼水手服美少女真是他们比男生还酷的毅哥？真想不到原来队长是如此标致的宝藏女孩！

“毅哥，你怎么穿成这样？”龚鸣拉着君毅拐进另一条廊道，挡去其余人奇怪的视线。

“很丑？”她歪着脑袋看他，露出罕见的呆萌。

“不，不，当然不，只是平时，没看过你这么穿。”龚鸣耳根发热，心脏怦怦直跳，说到最后声音细若蚊蚋，“真的，真的很漂亮。”

“你能不能借我条裤子？我觉得我们的腰身……应该差不多。”说着君毅伸出双手穿过他的腰际比画了一下。

龚鸣的脸轰地烧起来。

“你的脸……啊，对了！”君毅拿出几张膏药，撕开包装隔着口罩贴在他通红的脸上，“是丽佳让我带给你的，她说以前你过敏的时候用老家的方子治，消肿很快。”

龚鸣只觉得脸上一阵清凉，胸口一阵火热，犹如冰火两重天的体验，耗尽了理智。他终于鼓足勇气，抓住了君毅覆在他脸上的手。

“我有话要对你说！”

夕阳的余晖将身着统一制服的两人，勾勒出一层淡淡的金边，仿佛画中人。口罩少年身形清瘦而挺拔，少女小鸟依人，面容姣好，他们互相对望着，欲言又止。

姬时意看到的正是这刺眼的一幕，火气噌一下就上来了。身边的马助理立刻感到了气氛的变化，就连原本争相向姬时意提问的记者们都安静下来。他们统统看向姬时意目光落下的方向。

还没等姬时意动作，记者们呼啦一声冲上前去。

龚鸣吓了一跳，赶紧把君毅塞到身后。

“您一定就是季风旗下 W 飞行俱乐部的队长，请谈谈对于无人机竞速的看法。”记者们纷纷把录音笔伸向……龚鸣。

“不，我不……”

同学不要谦虚了，戴口罩的一定是队长！当我们没看过《全职高手》？记者们内心如是说。

靠你了，兄弟！君毅以眼神传达斗志，转身走人。

见君毅已经离去，姬时意没有靠近，他还有更重要的事，便嘱咐了身边的马助理去照顾下场子。

姬时意没走出几步，就听到背后响起轻快的脚步，他转过身去。君毅来不及刹车，一头撞进了他的怀中。她力气不小，像头小兽般冒失。

少女的馨香和柔软，把姬时意心中莫名的火气当场冲散。他伸手将君毅扶正，眼神不由得扫了圈少女裸露的长腿。

“你……咳，裙子太短。”

“是吧，我就觉得凉飕飕的，能不能联系下金少做条裤子？”君毅提起什么都遮不住的小裙摆，小声抱怨，“这设计真是……”

“干什么！”姬时意一把拉下裙摆，为了预防君毅再做出不雅举动，他索性脱了外衣披盖在她身上，“没穿过裙子吗？”

“你穿过？”

姬时意被她气笑，小姑娘和人混熟了之后还真就没大没小。

“我房间里有条备用的，在衣橱里，你拿去找酒店的礼宾部把裤子改了。”他从裤兜里掏出房卡，“现在我要去开会，房间里的东西别乱动。”

“这不好吧。”君毅眨了眨眼。

“有什么不好的？”

“说不定，那条是金少留给你穿的，时意公主！”君毅笑着跑开了。

姬时意勾着嘴角，一直看着她，直到看不见。好半天，他才突然想起忘记问，君毅和龚鸣那小子到底怎么回事。

上了电梯，君毅在顶楼找到了姬时意的房间，她没能立刻刷卡进去——门口站着一人。

如果说，姬时意给人的感觉是如同太阳神阿波罗那样的光辉美男子，那么眼前这位则是月光里的阿芙洛狄忒。她一身洁白的吊带长裙裹在貂毛坎肩里，精致浓厚的青蓝色眼妆，令高贵奢华之感蒙上了一层妖冶的艳色。

见到君毅身上的男士外套，美人露出惊异。

“你和时意是……哦，对不起，我认识这件衣服，是我以前送的，没想到他还留着。看来，他很照顾你。”

君毅身边也有美丽的倩倩学姐，但学姐只会把那些心机对白用在招募男朋友上，与其他人说话时很正常。另外，学姐还告诉过她，当对方开始秀演技的时候，说什么都不如不说，更令对方抓狂。

君毅慢慢地把玩着手里的门卡，没有搭话。

美人吃了个瘪，尴尬地拢了拢鬈发，又露出迷人的微笑：“我能进去等他吗？外面有些冷。”

那就多穿点呗，大冬天穿吊带裙，你不冷谁冷？

“不方便。”说着，君毅直接刷卡进了房间，当着对方的面关上了门。

既然是来找姬时意的，怎么会在门口守株待兔，这和王牌学长跟踪倩倩学姐的行为有什么区别？

还是有的！

君毅想起身上披着的那个女人送的外套，赶紧脱下扔在沙发上。

嘭的一声，外套碰到了沙发边缘，落下个东西。君毅捡起一看，竟是把六角扳手。一个公司大老板竟然随身带扳手，怪不得能在发布会现场找人讨锤子。

她环顾四周，很快发现到处都是零散的工具和图纸。笔记本电脑的屏幕亮着，跑着无尽的程序，横七竖八的空机架摆在床上。

若不是刚用姬时意的房卡开了门，君毅会以为走错了房间。

脚被绊了下，君毅低头发现地上横躺着一个箱子，里面是几周前被王牌学长一棒子打下来的小季风的同款。

小季风与季风以往的一体机不同，具有丰富的延展性，可供飞手自行组装，而君毅手中的这台是刚焊好的，完美无瑕的焊脚还散着热气。

姬时意真的会自己组装无人机，这种事他怎么没显摆过？君毅好奇不已，连上开着的电脑，找到“疾风”文件夹，将自己的参数导入机体。

她戴上 FPV 眼镜，迫不及待地让它在狭小的空间里飞了起来。

小季风比之前更容易操控，就像是一台友好的航拍机，即使初学者都不会轻易炸机，速度却能与疾风不相上下。它不再是疾风的高仿，而是一台打破了所有竞速机定律的高科技无人机。

君毅简直入了迷。

这时，团队频道响了起来，是龚鸣。

“毅哥，我们去环球港了，你来吗？”

环球港是包邮区最大的购物中心，也是资格赛里唯一一个商业建筑与室外空间结合的穿梭赛道。

根据购物中心的结构，赛道分为上中下三层。无人机必须沿着跨越两层楼的手扶电梯穿越菱形门，抵达中庭的发卡弯，再沿着廊桥大直道穿越 8 字门，俯仰飞向另一台手扶电梯到达 6 楼。最后从楼顶狭小通道，飞跃至室外摩天轮后沿大直道抵达终点。

他们相约在环球港顶楼的摩天轮下。

夜间的灯光逐渐亮起，悬臂式摩天轮的外圈和轿厢的灯光点亮，从地面看去仿佛是悬挂在空中的一枚镶满钻石的戒指。但君毅知道，比赛时若稍有闪失，这座浪漫的“天空指环”，会成为竞速机的断头台。

“毅哥！”龚鸣从身后跑来。

君毅双手插着口袋，转过身来。夜色遮去少女的秀美，她换回了飞行夹克和牛仔裤，就像个普通小男生。

“毅哥，怎么这么晚才来？”可达鸭的轮椅滑到了她的身边，“遇到麻烦了？”

别提了，君毅在姬时意的房间里等到门外的女人离去，才出来。说不清为什么，她就是不想再与那女人正面碰上。之后她又去了礼宾部改制服，一圈跑下来天都黑了。

“没事，反正要晚上十点后才能在商场试飞，”龚鸣挠了挠头，“要不，先吃饭吧？”

聂倩倩找了家情调不错的西餐厅，安排几人坐下。自从姬时意投资俱乐部以来，团队经费再也不用精打细算。大家说起龚鸣被当成队长接受采访的事，笑成一团。

“对了，你刚才有什么要对我说的？”君毅问龚鸣。

男生一愣。

感情的事就是这样，前一刻还不顾一切，这一刻又举步维艰。龚鸣摸了摸布满整张脸凹凸不平的小疙瘩，稍稍撇开头去。

“没什么特别的，”他吞吞吐吐，顾左右而言他，“也就是，请你替我谢谢丽佳。”

“不客气！”

欢快的声音从背后传来。

“丽佳？”君毅和龚鸣异口同声，“你怎么会来？”

“包吃包住这种好事，我当然要凑热闹。你们两个真不够朋友，还是王牌学长告诉我的。倩倩学姐，加我一个没问题吧？我吃得很少，可以和君君睡一床。”也不等聂倩倩点头，丽佳已经在君毅身边坐下。

她神秘兮兮地瞧着龚鸣，一脸八卦的模样：“有没有进展？”

龚鸣窘迫万分：“吃你的吧！”

看样子没她的助攻，这小子果然不成事。丽佳心领神会，转头对君毅说道：“刚才，我过来的时候看到姬时意和一位美女在咖啡馆聊天呢。”

君毅立刻想到了徘徊在姬时意房间门口的那位。

“你看错了，怎么可能是姬时意，他只喝 711 的廉价咖啡？”龚鸣不屑地说。

丽佳立刻塞了个肉丸到龚鸣嘴里，她是在为他铲除潜在威胁好吧。

“君君啊，你知道我们姬公主在外面名声不太好吧。”

网友评论姬时意，房产大亨二公子，科技新贵，恃才傲物。花边新闻倒是不多，因为他看不起任何人，十分自恋。

相比之下，姬景礼的风评就好多了，虽然性子冷清，但待谁都彬彬有礼如沐春风，不但是姬家顺理成章的接班人，也是全球慈善大使。景礼基金会救助了不少穷困儿童，哪像姬时意这只铁公鸡，一心只想赚更多的钱。

“一样是富二代，怎么就差这么多呢？我还听人说啊，姬时意因为太过桀骜不驯，已经和家里闹翻了。”

丽佳明里暗里地贬低，很快引来其他飞手的争议，毕竟吃人嘴软。

“这么说我们姬老板就有点过了啊。”

“都是哪里来的小道消息？”

“姬时意也是有优点的！”

“除了有钱，姬时意还有什么优点？”丽佳反问。

是啊，除了有钱，大老板到底有什么拿得出手的优点？飞手们被问住了。现场安静了三秒，突然一个声音打破了尴尬——

“人长得帅。”

说话的人竟是向来对八卦兴致缺缺的君毅。其他飞手如蒙大赦，纷纷附和：

“对对对，姬总颜值高。”

“明明可以靠脸吃饭，偏要靠实力！”

“好了。”聂倩倩笑眯眯地招呼大家，“不要在人背后议论长短。被卓凡教练听到，你们可都没好果子吃。”

丽敏突然伸手拉开龚鸣的口罩，往里面瞧了一眼，惋惜道：“同志，道阻且长。”

“啊，啥意思？”龚鸣疑惑不解。

这么明显还看不出，他家毅哥不看功利，只看颜值啊！

几人好不容易等到夜里顾客散去。在竞速赛主办方的安排下，飞手们得以在空旷的购物中心实地适应赛道。除了 W 俱乐部，其他几支队伍也来到了现场。

自长城战后，再没有人敢小觑这支全部由学生组成的队伍。他们都在猜测，这一次 W 俱乐部的首发主力是什么阵容。可看来看去，真正有实力打比赛的，也不过三个。

莫非是藏了什么王牌？

待君毅结束训练回到酒店，已经深夜。她摸出口袋里的房卡，一下摸到两张，有一张是姬时意的。

“你们先上楼，我去还个东西就回来。”君毅对其他飞手说。

为图省事，她抄了近道。

小花园的步道偏僻幽静，冬季的夜里少有人经过。可远远地，君毅就看到一个熟悉的背影。无论何时这个人总高昂着下巴站得笔挺，仿佛随时都将别人踩在脚下。

她小猫儿一般无声无息地靠近，企图吓人一跳。

“这些年，我以为你多少能有些长进，结果还是和小孩子过家家一般。”阴影中，一人对姬时意说道。

君毅猛地停住，靠着半人高的水泥护栏蹲下，掩去身影。

什么情况，姬时意挨骂了？他怎么能忍？一定是在憋大招！

“是我考虑不周，不过……”

“你以为那么简单？”那人粗暴地打断了姬时意的话，“告诉你姬时意，离开姬家你什么都做不了。别总以为自己有多聪明！”

君毅并不知道两人之间发生了什么事，上次敢这么和姬时意说话的胡超群，已经被他赶尽杀绝。她蹲在墙角，等着那人被姬时意喷成筛子，可万万没想到，等了半天只听姬时意不卑不亢地说了句：“季风是我的公司，与姬家无关。”

只听啪的一声，清脆的耳光落在姬时意的侧脸。那人极其用力，姬时意猝不及防，身子晃了一下向后倒去，与蹲在墙角的君毅对上了眼。

君毅几乎要一跃而起，冲上去帮忙揍人，但很快又被姬时意用眼神死死按住。

他在说，不要动！

姬时意深吸一口气，扯了扯褶皱的领口，重新面对阴影里那人：“我不会改变主意，也请你另作考虑。”

这样的姬时意对君毅来说十分陌生，无时无刻不散发的光敛去了，仿佛不可一世的帝王，终向人下跪。原来如此骄傲的人，也有必须忍受的屈辱。君毅不知所措地看着他，心中竟生出一丝难过。

“愚蠢！”阴影中的男子冷笑，“我等着你哭着来求我！”

直到那人的脚步远去，姬时意才靠着墙缓缓松了口气。小花园的穿堂风呼啸着扑面而来，仿佛吹开了身上所有的伤口，他觉得疲惫不堪又狼狈不已。

“那人是谁？”君毅从围栏下翻上来。

“你不需要知道。”姬时意垂下眼躲开君毅的视线，转身就走，“忘记你看到的，否则我就毁了俱乐部。”

他不在状态，放狠话一点没有威胁力。君毅快步跟上，可姬时意走得急，步伐太大，像是故意要甩掉她。

“不准跟着我！”他没有回头，冷冰冰地撂下话。

“没跟着你，”身后的人小声说，“我也是住那个方向的。”

姬时意顿了顿，没再说话。两人竞走一般回到客房楼层，他不由分说地，当着君毅的面用力把门一摔。巨大的响声，却让姬时意陡然从混乱的思绪中惊醒，万一门板砸到她该怎么办。

下一秒，房门又被君毅从外面推开。

她有他的门卡，下午刚给的。

姬时意有些无语，转身走向室内。

“你的脸需要处理。”君毅抓住了他的手，“飞手们容易被螺旋翼划破手指，我随身带有一些伤药……我帮你。”

“不需要！”姬时意撇开头去，下意识地抹了一把脸，竟一手的血。

阴影中的男人，挥掌时，手上狮头模样的戒指划破了他的眼角，再差一厘米受伤的就是眼睛。

姬时意盯着镜子中自己破相的脸，眼神阴郁。

过去，对方从来不会对他的脸下手，怕被人看出端倪，现在却是不管不顾了。鲜血顺着脸颊，悄然无声地滴落在地毯上，留下一个个暗红的斑点，就像记忆里那一块块抹不去的污垢。

小时候，姬时意经常被打得鼻青脸肿。在外人眼里，无论姬时意这个名字有多光鲜，但在他们眼中，他的脸，他出生就是原罪。姬时意当然挣扎过、妥协过、求饶过，可统统无用。软弱的母亲叫他忍耐，只有忍耐和谦卑，才能让对方觉得无趣，所以他忍了，一忍很多年。

猛地，姬时意的领口被人拽了一把，思绪瞬间从灰暗的回忆里抽离。他低头看去，果然领带的另一端被君毅捏在手里。

“我说你，太高了。”

在姬时意盯着镜子发呆的时候，君毅已经从浴室里找到护理的工具，洗了手准备给他清理伤处。

“怎么还不滚？”

恶声恶气的驱赶，换来脖颈间更令人窒息的力量。君毅用力将他的脑袋拽到跟前，领带都快绷断了。姬时意挣脱不开，不得不屈就于娇小的少女，坐在浴缸的边缘。

“婆婆妈妈的，怕我弄疼你？”

“笑话。”姬时意眉眼一挑，“来啊！”

君毅松了口气，这人似乎是回到正常状态了，虽然他的正常状态非常欠扁。

抽出棉签，君毅小心翼翼地抹去姬时意眼角的血污。他吃痛地一直眨眼，却没有退缩。生理泪水涌上眼眶，给平日里嚣张的俊脸增添了一些可怜兮兮的弱势。若是他用这模样和那人求饶，说不定就不会像现在那么惨了。

但他不会。

“幸好伤口不深，若是留疤就不好看了。”君毅想起晚饭时大家讨论的话题，调侃道，“毕竟时意公主也只剩颜值了。”

“什么？”姬时意不满，“哎，痛痛痛……”

“怕痛你早说啊！”

“早说你会轻一点？”

“不会。”

话是这么说，但君毅的动作轻柔下来，她凑得更近，几乎贴在他的脸颊。漂亮的双眸，盈着流动的光彩，仿佛一笑就会有星光落下。

姬时意目不转睛地望着眼前的少女，只觉身上那些躁郁，都被她的小心擦拭给抚慰了。就像小时候每次挨打了，小猫舔舐他的感觉，温暖、刺痛，但更多的是释然。

只可惜，他也就平静了那么一会儿。少女带着馨香的呼吸，喷洒在他裸露的脖颈上，炙热而潮湿。身体的敏感很快被唤醒，他不太自然地转了转头，却立刻被君毅拽了回来。

“别动，那么好看的脸，可不能破相。”她专心致志地涂抹着伤处，丝毫没有觉察姬时意的异样，“哎，那人到底是谁啊？”

“债主。”姬时意移开眼，尽量和君毅保持距离。

“债主也不能打人啊。时意公主，怎么说你也是个大老板，开公司欠了很多钱吗？”君毅为他感到委屈，“这样吧，下次我帮你打赢他。”

“赢？”姬时意抽动嘴角，这个动作扯得伤口好疼，“只有笨蛋才想着一直赢。”

“你说我是笨蛋？”君毅顺手在姬时意的额角贴上张胶布，“我是想帮你哎。”

姬时意轻笑出声，罕见地解释给她听：“赢并不是最好的解决办法，因为一旦赢了就意味着有一方会输。”

而输的那方又怎么会心平气和地接受呢？他脸上的伤就是最好的证明。

“行，你说什么就是什么。”君毅不想与他诡辩，反正也辩不过。她把急救包重新放好，打开浴室上层的橱柜，踮起双脚。姬时意缓缓向她倾身，一伸手就把急救包推到了柜子里。

她感到背后的热气，一转身，发现姬时意双手撑着洗手台，把自己困在了怀里，眼神不太对劲。

“怎么办，现在你知道了我的一个秘密，”姬时意似笑非笑地瞧着她，带着一股子邪佞劲，一张俊脸更加出色，“为了保住这个秘密我只能……”

“你想杀人灭口？”

真糟糕，她对姬时意的颜值一直没有抵抗力。她只觉得血气上涌，心跳加速，她想要后退但后背已经贴着大理石。

“那我可舍不得。很简单，君毅，你必须用自己的秘密来交换。”

“我……我没有秘密。”

“现在有了。”

姬时意倾身，在少女的唇边，落了一个浅薄的吻。

“你的秘密就是，我姬时意喜欢你。”

君毅没有动，猫一样的眼睛睁得很大。

姬时意看她这副呆样，心情极好。只有从未被轻吻过的女孩子才会露出那么天真的反应。管他什么卫之、龚鸣、小学弟，现在在君毅面前的只有他姬时意。

忽然，他又想到了什么，赶紧补充：“现在不能把我摔出去，我是伤员。”

被这么一提醒，君毅突然意识到刚才明明可以躲开的。但姬时意凑近的时候，她整个人宕机了。

恍惚间，她听到姬时意问：

“你有男朋友吗？”

她机械地摇了摇头。

“讨厌我吗？”

她又摇了摇头。

“那……喜欢我？”

她迟疑了一下，老实回答：“我喜欢你的脸。”

姬时意的笑容微不可察地一僵，身子往后一仰，双手撑在浴缸边。

“我很喜欢你，一开始是欣赏，现在是喜欢。和你在一起，我觉得快活。我喜欢你，这就是你的秘密。”

这算什么秘密？本人都不知道好吧！

姬时意竖起食指，点在君毅因惊讶微启的红唇上：“你应该感到高兴，你是第一个接受我真情告白的女人。”

“但是，我……”

“你不需要回答，”见她有所犹豫，姬时意以退为进，“不用觉得有负担。只是我单方面喜欢你。你大可以去做你自己的事，喜欢你喜欢的人。”

“你的意思是说，你喜欢我，但不要求我也喜欢你，我还可以谈‘别的’男朋友？”

君毅不敢相信，这不就是备胎大法吗？时意公主送的备胎还是镶钻18K金的，如此硬核，分分钟翻车啊。

“现在君毅你那么抢手，必定要给点优惠政策吧。”姬时意说得委屈，心中却对自己的做法非常满意，再没什么比占领先机更令他觉得畅快了，“放心，不会影响你的生活和比赛。照我说，我喜欢你这件事，要是好好利用，你们俱乐部可是能够迅速发展的。当然在喜欢你的这段时间，我绝对不会再看别人一眼。”

浴室里柔和的光线柔化了姬时意刚毅的脸，有一种不同以往的情愫闪着光落在他深邃的眼中。

从第一眼见到，君毅就觉得姬时意很好看，符合她对英俊男性的一切定义。

见君毅傻傻呆呆的样子，姬时意抬手揉了揉她的头顶。

“本来应该在更好的场合说这事。”他环顾酒店的浴室，幽幽地叹了口气，“你呀，早点告诉我就好了，明知道月茹在找我。”害他被姬景礼杀了个措手不及。

月茹，是谁啊？

君毅的眼睛瞪大，终于想起曾被自己拒之门外的女人。她机敏地瞥了眼姬时意身上“人家”送的大衣外套。

嗯？他刚刚说过什么？

——在喜欢你的这段时间，我绝对不会再看别人一眼。

喝一杯咖啡，要看多少眼？

啪的一声，君毅拍掉姬时意揉她脑袋的手，用力之猛，姬时意的手背当场就红了。

细心的聂倩倩很快发现两人之间的不对劲。

“君君，想要俱乐部长长久久，就得顺着姬总，我们谈过的你还记得吗？”

“我已经很顺着他了。”君毅心中好苦。

无论是假装乖巧、送领带，或者陪着大老板试飞小季风，她都是按照聂倩倩的特地关照去做的。一开始的确有讨好的成分，相处久了，她慢慢发现，姬时意这人除了傲慢了点，嘴坏了点，抠门了点，脾气差了点，其实也不错。

可现在，一切又不一样了，她“被迫”有了一个天大的秘密。

“那么君君，你为什么还没来现场？季风的发布会要开始了。”

“哦，是今晚啊。”君毅装傻。

她挂了电话，把疾风收起来，这才从练习场慢吞吞地回到酒店换衣服。

虽然她从没谈过恋爱，但也知道没有男人会一边说喜欢，一边又去和其他女人约会。也正因为是一个秘密，所以无法与他人探讨。她觉得自己被姬时意套路了。

其实她不太想见到姬时意，可没办法，谁叫她是俱乐部的队长。

今晚是季风之夜，酒店宴会厅已被布置成无人机主题，而姬时意本人则犹如傲慢的帝王，坐在王座，接受众人朝拜。若不是他眼角的伤口还在，君毅会以为昨晚发生的事只是梦一场。

发布会已经开始，宴会厅除了主舞台一片黑暗，人们站立在舞台下翘首以盼。

“毅哥，这边！”龚鸣在人潮对岸朝君毅招手。

小个子的君毅不得不从人群中穿过。

舞台亮起，出现小季风从迪拜塔上自由落体的急速画面，也就是这么一瞬，君毅在黑压压的人群里，看到了熟悉的人——普通人的牙齿是不会在聚光灯下反光的。

“小Z也来了？”她挤到队友们身边。

众人摇头，段考不及格的小Z，现在应该正在补习班里做《三年中考五年模拟》。

舞台上视频画面翻转引来众人啧啧称奇，巴掌大小的无人机急速穿越林立的高楼，又从高塔上自由落体俯冲而下。它追逐着赛车，与高铁赛跑。

季风的航拍机向来四平八稳，从来没有飞得那么快，画面也从来没有那么动人心魄。而且这台小型无人机非常容易拆解，仿佛乐高玩具一般，可以搭成不同造型。

姬时意站到了舞台的中央，追光打着他，仿佛是天地中唯一的主角。

“各位，相信小季风的性能你们也都看到了，猜一下零售价吧。”

台下人纷纷往贵的猜，毕竟季风的生产线向来只出精致而昂贵的产品。而当姬时意说出真正售价时，大家都觉得，他可能一激动少说了一个零。

“没错，就是这个价。”

低廉的价格和超高性价比，让竞速机不再是极客或发烧友的专属。仿佛旧时王谢堂前燕，飞入了平常百姓家。季风正在颠覆任何一种极限运动的记录方式。

台下不断有人提问：

“姬总，可以谈一下你为什么进军竞速机界吗？”

“低价策略是否会影响季风营收？”

“是对竞争对手 SL 的回击？”

姬时意勾起嘴角，俯瞰众人：“我看玩竞速机的朋友们都很辛苦，进口配件贵，自己装又累，问他们为什么要进口的，他们说质量好。我就奇怪了，国人总认为进口产品的质量一流，而中国制造的产品质量一般，就好像我们自己的东西是二流产品。我对整个市场环境感到不满意，想要做些事情来改变这种状况。”

他说得如此自信，仿佛是竞速机玩家的救世主。

外籍记者用英文提问：“季风是否会因为巡风产品数据安全性问题，退出 M 国市场？”

“我再说一遍，”姬时意以纯正的美音答复，“季风会将损害我公司利益的黑客和背后的公司告到破产。想要击败我，可以，堂堂正正地来！我在无人机竞速世界锦标赛，等着你！”

谁都知道 SL 是无人机锦标赛的老东家，姬时意铿锵有力的一番话，通过网络扩散到了全世界，仿佛是给对手下了战帖，也将对方恶意竞争的行为再一次公布于众。

“不服来战？”台下的君毅喃喃自语。

她太熟悉这种不服输的思路，但对于商人来说，就显得太过意气用事。姬时意不是说过他不在乎输赢的吗？

“下周小季风将与W飞行俱乐部的飞手们登上竞速赛的舞台，有兴趣的可以留意下它的比赛成绩。”

姬时意做了个手势。

灯光照亮了准备区，统一着装的飞手们成了观众的焦点。他们昂首挺胸，仿佛超级英雄集结，背后的电子屏幕显示出每个人的信息和竞速机性能。

有一台特别突出，荧光绿的机身精致而强韧，那是视频中的主角，小季风竞速机。而它的飞手是飞行经验不足一个月的新人。众人不由得期待，这位长相魁梧硬朗，感觉徒手就能把飞机打下来的王牌飞手，会有怎样惊人的表现。

“现在，有请我们W飞行俱乐部的队长。”

强光打得君毅眯起了眼，也让她看清了最后排的人影，果然牙齿能反光的只有小Z！他在那里干什么？

在聂倩倩的监督下，君毅背过季风的通稿，知道在台上应该怎么把投资人夸爆。但此刻，她非常迅速且自然地把麦克风交给了戴着口罩的龚鸣，一转身挤出队伍，从后面跑了。

聚光灯下，龚鸣僵在当场，百思不得其解，自己怎么又变成了队长。

姬时意的脸顿时阴下来，受了伤的眼角隐隐作痛。昨天甩手走人也就算了，今天躲了他一天，现在索性丢下队友跑了。

他真的就那么……那么令人难以接受？

聂倩倩也是无语，刚才还说得好好的。

“君君，你去哪儿？”聂倩倩连忙打了电话。

“逮个人，等会儿解释。”穿着女超人制服的君毅从酒店跑了出去。

终于，她在马路拐角处找到了那家伙。

“Z！跑什么？”

满脸委屈的少年，再也忍不住眼泪，哇的一声抱住了君毅的大腿。

“我就知道你不要我了！我跟了你那么多年，你怎么忍心，怎么忍心随便找个人代替我……哇！”

本来君毅穿成这样就够扎眼的，被小Z那么一吼，围观群众就更多了。

“先起来。”君毅窘迫地拉扯小Z，可小Z就像没了骨头缠在了她腿上，死死咬着钢牙不放。

君毅佯装生气：“再耍无赖我揍你了啊！”

中二少年瞬间收住泪水，跟班当了好多年让他明白一件事，毅哥的心可能是软的，但拳头一定是铁的，一拳能把他连人带钢牙打飞的那种。

两人在街边的奶茶店坐下，小Z仍是可怜巴巴地望着君毅。

“你跑常州来，你妈同意？”君毅问他。

“我偷跑来的。”小Z如实交代，又连忙补充，“我妈不知道我在这里，我和同学说好了，就说我住同学家补习。”

君毅虽然不像卓凡那样对小Z有着老父亲般的关爱，但是也觉得非常不妥。

“若是你妈知道你逃跑了，以后再也不让你来训练了怎么办？”

小Z低下了头，双拳紧握：“我妈已经那么决定了。她昨天和俱乐部联系让我永久退出！”

“什么？”君毅难以置信。

初中二年级的小Z，训练刻苦也有天赋。他把同龄人打游戏和网上闲聊的时间全都用在训练上。虽然接触无人机时间不长，但飞行时间却在俱乐部里屈指可数。比赛前，他甚至每天都有七八个小时在练习飞行。就这么退出，未免太可惜。

“因为学习成绩？”

“成绩是主要原因。”少年可怜巴巴地望着她。

从小Z就生活在母亲的鼓励和期待中，母亲一直说小Z是有天赋的孩子，只要想干，任何事都能够成功，为此曾经给他报过各种兴趣班。可当小Z开始接触无人机后，妈妈就变了，她觉得小Z在浪费时间。

“我妈根本不懂无人机，她觉我是在浪费时间。毅哥，帮帮我，我想飞飞机，我必须参加下周的比赛，才能向我妈证明飞竞速机的意义。”

按照季风的宣发安排，无论如何小季风都要飞。如果小Z重新上场，势必会从龚鸣和可达鸭中挑选一人。

这样的话，会输。

见君毅没有答应，小Z又要哭了：“帮帮我啊，毅哥，我只有你了。”

“总之，我先找地方给你住下。你出门的时候带钱了吗？”

“只剩二十块了。”中二学生苦恼地说，“我妈把我的竞速机都砸了，我花光了所有压岁钱才拼了这台机子。”

小Z拿出背包里崭新的竞速机，宝贝一般捧在怀中。仿佛只要能飞翔，任何困难都可以克服。

看着天真的少年，君毅就像看着几年前的自己。不同的是，当时没有阻拦她的父母，只有卫之，仿佛一盏明灯指引着她的去路。

待君毅安顿好小Z回到酒店时，季风的舞台已被陆续拆除。她终于意识到，自己在众目睽睽之下放了姬时意鸽子。即便他们之间有秘密，但她也是俱乐部的队长啊，这么做绝对是打了投资人的脸。

君毅不由得心虚起来。

“不解释一下？”不知何时，姬时意气定神闲地抱着手出现在她身后，“一般剧情里，拒绝商业活动的队长都会被开除的。”

“我不是故意离开的，是……”君毅顿住了，小Z偷跑回来的事不能说。

“不说算了。”姬时意刚想走人，手臂就被君毅拉住。

她猫一样的眼里闪过惊慌，不能让姬时意就这么走了，小Z怎么办？她决定放下心里那点芥蒂，先谈俱乐部的事。

“为何要让王牌学长飞小季风？他是新手，万一输了岂不是丢季风的脸？”为了小Z，君毅企图动摇姬时意的决定，“应该有更妥善的方法吧！”

姬时意叹了一口气，有一种自己把她当女朋友，她只把自己当俱乐部老板的无力感。

“你不放心新人？怀疑他的能力？”

说服君毅起用小季风和新人，本是聂倩倩的工作，这是一开始就约定好的。姬时意知道君毅想赢下每一次比赛，而他也不会让君毅轻易输。

“不，我不是……”君毅知道姬时意理解错了自己的意思，但她又无法解释。

“来，跟我来。”姬时意反向握住了君毅的手，或许是动作太过自然，或许是君毅心不在焉，她丝毫没有排斥任人牵着。

两人走进空旷的购物中心，时间已晚，就算是备赛的飞手们也都回去睡觉了。

空中突然划过一道单调的蜂鸣声，绿色的银光闪过两人头顶。不远处的是戴着FPV眼镜的王牌学长，他坚持练习到现在，身边的教练卓凡正不断发出修正的指令。

如何实现工作三年获得五年工作经历，季风科技的每一个人都能回答：加班。

动态视觉绝佳的棒球手，心算能力一级棒的学霸，通过付出了比别人更多的努力来追赶普通飞手的进度。而且他还有一个明确的目标，必须达成。

“冲啊小季风，为了女神！”王牌学长嘶吼着，仿佛为飞行中的精灵注入了力量。

君毅惊讶地发现，王牌学长的飞行轨迹竟与自己相差无几，短短数天，他能练到这个程度得花多少心血。

“小季风记录了你所有的飞行策略和操作习惯，”姬时意解释道，“比起普通竞速机更易上手。再加上飞手自身的努力，短期强化训练的效果不错。”

“所以你是想告诉我，王牌学长已经拼尽全力，就算输了也不丢人？”

“我从来不看重输赢。”他耸了耸肩，“另外，我也欣赏想方设法达成目标的人。”

听说倩倩学姐已经同意，如果王牌学长能完赛就和他约会。他们都是快毕业的人了，有可能毕业后再无理由相见，因此王牌学长为了能赢取倩倩学姐的芳心，什么都做得出来，现在让他放弃好像有点残忍。

真难办，本来她以为只要说服姬时意，现在却又多了一个王牌学长。

过去的君毅只看得到输赢，可不知从什么时候起，她开始像姬时意那样，思考得失。

“谁在那里？”卓凡的声音打破了沉静。

君毅吓了一跳，下意识地拉着姬时意闪进流动柜台车下。

“为什么要躲起来？”姬时意瞪着君毅，刚想站起来却又发现领带的一头被君毅拽在手里。

拽得也太顺手了吧，又不是狗绳……大老板眼皮猛地一跳，那他是什么？

“被教练看到会有麻烦。”君毅小声说。

“有什么麻烦？”

“我们之间的秘密，还记得吗？”君毅提醒他，“你不能影响我的生活和比赛。”

狭小的空间里，少女的气息吹进了姬时意的耳朵里，他突然就不挣扎了，撑在两边的手臂紧了紧。鼓鼓的飞行夹克，抱起来就像一颗柔软的棉花糖，散发着诱人的香气，又令人舍不得咬。

卓凡的脚步渐近，君毅紧张地贴着身边人。肌肤相触的地方又热又痒，她不禁抬头看了眼，直直望进了姬时意深不见底的眸中。那里有她不曾了解的情愫，像是海底的暗涌，仿佛要把她吸进去了。

“我不是故意在发布会的时候离开。”少女不安地动了动，一双大眼里盛满不食烟火的纯真，“作为道歉，请你吃饭好吗？”

男人的喉头滑动了一下。

“吃……什么？”

他的声音性感而沙哑，俯身将她困在身下。莫名地，君毅的脸燥热起来。

“环球港摩天轮有下午茶套餐，丽佳给我的。”说着，她从口袋里掏出两张券贴在了近在咫尺的脑门上。

仿佛定身符一般，姬时意的冲动陡然收住。他缓缓地、漫长地吐出一口浊气，往后退了退，可惜没有足够的空间让他躲避，只能僵在原地。过于狭窄的空间，让他躁动的双手无处安放，只能反手撑在车顶。

真没想到，堂堂身价数亿的公司老板，也有被困在流动推车下动弹不得的时候。

“他们好像走了。”君毅拍拍姬时意的背。

姬时意又是一颤：“再等一会儿。”

他的呼吸沉重，吹得君毅红了脸，时间一长，饶是和男生们称兄道弟的君毅都不由得心跳加快。她有点透不过气，耳膜里咚咚的心跳声越来越大。又来了，明明和无人机无关，却心跳加速、浑身发烫。

叮！手机亮了，君毅没空去理睬。

叮叮叮！微信消息接二连三地跳出来，君毅不得不分神掏出手机。

只有一个人会那么干。丽佳将君毅和龚鸣拉了个群，群里蹦出数张照片。

“姬时意竟然又和同一个女人吃饭，莫非是好上了！有图有真相！”

瞬间，什么心跳，什么热啊，都消散无踪。

君毅狠狠地将姬时意推开，用力过猛，大老板直接被推出了柜台车，后脑勺撞到店面的铁栏，发出一声巨响。

她从柜台车下利索地钻出来，居高临下地瞪着姬时意，冷漠地说道：“我回去了。”

姬时意从地上爬起来，摸了摸后脑勺上鼓起的包，他咬牙切齿地思索：到底是谁给那丫头的胆子？！

好吧，就是他自己。

第五章

/

想为你赢

君毅投入训练中，过了好几天才猛然想起，许久不见姬时意。

季风的工作人员忙到飞起，不断有大型航拍机运抵现场。普通摄像机无法捕捉到的急速飞行画面，季风专业航拍绰绰有余。而赛场边上，导播大棚已搭建完成，通过金少的渠道，季风邀请了 F1 方程式赛车和电竞的专业解说员。

在商场的一处，季风说服主办方为现场观众开辟观赏台。与长城赛距离赛道几百米开外，靠望远镜观摩只能听个响的观众席完全不同，大屏幕近距离的观赛效果，令人仿佛坐在 F1 方程式赛车的看台上。

“姬总身边的是谁？”

飞手眼尖，发现了进入场地的人。君毅顺着他们的视线看去，姬时意正和几位无人机竞速赛的工作人员商量着什么。上一次，他只是某个俱乐部的老板，现在，他则作为独家媒体对现场的协办做出要求。

君毅遥遥与姬时意对望，能感觉到他的疲惫，说话声音都哑了几分。而当姬时意发现她的目光时，却勾起嘴角回以得意的笑，仿佛对一切稳操胜券。

“姬总不但忙公司业务，还得应付美女约会，能不疲惫吗？”丽佳八卦的触角又伸出来，“我发给你们的图看了吗？”

“太模糊了，会不会偷拍？”龚鸣嫌弃道，“行了，丽佳你就别八卦了！毅哥，你别睬她。”

放在过去，君毅大可对姬总的花边新闻一笑了之，此刻她的心情却有些复杂。说实在的，她不喜欢这样犹犹豫豫的自己。

“我先去训练了。”只有在飞行的时候，她脑中的一切才能清空。

“毅哥，”龚鸣叫住了她，“小 Z 的事怎么办？”

这几天Z和龚鸣住在一起，君毅也帮他混进了其他俱乐部去实地练飞，可这并不能改变现状。

“要不，让 Z 和我换？”龚鸣提议。

丽佳瞥他一眼：“你是队长，怎么换？”

一提到被迫当队长这事，龚鸣就头大：“你们不知道那天姬时意的表情有多吓人。若不是倩倩学姐，季风很有可能当场宣布与俱乐部解约。”

姬时意才不会那么做。或许别人不知道，但君毅心里清楚。

眼下 Z 的事也不能再拖，君毅叹了口气，意识到自己又在犹豫。她得立刻和姬时意摊牌，否则小 Z 将永远失去上战场的机会。

待君毅终于在酒店里等到了姬时意一行人，就看到季风的员工推着七八个行李箱，准备去停车场取车。

她连忙跑到了姬时意的身边：“你要走了？不看我们的比赛？”

姬时意心如明镜：“有求于我，直说。”

卓凡和聂倩倩向他们这边看过来，君毅可不想这事被人截和，便扯了扯姬时意的衣袖。

“说好我请你喝下午茶的，现在有空吗？”

姬时意垂眼睨视，露出笑意，连日来不眠不休的疲惫一扫而空。

马助理接完电话，来催人了。

“老板，上海公司的会，时间……”他看了眼姬时意的表情，立刻改了口，“时间是挤出来的，回程司机开快一点，就算享用了下午茶，也赶得上。”

姬时意立刻投来“给你加薪”的赞许眼神，跟着君毅走了。

环球港六楼的屋顶平台是个大型的游乐场，兑换摩天轮下午茶的队伍老长，在一众喧闹的学生情侣中，西装革履的姬时意格格不入，但他乐意被君毅牵着手。

“每对登上‘天空指环’的情侣都将收获长久的爱情。”窗口的工作人员小姐姐对君毅挤眉弄眼，“哇，你男朋友好帅。”

君毅歪头看了看姬时意，回答说：“不是我男朋友。”

“哎哟，不是男朋友还拉着手。”

“我怕他跑了。”一会儿还有事要说呢。

小姐姐转头对姬时意说：“你女朋友真有意思。”

姬时意笑而不语，平日里傲慢的气焰淡了许多。他揉了揉只到他胸口的脑袋，以事实证明自己的地位。可惜君毅立刻伸手拍掉了他乱动的“爪子”，戴上了棒球帽，把马尾一压。

检票入场后，手机振动了一下，姬时意低头看了眼来电，是工作上的事。

“没事，要一会儿才轮到你们呢。”小姐姐指了指边上的休息区。

“我接个电话。”说着姬时意绕开了人群走向僻静之处。

“你男朋友对你真好，明明很忙还陪你坐摩天轮。”小姐姐对君毅眨了眨眼，“值得拥有。”

“都说了不是……”君毅无力解释。谁家男朋友只谈秘密恋爱，还和其他女人喝咖啡的？

姬时意没走开多久，君毅的团队频道里冒出了龚鸣的SOS。刚一点开私聊，就听龚鸣的声音冲了出来：“毅哥，不好了，小Z的妈妈发现他逃出来，追过来了！我正带他逃命！”

“你们在哪儿？”

“环球港六楼露台。”龚鸣用吼的。

这声音怎么还三维立体，感觉就在附近？

君毅闻声转过头去，只见不远处一位女性尖厉地吼叫着，追赶着前方两人：“竟敢骗我离家出走！还要不要读书了？玩什么飞机，看我不打断你的腿！”

摩天轮的空轿厢缓缓降下，工作人员示意，下一个就轮到君毅这组。她赶紧对数十米开外逃命中的两人大力挥手。

“这边！”

看到了救星，龚鸣和小Z立刻翻过栏杆冲君毅跑来。君毅伸出双手将他们猛地一拽，三人抱成球，随着惯性跌进了缓缓开启舱门的摩天轮轿厢中，正好躲过了那位女性的视线。

“好险！”龚鸣喘着大气，“差点就被你妈抓到了。奇怪，你妈有点眼熟哎。”

小Z心有余悸：“中年妇女都一样。”

突然，封闭的轿厢门又被人从外面打开，三人紧张得汗毛都竖起来。

只见来人长腿一迈矮身进入轿厢内，冷冷扫了眼，便双手抱胸坐在了他们对面。

“原来是团队聚餐啊。”姬时意口气不善。

龚鸣和小Z立刻心领神会。君毅早有安排，不愧是我毅哥！

“呃，不是这样的。”君毅气短，刚才太惊险，她竟然把姬时意给忘了。

摩天轮的轿厢虽设计上是四人空间，但往往只安排一对情侣落座，如今他们以三对一的局面坐着，就显得特别挤。

小Z和龚鸣紧紧挨着君毅，仿佛同呼吸共命运的好兄弟。

姬时意皱眉，拍了拍身边的空位：“君毅，过来。”

主人般的命令口吻，立刻令龚鸣不爽，可他还来不及出声，就见君毅乖巧地凑到了姬时意身边。

君毅自知理亏，在桌下轻轻捏了捏姬时意的手，大眼睛讨好地望着他。

养过猫的人，大抵都有这样的经验——做错事的时候和猫咪明亮单纯的眼睛对视，你就会产生内疚感，即使是猫咪犯的错误。

姬时意在内心叹了口气，态度缓和下来。

轿厢门第二次从外面打开，三人表情又是一紧，这次来的是刚才那位热情的小姐姐。她诧异地看了眼里面的情况，带着“年轻人真会玩”的表情，将装着下午茶的吊篮摆放在中间的圆桌上。

“各位，请慢用。浪漫之旅大约二十分钟后结束。”

也就是说，他们四个将被困在这狭小的空间里，小眼瞪大眼二十分钟？小Z想想都觉得头皮发麻！

只有姬时意宛若在自家客厅，气定神闲：“说吧，你们有什么事？”

君毅如竹筒倒豆子般将小Z的事讲了一遍，龚鸣添油加醋将故事情节描绘得伤感而悲壮。小Z几乎要哭出来了，自己原来那么惨！

“能不能……”龚鸣斟酌着措辞。

“不能。”姬时意冷淡地垂下眼，为自己倒了一杯斯里兰卡红茶，“我知道你们在想什么，不可能。”

轿厢内的空气一度凝固，龚鸣懊恼极了，早知道和姬时意讲不通。

小Z瘫在了椅子上，生无可恋的样子：“毅哥，你那么厉害当初玩无人机时就没有影响过读书吗？为什么我妈那么固执呢？你家里人对你玩无人机是什么态度？”

“我爸妈在我很小的时候就去世了，是远房姑婆收养了我。那时候我经常打架惹事，姑婆没办法，就把我关在地下室，就是气窗只比地面高一点点，跳起来只能看到路人鞋子的那种地下室……你们怎么了？”

小Z和龚鸣诧异地盯着君毅，谁都不知道她小时候那么惨啊！

只有姬时意不动声色。他早在长城赛上就调查过君毅的过往，当时还想过为何这个有着悲惨童年的家伙，可以活得如此肆意妄为。

“后……后来呢？”小Z追问。

“后来，卫之哥教我玩无人机，他告诉我，即使身体被禁锢，灵魂也能飞得很远。”君毅沉浸在回忆中，脸上的笑容宛若有光。

姬时意端着茶杯的手顿了顿，似是见不得她对偶像的过分崇拜，装作漫不经心地说道：“那人再厉害，不也退圈了？”

“但我会继续完成他的梦想，我要站在世界锦标赛的领奖席上证明给他看，我能做到。”

“即便那个梦想他已经舍去？愚不可及。”姬时意嗤笑出声，“即使你能证明又如何？对方根本不在乎。要我说你的证明只是自我满足而已。”

君毅一怔。

“不！”小Z冲动地一跃而起，狭小的轿厢立刻摇晃起来，“一定有用的，只要我拿到了冠军，证明给我妈看，她一定会改变想法！只有这样，她才会尊重我的理想，尊重我的热爱！”

“冷静点小Z，冷静。”龚鸣大惊失色，可青少年冲动起来拉也拉不住。

“姬时意你根本不懂无人机。”小Z揪住了姬时意的领口，半个身子趴在了餐桌上，“你只关心怎么赚钱，根本没有理想。”

“小Z，松手！”君毅看不下去，一把将他推回座位。

姬时意整了整领口，悠闲地抿了口红茶。

“没说错，我没有理想，只有目标。唯有那些没有认清自己的人，才会空谈毫无实际意义的理想。这么说吧，你的母亲并不是不认可无人机竞速，而是不认可你。”

龚鸣刚想插嘴，就被姬时意冷冷的眼神阻止。

“想做职业飞手可以，但你首先要给自己定目标，为人生做好保障。在成绩达到你母亲预期的基础上，用两年时间进行训练，目标是进入国家队。体育总局的确有建立竞速机国家队的打算，全运会一直都有航模比赛，其中一类就是竞速机。”

少年们惊奇地瞪大了眼，玩竞速机那么久，他们竟然完全不知道还有国家队。

“当然，两年内做不到，你就乖乖回去当一个普通人，再也不要想飞行的事。”

小Z心怀疑虑：“姬时意，你怎么知道我妈会同意？她就是个顽固不化的中年妇女。”

“因为，我就是这么和你母亲谈的，她接受了。”

姬时意作为商务谈判里一等一的好手，说服一位母亲尊重儿子的兴趣爱好，简直易如反掌。小Z不可思议地看着姬时意，不敢相信他真会为自己与母亲谈判。

“你……你真的说服了我妈？”小Z的铁齿焦虑地打着架，“如果她真同意了，为什么没和我说啊？”

“哼，因为你这几天根本没有回过家。”

姬时意一针见血，令小Z哑口无言。

“你怎么可能这么好心？”龚鸣仍旧不信。

“两杯咖啡换一个免费飞手，我觉得很划得来，”姬时意轻描淡写，“就是浪费了点时间。”

什么咖啡？

龚鸣突然想到了什么，“啊”地大叫了一声：“丽佳的照片里，和姬时意喝咖啡的是小Z的妈妈！”

摩天轮就是这样，慢慢地上升到最高点，也总会慢慢地降落，周而复始，就像一个早就知道的结局。

小Z最后还是跟着母亲走了，不过他是带着希望走的，或许这一次无法与伙伴并肩作战，但他还有下一场。

龚鸣陪小Z回酒店去收拾行李，剩下君毅和姬时意两人慢慢朝停车场走去。

“多谢招待。”姬时意调侃君毅，却很快发现她的过分安静。

一直以来她和疾风都在赢，即便障碍重重也没有停下脚步。她以为只要足够努力，卫之就能看到他当年舍去的理想，正在一步步被她实现。但姬时意的话让她对自己认定之事产生了怀疑。

君毅停下脚步，抬头望向身边总是知道自己目标的男人。

“你说如果对方不在乎，我再怎么努力，再怎么证明都没用？”

夜幕降临，背后的摩天轮亮起彩灯，犹如一枚精致的指环，将两人笼在梦幻的光晕之中。

“为了别人而去实现的理想是愚蠢的，”姬时意轻笑，“但你的努力是有用的。”

君毅都被他搞糊涂了。

“为什么？”

“因为……”姬时意轻轻将少女的脸蛋捧起，凝视她漂亮的眼睛，“我在乎啊。我喜欢你，所以在乎你的一切。”

英俊的男子轻笑，眸中的光彩宛若千万星辰。

光线投下明与暗的影子，在清晰与朦胧的交叠间，喧闹的游乐场仿佛成了无关紧要的背景。不知是他的笑容让夜色变得惊心动魄，还是夜色让他的笑容变得迷惑人心。

君毅凝望着，悸动着，心中有一个答案呼之欲出。

第二天。

环球港赛道的竞技即将开始，却到处找不到王牌学长。W 俱乐部每个人都急得手心出汗。

“不在房间。”

“也不在餐厅。”

“电话打不通！”

聂倩倩急急忙忙地跑来，一脸焦虑：“找到了，在去医院的救护车上，说是太过紧张，晕车药吃多了，昏过去了！”

君毅一下子从椅子上站了起来。

“那怎么办？”龚鸣大惊失色

“教练？”可达鸭也没了主意。

难道真的要三打四？卓凡的眉头皱得都快可以夹死苍蝇了，他看向一众替补飞手：“你们，谁上场？”

跑来常州又吃又喝又泡温泉的飞手们面面相觑，他们谁都没有能力担起这场比赛的胜负。

就在这时，一道熟悉的声音自众人背后出现。

“我上！”

少年咧开嘴，冲着大家笑，一嘴的钢牙闪闪发光。

龚鸣不可思议地看着小 Z。

“你怎么又偷跑回来了？”

“又？”卓凡立刻抓到了关键点。

“不是的，我听了姬时意的话，和我妈谈了谈，她同意让我看完比赛再走。不过现在，我想我能够帮忙。”他转身对看台上挥了挥手，“看，我妈就在那儿。”

“发生了什么事？”卓凡狐疑地看着小 Z，“寒假补习班提前结束了？《三年中考五年模拟》做完了？”

“教练，请让 Z 上场。”君毅打断了卓凡的质问，“给他一次机会。”

卓凡露出不赞同来，他向来都是站在小 Z 的母亲这边的。

“教练……”小 Z 滑跪扑向卓凡，夸张地抱住他的大腿，“教练，我想飞无人机。”

“小季风怎么办？除了王牌学长，没有人使用过小季风。”聂倩倩提醒众人，“俱乐部和以前不一样，不能随心所欲，我们必须对季风负责。”

君毅压低了帽檐，缓缓放下与自己形影不离的疾风，向队友们宣布：“我来飞小季风。”

“毅哥！”可达鸭震惊不已。

两台无人机的外观大相径庭，性能各有偏重，君毅这么做无疑是巨大的冒险。但她浑然不觉，扬起笑容，拍了拍小 Z 的肩膀：“上吧，你不是一直想证明自己吗，只有赢了才有意义！”

W 飞行俱乐部的飞手们重装上阵，他们身着统一的紫色制服，手上的无人机镶嵌着不同色彩的 LED 灯与肩章同款，看上去充满赛博朋克的帅气，仿佛来自未来的超级英雄。

“哟，你们是来比赛还是来作秀的？”其他俱乐部的飞手对 W 俱乐部的排场很不满意，“无人机也不能靠脸飞，你说是不是，W 的队长？”

“说什么？”戴着口罩的龚鸣突然被身后的人大力扯了一把，连连后退。

君毅站在了双方之间。她穿着宽松的飞行夹克，戴着棒球帽，把队服的连衣裙当内搭，看上去既有少女的俏皮，更有少年的飒爽。虽然比两人矮了不少，但气势不减，让人一看就知道谁才是 W 俱乐部当家的人。

“颜值也是实力的体现。”君毅歪着脑袋看人，眼露锋芒，“不过你可能一辈子都体会不到了。”

啥意思？说他丑？对方当场跳脚。

“别得意，一个临时更换选手的业余俱乐部，有什么了不起，还不是仗着金主威风一把。瞧你用的航拍一体机，怎么好意思说自己是飞手，不过是季风养的狗罢了。”

君毅笑眯眯地任人挑衅。说实话，在姬时意身边待久了，对普通的挖苦讽刺都会免疫，她举起小季风在那人眼前晃了晃。

“一会儿，可别输给航拍机啊。”

说完，少女带头帅气地走向战队控制台，不再看他们第二眼。

“毅哥，”小 Z 快走了两步来到君毅身前，“我一定不会辜负大家。”

“别紧张，我们能赢。”君毅自信满满。

为了俱乐部也好，为了季风也好，这场比赛非赢不可。

另一边，季风大楼的会议室内亦是气氛紧张，投资人对季风公布的融资方式纷纷摇头，有的已经起身离开会场。

整个融资项目涉及十亿美金，按照季风的要求，投资者须认购一定比例的无息债券，才能获得普通股份。说白了，也就是——想入股可以，再给我钱，就当借的，不能算利息哟。

非常符合姬时意一毛不拔的性格。

作为姬时意的老同学，利达资本的投资经理陈子生小声劝他："时意啊，你这根本就不是融资……是招募供应商吧，季风又不肯承诺上市，谁会给你投钱啊？"

姬时意瞥了他一眼："我有请你来吗？出去。"

陈经理的面子立刻挂不住了，在业内他也是有头有脸的人物。

"老板，利达资本是递交了保证金和竞价申请的，不能请他出去。"马助理小声提醒。

"让他滚后面去，看着心烦。"

外人不知道利达与季风的恩怨，但姬时意本人不会忘记。

当初，季风不过是几个大学生在民居里办的小公司，曾经找过利达这位老同学，希望得到五百万的启动资金来启动第一条生产线。可当时利达连看都没看季风的企划书就拒绝了，原因很简单，他们认为以姬时意为主创始人的公司不值得投资。

同样投入五百万，对普通创业者来说，可能是救命钱，但对于富二代来说，都不够买辆车的。最可怕的是，富二代创业不成功，随时可以回去继承家产。

"姬总，没有永远的敌人。"季风的财务总监好言相劝。

姬时意冷飕飕地看他："几百家投资机构，我当然挑顺眼的。"

"哎哟喂，我的姬总，哪有几百家，人家都要走了。"季风的财务总监不知道老板是哪里来的底气。无论是如何厉害的独角兽，都会在资本面前低头，只有季风活得像甲方一样。

就在大部分投资人气愤地欲拂袖而去之时，就听到姬时意朗声说道：“等一下。”他做了一个暂停的手势。

几位投行以为姬总终于改变了主意，可下一秒，他们又迷茫了。

“到点了，看下比赛情况。”

原本投放说明会 PPT 的荧幕，即刻呈现出环球港赛道的情况。

沸腾的比赛现场立刻吸引了众人的目光。金少那家伙正事不靠谱，但在玩上样样精通，只要给他足够好的道具，就能呈现出最佳的观看效果。这真是一场将电子游戏实体化，又将 F1 赛车 3D 化的精彩赛事。

姬时意得意扬扬地眯起眼，可当他看到君毅手上的无人机时，脸色一变。

一晃而过的航拍镜头中，小季风被工作人员从君毅手上接过，摆放在起飞点上。

“把无人机的智能系统关了，动作快。”姬时意立刻联络总工程师。

“可是这样一来，小季风就是一架普通的无人机！”

“立刻，关。”在众多投资人面前不可一世的姬老板，手心出了汗。

他不追求赢，也不会轻易输。王牌学长的飞行技术究竟怎么样没关系，小季风的强大内核芯片让它可以不靠任何人的控制，急速穿越障碍抵达终点。它是一台靠算法取胜，能自我学习的智能无人机。

为了让小季风通过主办方的检测，姬时意没少动脑筋，但君毅只要一上手，就能发现小季风的异常。

这是作弊，作为一个成功的商人，姬时意从不在意外界的评价，但此刻他不能忍受君毅知道真相后可能会露出的鄙视与疏离。

商场大屏幕同步播放赛道上的激战。季风的高速运动摄像头，记录每一架无人机转瞬即逝的冲刺姿态，而君毅操控的小季风，则带给观众第一视角的感官体验。在场的所有人，仿佛坐在了无人机的驾驶舱内，在空中极速翱翔。

“太精彩了，季风的新型竞速机在转弯处完成超越！W 俱乐部的女飞手君毅遥遥领先，教科书一般的飞行轨迹令她战无不胜。大山，你看到了吗？”

“是的，听说今日君毅首次使用季风产品。放在电子竞技里，就是徒手玩了个新英雄还一路超神，你说她有多厉害。”

两位解说分别是 F1 赛车和电子竞技领域的大神，都是见惯了大场面的人，然而他们发现必须将语速提得更快，才能跟上现场的分秒必争。

“大部队正飞向‘天空指环’，好戏即将上演。”

无人机必须穿越三十米高的摩天轮中心点，直径只有一米半，仿佛一个狭窄而危险的瓶口。数架无人机互不相让，拥入其中。只有一架凭借灵巧的操作，从混战中脱颖而出。

“哦，是 Z！W 俱乐部年仅十四岁的飞手，他是目前参加这项竞技年纪最小的选手。别以为年纪小就是‘青铜’啊，在竞速赛场上，Z 就是王者本尊！”

小 Z 的无人机箭一般蹿了出来，而在它身后的机器们来不及转，相继撞上钢筋铁骨。季风运动摄像头传回的炸机画面，让观众们沸腾了，竞速机比赛的现场从未有那么热闹。

“老板，在线观看人数突破了五百万。”马助理兴奋地说，“不，现在是五百二十万，还在上涨，弹幕把数字遮住了。”

姬时意的心跳渐渐平复，他终于发现自己太关注君毅的比赛。可也正是他这种对说明会现场的漫不经心，让在座的投资人更加笃信奇货可居。

姬时意起身站到台前，傲慢地扫了眼众人：“如果各位改变了主意，我们继续。”

背后的屏幕从喧闹的比赛现场切了回来。

环球港赛道的确是一场精心布置出来的秀，一切都为季风的融资说明会所用，季风永远不会做亏本的生意。

“在电子游戏竞技发展起来之前，有几个人能预知这些电子‘鸦片’、网瘾少年能成为黄金摇钱树？我要做的不仅是一个产品，而是一项生态。”姬时意双手撑在桌面，微微向前倾着，仿佛一只随时准备出击的猛兽，“如果你们想知道电竞之后还有什么娱乐消费增长点，现在就成为我的伙伴。”

作为一个富豪家庭出身的孩子，姬时意清楚资本的运作规律。他们从来不雪中送炭，只会锦上添花。

但在花开之前，必须有春风吹起，而他抓住了那股风。

“天哪，W 俱乐部获胜已经没有悬念！他们的机群领先了对手整整十秒。本场冠军将会在 W 四人之中诞生！”

“等一下，Z 的无人机有点奇怪，我们拉个近镜头。”

小 Z 的确是“空中指环”最快的通过者，但他也付出了代价。人们可以清晰地从大屏幕上看到，小 Z 的无人机四个螺旋桨中的一个已无法正常运作，损坏电机正发出丝丝呻吟。

小 Z 心里发慌，努力控制着三旋桨保持平衡。只有不到半程，终点却像遥遥无期，这是对飞手控制力和心理素质的巨大考验。

“关掉对角线螺旋翼，注意扭力，走直线。”团队频道响起卓凡的声音，“集中注意力小Z，别放弃，你能行的。”

观众们屏息凝视，只见小Z的无人机渐渐从水平状态竖起。

四轴无人机并非真的需要四个螺旋桨才能保持飞行，在特殊情况下，它能够像它的“亲戚”直升机那样，仅靠两个螺旋桨的扭力保持平衡。这是一个危险的决策，操作上稍有闪失，便会令处于高速飞行状态中的无人机当场炸机。

小Z决定尝试。或许他语文不咋的，英语学不好，但他能快速算出整个无人机的力矩和动量，手下的打杆快速调整策略。

“冲啊！”小Z燃烧了起来，眼中只有一个目标——终点！

“所有人散开。”君毅在频道里吩咐，顿时领先的三架无人机向两边横滚，让出了宽敞的直道。

“天哪，Z选手的无人机竖起加速，我还是第一次见到这种操作。他超过了同一个俱乐部的可达鸭和龚鸣，超过了君毅，向终点冲刺！”

小Z突然明白了姬时意说的话。他不需要母亲认可他选的道路，而是要让母亲知道，他在自己选择的这条道路上，从来没有动摇。与其说获得胜利是要证明给母亲看，不如说是证明给母亲心中那个不够强大、不成熟的自己看！

逆境中的一往无前，感染着全场观众。在狂热的人群中，一位女性异常激动。

“那个是我的儿子！”小Z的母亲拼命摇晃着身边的陌生观众，自豪之情从眼里满溢出来，“看啊，他在最前面！我的儿子是第一名！”

特写镜头从观众席上收了回来，以航拍惯用手法展现了整个赛场的恢宏气魄。在线观看直播的人数不断增加，成绩很快公布在大荧幕上，W俱乐部四个飞手毫无疑问位列榜首。

“毅哥，你让出了第一名？”可达鸭不可思议地盯着记分牌，“放水？”

“没放水，飞机性能有限。”君毅耸了耸肩。

这几天君毅进行的数百次压力测试都是小季风单架试飞，她没有料到在高速气流经过时，小季风的螺旋桨会受到干扰。为了防止炸机，她选择减速，保持平衡。

“但也没有必要……”可达鸭的话被观众席上狂热的欢呼声打断。

本场比赛的冠军小Z，脱下了FPV眼镜，热泪从这位全场最年轻的选手的眼角流下。

他激动地向观众席挥手：“妈妈，我在这里，我赢了！”

竞技的魅力在于，每个人都有属于自己的战场，哪怕困难重重，哪怕希望渺茫，都必须奋力一搏。

而姬时意的战场，从来没有人喝彩。

说明会结束，情况如姬时意所料，投资方多到必须进行下一轮筛选才能确定。实业与资本的角逐是一场没有硝烟的战争，如今投资人竞价投资是因为季风的确有这个实力，而姬时意也必须谨慎选择，否则会被吃得皮都不剩下。

后续工作处理好后，落地的玻璃窗外，已是万家灯火。姬时意破大荒地放了所有人回家吃晚饭，这是近三个月来头一次，大家准点下班。

然而，姬时意却不急着回去。市区的大平层只有他一个人住，相比之下，经常全公司通宵达旦的季风科技，更像是他的归宿。他收拾好文件，又一次最后一个下班。

刚走几步，空旷的楼道里，响起了手机振动的声音。

姬时意看了眼来电显示，精明的神色淡去，不情不愿地接了起来。

一开始，他还能戳着电梯钮，耐着性子听对方说话，后来他就只是捏着太阳穴等待煎熬的结束。

“时意，我们说好了，过年的时候，你必须回家一趟。”电话里女人软弱的声音不断重复，生怕他又像上次那样放了鸽子。

“我觉得父亲不会想见我。”姬时意的语气不温不火，已做到尽量克制。

“可是，我想见你啊时意。”女人顿了顿，带着哭音恳求，“妈妈好想你，你多久没回家了。”

姬时意长长地叹了口气，感到无力和挫败，母亲卑微的言语像是生出了一条条手臂，要把他拉回童年灰暗的记忆里。

当年，母亲带他去姬家是真心实意想过上好日子，但单纯天真的母亲并不知道，血缘并不是姬家的维系，利益才是，而他的出生则是原罪。深谙此理的姬时意，宁可忍受兄长对他拳打脚踢，也不愿意面对软弱母亲的一次次恳求。

“再说吧。”不等对方说话，姬时意关了手机，商场上获得的喜悦尽数扑灭，心情落到了谷底。

他漫无目的地在季风空旷的廊道里来回走动，一如每一个凌晨或深夜，仿佛一位孤单的帝王巡视自己的疆土，又像一个被束缚的灵魂游荡在空无一人的城堡。

季风是姬时意的壁垒，让他理直气壮地脱离与姬家的关系。而只有赚到更多的钱，他才能垒起更厚实的屏障，所以他从不停下脚步，哪怕好累好累。

这么一想，人生还真是无趣。

姬时意抬手推开大楼底层的玻璃门，踏入冬季的黑夜，寒风将他额前碎发吹起，露出一双冷若冰霜的眼。

“嗨！”一个声音欢快地从墙角花坛附近冒出来，“我都以为你要睡办公室里了呢。”

他一怔，迟疑地低头看去。

少女正仰着脸，眸中闪动着雀跃的光芒。她不知在楼下等了多久，此刻棒球帽檐上覆盖了一层薄薄的露水，小脸蛋也被风吹得绯红。

“时意公主，你终于从城堡的高塔里出来了，叫我好等。”

“来找我做什么？”姬时意双手插在大衣的口袋，整个人透着生人勿近的气息。

君毅才不会被他这副尊容给逼退，两人针锋相对的时候，姬时意的态度可比现在傲慢多了。她脑袋一歪，笑道：“生日快乐！时意公主，没准备礼物，我请你吃饭吧。”

姬时意的黑眸中翻滚着难以辨认的情愫。

“今天，不是我生日。”

“啊！”

姬时意的生日是几个小时前聂倩倩特别叮嘱君毅的。倩倩学姐向来关注细节，投资人的生日当然不忘提醒君毅代表俱乐部主动发条短信祝贺下，可君毅倒好，直接就丢下庆功宴，从常州杀回来了。

原来搞错了，好尴尬。

君毅的笑容快要维持不下去，禁不住后退了一步。几乎在同时，她眼前一黑，脑袋上的棒球帽飘落在了地上，整个人被姬时意按在了怀里。

他抱得太紧，就像是溺水的人抱住了浮木。君毅闷在暖和的大衣中，侧脸贴着他的胸口，感受到越来越快的心跳。

“怎么了？”君毅伸出双手拍了拍姬时意挺得笔直的背。大衣的手感太好了，她忍不住摸了又摸。

姬时意难以理清心头的滚烫，只觉浑身负面情绪在君毅一下又一下的拍抚中，渐渐散去。他不知道君毅身上有什么神奇的力量，却总能因为她的举动而获得救赎。

“哎，是不是有人欺负你了？”君毅讷讷地问，“债主又来了？季风那么大的公司，不至于吧。”

你才是债主。

姬时意沉闷地笑，隔着胸膛震动着君毅的心肺。他没有松手，君毅也没有。他们保持着相拥的姿态，就好像一对久别重逢的情侣。

好半天，姬时意终于退了一步。

“怎么不上来找我？”

“前台的小姐姐说你在开会，没预约不能见。”君毅迅速捡起地上的帽子戴起来，遮去脸上的红晕，“后来大家都下班了，我就只能在这儿等了。没办法，谁叫你是大老板，时意公主。”

“别这么叫我，”姬时意的嘴角翘了起来，“去掉那两个字叫来听听。”

“好的，公主。”君毅俏皮一笑。

“呵，诚意在哪里？”

“哎哟，别计较了。”君毅拉了拉他的袖子，“走吧，我都饿了，我请你吃黄鱼面。”

姬时意反手将冰凉的小手塞进大衣口袋，牢牢握住。

穷学生君毅心中的美食，人均消费从来不高，完全比不上姬时意在常州给俱乐部预订的晚宴。

“就这儿，你先坐好，我去买。”君毅对身边的人说。

小店闹哄哄的，一张桌子边上四张板凳，没有空调。招牌是热腾腾的黄鱼面，面上油光满溢，十足夜宵大排档的品位。

“君毅啊，好久不见了。”店家老伯和她打招呼，抬头见男人西装笔挺，矮身进入店面。对方看上去与平日里来这里吃饭的上班族不同，高傲冷峻，自带光环。可下一秒男人脱下了厚重的外套，朝君毅一笑，又似乎和普通人又没什么两样。

“哟，带朋友来啊。”

“是我很好的朋友，拜托多加点料。”

待君毅付了钱端着面，坐到姬时意对面，才发现大老板与平民小店格格不入，就像是凤凰屈尊落在了鸡窝里。姬时意并不在意，伸手从筷筒里拿了两双一次性筷子，熟练地掰开插在了面里，令人怀疑这人是不是经常吃街边小店。

“看什么？”姬时意勾了勾唇，很有迷惑性。

君毅脱口而出：“看……你好看！”

姬时意轻笑，像是很满意这个答案。

其实姬时意在吃的方面并不挑剔，君毅大概不知道，姬时意刚创业的时候，几个人窝在居民楼的出租房里，有一顿没一顿的，什么便宜吃什么，就连番茄酱拌饭都能咽下去。他对自己很省，一直到现在都没改过来，却铺张浪费地养了一个俱乐部。

“啊！”君毅突然指着小店墙壁上的彩电，拍姬时意的手臂，兴奋得差点把他手骨拍骨折了，“看啊，我们上电视了！”

体育新闻台正播放着常州环球港站的竞速机竞赛集锦。或许是头一次见到如此惊险刺激的比赛，面店里也有不少人抬头观看。

比赛结束后有个飞手专访，代表冠军队接受采访的是代理队长龚鸣。君毅若没回上海找姬时意吃饭，恐怕出现在电视上的就是她。

龚鸣按照聂倩倩的脚本，感谢了俱乐部东家及赛事转播方，为季风科技免费刷了一波存在感。而始终戴着黑色口罩的龚鸣，也以神秘又俊朗的形象给观众留下了深刻印象，以至于吸了好多女友粉。当然，那是后话了。

“据本台记者了解，明年第三季度国家体育总局将进行无人机国家队成员的遴选。继电竞成亚运会比赛项目之后，未来无人机竞速也将成为国际热门赛事。”

“真的有国家队？我以为你糊弄小 Z 来着。”

“嘁！”姬时意发出不屑的声音，“我为什么要浪费时间骗人？全运会向来有固定翼无人机竞赛。近几年，国际上多旋翼无人机赛事兴起，体育总局当然要布局培养选手。电子竞技、无人机竞速和机器人格斗并称世界三大智能运动，电子竞技不敌韩国，我国竞速无人机可不能再输了。你当我投资俱乐部，是做慈善？”

“时意公主，你很了解啊。”

“当然，做一件事得有长远计划，并严格执行，光谈理想是走不远的。”

君毅自愧不如，玩无人机那么久，她从没有关心过大环境，与其说是一门心思想赢，倒不如说是只看到了眼前。

她甚至没想过大学毕业后，到底要干什么。如果只把无人机当作爱好，迟早会和卓凡教练一样，向生活低头。在认识姬时意以前，她从来没有考虑过这些。

电视上播放了环球港站的积分排名，姬时意忽然瞥了君毅一眼。

“输了？”姬时意佯装惋惜道，“真没想到。”

“对不起啊，我让小季风输了。”君毅的头垂得更低了，几乎就要浸到面里去。

“我又没要求你赢。”

君毅的下巴被姬时意的手指抬起，近在咫尺的帅脸和粗糙的指腹所带来的真实触感，让她耳垂微微发红。寒风吹过的路边摊一点不冷，摇曳的温暖灯光下，仿佛有无数春花悄然绽放。

大老板得意地朝她笑："难过什么，虽然这场比赛你是输了，但赢得了我啊。"

那么臭屁的话，从不可一世的姬时意嘴里说出来，毫无违和感。

第六章

/

姬时意由我守护

季风首次网络直播获得惊人的成功，竞速无人机比起电子游戏更具有可看性，仿佛是来自未来世界的真实竞技。最关键的一点，学生观众的父母买账。

竞速无人机属于航模的范畴，不少 985 大学的航天航空专业都有对航模获奖者的特招政策。比起电竞，竞速无人机有着接地气的本土优势，毕竟打游戏是得不到高考加分的。

季风所有员工心情都特别好，工程师团队终于迎来了阔别两年的休假。讲真，在季风工作，别说什么 996、007，大多数人都是把一天过成四十八小时。

姬时意走进办公区时满面春光，叫人一看就知道昨晚发生了好事，他顺手扔给马助理一串数字。

“我的生日，想办法让俱乐部那边的人知道。”他顿了顿，“婉转点，不要刻意。”

马助理眼珠子一转：“这就帮您更新到百度百科上！”

姬时意满意地点了点头。就算君毅那丫头粗枝大叶，也总会有精于此道的人告诉她。他的确不喜欢故作聪明的女人，但不讨厌聂倩倩。毕竟说起来，聂倩倩是他与君毅之间的桥梁。

手机振了一下，姬时意看了眼，嘴角微微翘起，果然心有灵犀。

君毅："时意公主有空吗？俱乐部下午放假，我想找你说下小季风的情况，硬件上还可以调整下，下午见面？"

君毅是很有责任感的试飞员，她和以往一样每找出一个 BUG 都会向姬时意报告。

姬时意都没看后面说了什么，秒回："有空。"

马助理从文件中抬起头来："老板，北美渠道的老总到上海了，我们下午开个会？"

"没空。"姬时意冷淡地回绝，眼睛没离开手机屏。

下午，君毅比预期时间早到季风科技楼下。

她刚想打电话给姬时意，就见大堂一侧黑压压地站着数个穿黑西装的人，个个神情肃穆。这些人就像一堵墙，把雅座里的男子与周遭隔开。

他背对着君毅坐着，侧着脸。

午后的阳光未能在男人棱角分明的面容上增添任何暖意，他的周身带着一股与生俱来的森冷和贵气，尽管举手投足皆是优雅与从容，眉宇间的压迫感与威仪却叫人不敢靠近。远远看去，那人仿佛是一幅挂在阴冷城堡里的某位贵族的肖像。

贵客的右手边，杵着君毅非常熟悉的人。马助理弯着腰，一脸谄媚，茶几较低，他几乎跪下给人斟着茶。不知那人说了什么，马助理双手抖了下，茶水溅出来不少。

君毅十分好奇，忍不住多看了几眼。

忽地，亮光一闪，有什么东西反射着阳光。君毅抬起帽檐，终于看清了反射源，正是那位贵气男子右手无名指上的戒指。珍贵的钻石包裹在铂金狮头的戒托里，十分华美也相当昂贵，她似乎在哪里见过这个款式。

倏地，君毅瞪大了眼，她想起来了。

是债主！

那天晚上，就是他给了姬时意狠狠一记耳光，尖锐的钻石划开了姬时意的眼角，差点就把姬时意打瞎了。夜色曾掩盖了债主的容貌，但此刻的排场和马助理卑躬屈膝的态度都让君毅深信，自己绝对没有认错。

债主仿佛感应到背后的视线，站起身来。马助理吓得一抖，滑稽地跪在了原地。君毅赶紧往大堂的发财树后面躲去。

随着脚步声逼近，君毅发现，债主并不是冲着她而来，他的目标是她身后数米直达姬时意办公室的电梯。

上次一脸假笑把君毅拒绝在外的前台小姐姐，甚至提前刷开了通道恭候着。

债主如入无人之境。

难道他们不知道，姬时意就要遭殃了吗？时意公主平时做人是有多失败。君毅叹了口气，竖起飞行夹克的领子，将马尾整个包裹在里面，又扯了扯帽檐，戴上龚鸣的同款口罩，从发财树后面走了出来。

男人垂眼看着挡在面前的人，冰冷的眸中闪过不耐烦。

“您好，”君毅对他说，“请问您是找姬时意吗？”

“你是哪位？滚开。”

没错了，就是这个声音，君毅更加确信自己的判断。事不宜迟，她已下定决心。

“您今天恐怕见不到他了。”君毅笑了笑，“他先约了我。”

债主再没耐心，伸手要将面前碍事的家伙挥开。若是普通女孩，可能就要被他推倒了，但君毅早有准备，顺着他的姿势左手抓住他的手腕，右手拉住他的胳臂，一个用力，以自己的肩膀作为支撑点，在众目睽睽之下，将高大的男子扯了起来重重摔到地上。

所有人都愣了几秒，似乎不敢相信在季风科技，有人胆敢对姬家人做出如此挑衅的举动。

保持跪姿的马助理很快认出了君毅，他惊恐得张大了嘴，活像吞个蛋。听到身边保镖们的咒骂，他赶紧哎哟惨叫一声，摔在原地，似乎想用身体将保镖们拦住。可惜没人理会马助理的假摔，黑西装保镖们直接从他瘦弱的身上踩踏过去了。

君毅眼见情况不妙，撒腿就跑。

大楼门口已被黑衣保镖堵住，她只得窜入廊道，妄图从侧门逃脱。然而，侧门也有门禁，她惊恐地贴在锁住的门上，眼看追兵步步逼近，浑身汗毛都竖起来了。

突然，侧门从外面被打开，伸出一只手，拉过君毅就跑。

“时意公主？”君毅看清援兵之后，笑出声来，“我刚才给你报仇了！”

“真会惹事。”姬时意的语气没有责备，充满着幸灾乐祸。

几分钟前，姬时意从电梯下来，就见君毅石破天惊的一摔。他那位对人动起手来毫不克制的兄长，做梦都没想过，自己会被人以过肩摔的方式狠狠扔在地上。

似乎是把追兵甩掉了，两人停下脚步，靠在季风大楼后门的通道里喘气。

“知道你摔出去的是谁吗？”冷静下来后，姬时意生出后怕，他熟悉姬景礼折辱人的手段，怕君毅从此惹上麻烦。

“我把脸遮住了，不怕他找。”君毅一身英气的打扮，完全看不出样貌、年龄以及……性别，她想得很简单，也那么果断地做了，“倒是公主，你究竟欠了人家多少钱，都被人找上门了。”

“咳，不是钱的问题。”姬时意不太自在地移开眼。

姬景礼的母亲身体一直不好，年纪轻轻就去世了，现在的姬夫人曾是姬景礼母亲的私人护理。在姬夫人发现怀上姬时意之后，就立刻辞职回了老家，偷偷把姬时意生下。姬夫人从小就是一个浪漫主义者，她总和小小的姬时意说，他的爸爸多么神秘、多么厉害、多么富有，像童话里的国王一样。仿佛是为了验证母亲的说法，姬时意每年都能收到很大一笔钱，让他在最好的私立学校念书，拥有最豪华的玩具。

单亲家庭的姬时意过得比谁都尊贵，直到有一天他实在好奇得不行，去找了自己那位“国王”父亲。姬老先生的确是国王，不过是一位暴君，轻易撕碎了姬时意想要的父爱，连带着他的美梦一切毁灭。姬家将这段往事埋藏，姬夫人被明媒正娶，姬时意也被改了出生年月。只有一个人始终耿耿于怀——姬时意同父异母的兄长姬景礼。

“好了，我不问了。”君毅妥协，她很少看到这样的姬时意，和往日不可一世的他千差万别，仿佛在那个人面前，他不堪一击，“不过，就算是债主也不能欺负人啊。管他是谁，我来保护你。”

姬时意一愣，随后竟笑了出来，仿佛得了一个什么便宜。这是第一次有人说要保护他，并且用实际行动证明。

“人在这里！”

远处的呼喊声，让两人一惊，保镖已追到大楼外。

姬时意再次拉过君毅的手，向街道奔去。他一路咧着嘴，感到无比快乐。君毅说得很对——管他是谁，只要在君毅面前，他是姬时意就好了。

两人一路奔到附近的创业园，W 俱乐部就在里头。在季风搞了那么一出，姬时意一时半会儿也回不去了，君毅便随着他来到二楼的工作室。幸好俱乐部下午放假，否则她怎么解释两人手拉手的行为？

“小季风有什么问题？”姬时意想起君毅找他的初衷。

君毅描述了螺旋翼故障的特征。

姬时意脱下外套，把衬衫袖子卷到手肘，顺手将垂下的领带塞进第三颗至第四颗纽扣的空隙间，转身清空了工作台。

“现在就能改？”君毅不禁好奇，看着他撬开小季风的外壳，那熟练的手法就连身为飞手的她都自愧不如。

“某人头一次见面说我是外行。”

“某人头一次见面把我的疾风砸了。”

“所以，我把自己赔给你了。”姬时意勾着唇笑，工作台上的灯光打着他英俊的侧脸，帅得就像是杂志封面上摆拍的男星，“啊，真羡慕你，竟然得到了像我这般优秀之人的喜爱。”

“谢谢你哦。”君毅哭笑不得。

两人一边说笑着，一边一同修正着小季风的参数。姬时意的动作很快，没一会儿便合上了机盖递给她。

“拿去试试。顺便说一下，我打算让俱乐部用小季风参加后续比赛，队长，我先知会你了。”

比起以疾风为原型改良研发的小季风，一些飞手 DIY 的无人机，的确不够精致。俱乐部若是要往专业化发展，统一配件是必要手段。其他飞手可能并不在意更换飞机，他们每年炸机的就不少，从来没有人一台用到底的。

君毅犹豫不决，一手握着姬时意改装的小季风，另一只手捧着记录了她整个青春的疾风。

“疾风对我有重要的意义。”

“你卫之哥哥给你的吗？”姬时意不知道在提起那个人名字的时候，自己的表情有多酸。

见他不太高兴，君毅连忙解释：“不仅仅是这样，疾风陪伴了我最艰难的日子。”

姬时意双手抱胸靠在沙发上，听君毅慢慢说起小时候的事。

君毅小时候，父母欠了很大一笔债，不得不变卖家产，丢下她南下跑路，可惜在路上出了车祸，双双身亡。之后小君毅就被不怎么亲的姑婆收养。

人们都说君毅的父母是因为嫌她累赘，才把她丢下跑路的。她记得出事前几天，父母难得一起开车送她去上学。她读的是住宿学校，一个星期才回来一次。那天是周一，路上很堵，父亲开车绕了点路，抵达学校时错过了晨会，因此她心情很差。母亲塞了几百块钱给她买零食，然后他们和往常一样微笑着与她拥抱告别。

这是君毅最后一次见到父母，等她周末回到家，公寓已被典卖，家中一无所有。她攥着母亲留下的最后几百块钱，过了几天之后就被通知，父母在外地因车祸去世。

尽管如此，君毅依然拒绝承认自己被抛弃的事实。她就像一头发怒的小兽，攻击每一个讥讽她或家人的同学。这天，她又因为在学校打架被老师告状到家，姑婆二话不说把她关进了只有一扇气窗的地下室。

姑婆年纪大了，身形佝偻，仿佛童话故事里的邪恶巫婆，少言寡语不懂得如何与还在青春期的君毅相处。她只养过狗，把狗拴住，是防止狗崽子闯祸的最好办法。

故事到这里，如果没有某个关键人物出现，那么君毅的人生就会像地下室里的墙壁那样，阴暗潮湿。

被关在地下室之后，君毅拿出她与卫之一起组装的疾风，从气窗里飞了出去。她飞得很好，很快追上了气呼呼的姑婆。本想吓唬姑婆一下，可君毅从 FPV 眼镜中看到了不可思议的一幕。

姑婆赶到学校，趁着老师还没把打架的小孩放走，举起拐杖，一人给了一下。老师赶紧上来把老太太拉走，老太太却大声嚷嚷：“叫你们欺负我家闺女，没爸妈就当她家里没人了吗？打狗还要看主人，当我老太婆是死人吗？这种学校，我闺女不念了！”

即使身体被禁锢，视线也能飞向远方。是疾风让她看到原本看不到的事，让她理解了以前并不了解的姑婆。

少女的眼中蒙着氤氲的水光，她豁达地笑着，并不介意童年那些糟糕的境遇。因为即使是最迷茫的时刻，也总有一束光从气窗里透进来，指引她前进的方向。

“我是第一次和人说起这些事。”君毅不太好意思地揉了揉眼，一双猫眼又红又润，眼底却清澈而坚定，“所以啊，直到疾风寿终正寝之前，我是不会换的。”

姬时意终于懂了，他们两人有着本质区别。就像那句话说的，有的人用一生治愈童年，而有的人用童年治愈一生。君毅虽然不幸，但她也是幸运的。

真好。

至少君毅这样，真好。

“我不强求你做任何事，”姬时意揉了揉君毅的头发，表情近似宠溺，“不会干涉你的生活和比赛，你大可以去做任何想做的事。我说到做到。”

粗糙的指腹所带来的真实触感，让君毅的耳垂微微发红。她有些慌神，想避开姬时意的眼神，却被他抬起了下巴。

不可一世的帝王眼中，流淌着温暖的光芒，君毅呆滞地望着那张帅脸越来越近，心中升起一小簇令人痒痒的期待。

正在这时，两人听到门口传来转动钥匙的声音。

君毅的瞳孔瞬间睁大，抓着姬时意的领带，一屁股坐到沙发前的地板上。

“又躲？”被她拉下沙发的姬时意不满，“我是有多见不得人？”

君毅做了个安静的手势。

“公主，你可是我的秘密啊！”

姬时意磨了磨牙，他得好好想想怎么才能泄密给全世界，让马助理更新到百度百科上？

沙发正对窗户背对大门，与工作区和吧台间隔，如果不是特地绕道走到窗前，没人能发现他们。

推门进来的两人，在吧台前停下。一听对话，就知道是谁。

“我得快点好起来，”龚鸣摸着坑坑洼洼的下巴，“我一定要向她告白。”

谁啊？君毅不由得诧异，和龚鸣做兄弟那么久，怎么就没听他提起过。

早知道情况的姬时意不由得在心里笑，还好他先下手为强。

“龚鸣，你想清楚，一定要用这个方法吗？”丽佳严肃地问，“网上的偏方都不靠谱的。”

“你老家的膏药不也是偏方，我都贴了那么多年了，凡事总得试试才知道。”龚鸣视死如归，“来吧！”

丽佳担忧地给龚鸣倒了半杯不明液体，转身去拿包里的纱布。可等她回过头来的时候，龚鸣已经捏着鼻子，将杯中的褐色液体一饮而尽。

“你干吗喝下去？”丽佳震惊了，“网上说是外敷的！”

“我需要更快的疗效，呃……味道好怪，难受。”龚敏痛苦地打了一个饱嗝。

丽佳扶额：“味道当然怪，这瓶是浓缩的洁尔阴啊！”

“噗……”

“什么声音？”龚鸣警觉地朝工作室后方看去，却什么都没看到。

突然发笑的姬时意被君毅情急之下以双唇堵上。君毅的手指紧紧缠绕着姬时意的领带，令他只能低头品尝她的吻。一时的惊讶很快被欣喜取代，姬时意反手扣住君毅的后脑，回吻下去。

不同于之前的浅尝辄止，姬时意将君毅整个人按在怀里，肆意掠夺她的呼吸。君毅被他吻得晕头转向，身子一软，紧抓的手指松开。姬时意似乎在笑，他胸膛的震动让她心底酥麻。

“小猫，你快闷死自己了。”姬时意在她耳边小声地说。

君毅这才吸了一大口空气，竟是甜的。

转眼就快过年，农历年里最后一场比赛随之而来。

赛场位于上海郊区的一家废弃工厂内。全室内造景，弯道和走廊都比其他站更加狭窄紧凑，比起速度更考验飞手们灵活应对的能力。

俱乐部工作室距离赛场不远，但卓凡做出了在自家训练场内模拟练习的决定。

原因无他，他们红了。

环球港站的冠军小 Z，靠双桨斜着飞的特技，受到了广大发烧者的认同。而作为 W 的代理队长接受专访的龚鸣，戴上口罩后增加了神秘感，吸引了不少女粉。特别是，他被迫在视频网站直播一档无人机入门节目后，人气爆棚。

二楼工作室内。

“你竟然有粉丝？”来蹭午饭的丽佳简直不敢相信自己的眼睛，她从训练场的后门过来碰到好几个举着龚鸣灯牌的女粉丝，“如果她们知道你喝过妇炎洁，会不会立刻粉转黑骂你是变态？”

“是洁尔阴！”

“有区别吗？”

“有区别，网上说的是妇炎洁，我用的是洁尔阴，肯定是用错了品牌，现在更严重了。”龚鸣欲哭无泪，“没治好过敏，还拉肚子了。”

“哈哈哈哈哈哈！”

丽佳的笑声吸引了君毅的目光，她瞪大了眼，在龚鸣蒙着口罩的脸上停留了片刻，又以一种难以言说的表情撇过头去，似是不忍直视。

“我觉得毅哥今天看我的眼神不一样，”龚鸣以食指挠着发痒的脸，“特别温柔，特别关注我。”

丽佳也觉得神奇，作为室友，她能明显感觉到君毅身上的变化，仿佛有什么好事正在君毅身上发生。丽佳为君毅感到高兴，也为龚鸣感到庆幸，这傻子终于不用再做傻事去追求不切实际的目标了。

“要不，我先去试试？”龚鸣说，“说不定能成呢？”

龚鸣刚抬腿，丽佳突然拉住了他的衣袖。

“对了，下一场比赛，我不能来观赛了。”

“为什么？”

“我们系里组织与你们学校机械系联谊。我都大三了还没有男朋友，同学们说，你们学校机械系帅哥多。”

“你去相亲不能来看我比赛？”龚鸣的表情变得古怪，仿佛没想过革命战友会离他而去，不过他也找不到任何阻止丽佳去相亲的理由，只能避重就轻地说，“真不够朋友，说好的助我一臂之力呢？”

“我不是助过了吗？整个春节我都不在家，给你创造机会啊！”丽佳心虚不已。

“好意思说？出去玩的团费都是我出的，我这是给自己创造机会！”龚鸣愤愤不平。若不是君毅说过年去丽佳家里住，他才不会出钱给丽佳报日本跟团游呢。

拿人手短，丽佳不再争辩，甚至有些后悔，早知道就不收龚鸣的团费了。

两人说话的时间，憋着笑的君毅，已离开工作室。她双手插在飞行夹克里，下楼走到训练场。训练场外摇晃着各色灯牌的粉丝，人数众多，真有点不习惯。

几个刚完成训练的飞手在讨论签合同的事，见到君毅都笑嘻嘻地过来打招呼。

“我猜毅哥没签。”其中一个飞手对身边人说。

“毅哥不会放弃疾风。”

君毅好奇地走到他们中间，发现正在讨论的事是姬时意与她提过的。

季风与俱乐部所有成员，追加了一份协议。凡是愿意以季风无人机为参赛无人机的俱乐部飞手，均提供一份为期两年的全职或兼职工作，薪水颇丰。在没有比赛时，须承担一定量的季风所有型号无人机试飞的工作和商业活动。

除了世界锦标赛，最近几年竞速无人机兴起不少商业比赛，再加上高速航拍市场的日益扩大，俱乐部培养的飞手可以在各自擅长的舞台大显身手。大部分飞手欣然接受。

正如姬时意所说，赢并不是目的，利益才是。他追求的从来都是利益的最大化，其中也包括飞手们的利益最大化。姬时意的每一步都有目的性，每一步都脚踏实地，在他走过的路上开拓出了一条将玩竞速无人机变成职业的道路。

场边的粉丝突然沸腾了，玩无人机那么久，飞手们少见那么热闹的场面，不由得跟着他们的眼神，一齐向着训练场入口张望。

是龚鸣，从楼上的工作室下来了。

黑口罩遮去他大部分的容貌，只露出冷峻的双眼。他微皱着眉，身形清瘦而挺拔，就像是青春剧里少言寡语又浪漫深情的男主角。

“现在知道姬总为什么选 W 俱乐部了。”场边坐在轮椅上的可达鸭好笑地说道。

“为啥？”众人问。

“看脸呗！”

君毅无法反驳，毕竟她和姬时意的关系也是始于颜值。

“毅哥，你的手机刚才一直有消息。”可达鸭指了指君毅搁在一边的手机。

君毅走去储物台，屏幕上闪动着某人一连串的消息。

姬时意在那天之后飞了 M 国，带队参加拉斯维加斯的国际电子消费品展，从此日夜相隔。似乎是为了提醒君毅两人之间生出的羁绊，姬时意的消息从未断过。这不，又是一大堆。

君毅选择从头阅读。

时意公主：“想我吗？”

是三个小时前发的，可惜君毅一拿起疾风，就会忘记时间。

半个小时后又来一句。

时意公主：“一定是想我的，不好意思说而已。”

隔了几分钟，对方不甘寂寞，继续唱独角戏。

时意公主：“好吧，看在你想我的分儿上，我也想你了。”

一分钟前。

时意公主：“为了不让你担心，我会尽快回来。赶快想想有什么想吃的？”

君毅都看笑了，不愧是时意公主，一个人就撑起了一台戏。不过中国与M国有十二个小时时差，君毅这边的下午就是姬时意那边的午夜，这个点还不睡觉，大老板是要成仙吗？

她动了动手指，发了条信息：“还没睡？”

对话框最上方立刻出现“对方正在输入”的状态，君毅盯着屏幕足足三分钟，姬时意却一个字都没发过来。

怎么回事，睡觉压到手机了？

正想着，一团阴影笼罩在君毅的头顶。

“毅哥，你不能总这样。”身旁的龚鸣皱着眉，“所有粉丝都叫我队长，莫名其妙。”

君毅收了手机，抬头看他。或许是回忆起龚鸣把洁尔阴一口闷的壮举，笑意有些明显，这让她整个人看起来甜美而清丽。

“颜值越高，责任越大，你就老老实实做队长吧。”

“压力好大的……”

两人身高差悬殊，君毅一身少年的爽朗，仰头微笑。龚鸣微低着头，微敞的白衬衫领口露出滚动的喉结，混合着一股介于少年与青年之间独有的清纯气质。再加上对视时那种无法言明的多年默契，粉丝们又狂欢了。

如果他们知道龚鸣在说什么，一定会激动得昏倒。

“今年你来我家过年吧。”龚鸣说，“丽佳不在家，她把你托付给我了。”

孤家寡人的君毅每年都会去朋友家过年，去年是倩倩家，前年是可达鸭家，今年本打算去丽佳家住，可惜丽佳临时报了个去日本的旅游团。

“你家？”君毅没多想，“行啊，不麻烦的话。”

龚鸣口罩以上的脸皮以肉眼可见的速度红起来。

“就这么说定了？我去安排下。”说着，他挠着脸，转头就走。

手机振动了一下，君毅低头。姬时意的微信终于发过来了。

“过年有什么安排？”

君毅很爽快，回道：“去龚鸣家住，然后和他一起去附近公园每天练飞。”

“我家自带公园，怎么不来我家过年？”

“你邀请我了吗？”

姬时意真想砸手机，但是，他忍住了。他说过不干涉君毅的生活，不能那么快就反悔。对付一只心情好才陪你玩的小野猫，千万要耐心。毕竟他年长她好几岁，不能太冲动。

他深呼吸，克制住自己的脾气，迅速打出一行字。

“你要是敢不来试试！”

不行，太霸道，删除。

“来我家吧，我一个人。”

不行，有暗示，删除。

姬时意苦思冥想如何邀请君毅来自己家过年，又毫不唐突并且体现温柔体贴大方之时，他删了写，写了删的字数就快赶上一篇小作文。

君毅的手机屏上始终显示“对方正在输入”的状态，她突然就能隔空体会到姬时意的别扭。有什么话就直说嘛，果然是个傲娇的公主啊。她放下手机，转头对龚鸣说：“哎，今年我可能不能去你家了。”

家里被子都在淘宝上重新买了的龚鸣一愣：“啊？”

“我找到了一个更好的公园，”君毅抱歉地说，“打算住附近。”

“在哪儿？我们可以一起去的。”

“呃，这个公园内有恶犬，只让我进。”

听出君毅的婉拒，龚鸣不免失望：“那你……当心点，飞的时候注意，别和狗过不去。”

他说完，愤愤地走向丽佳。

“把团费还给我！”

“啊？”丽佳见龚鸣脸色不对，连忙问，“怎么，你的图谋不轨暴露了？”

“谁、谁图谋不轨！”龚鸣气愤地争辩，“君毅不来我家，交易失败，退钱！”

“退什么钱……我就问你，君君说过年去哪儿？”丽佳下定决心要打破龚鸣不切实际的幻想。

“没问。”

“你是脑子里少根弦吗？君君不去你家过年，很有可能和别的异性一起，这都没问？”

龚鸣这才紧张起来。

“难道还有其他人看上我毅哥了？”

“听听，都说的什么话，君君那么可爱当然受异性欢迎。就你整天毅哥毅哥地叫，不把人家叫成拜把哥们不死心啊？”

“谁说的，可达鸭和小Z都这么称呼毅哥。”

丽佳翻了个白眼，真是恨铁不成钢：“你脑子里不是缺根弦，而是缺把琴！一点都不适合谈恋爱，鉴定完毕。”

君毅再看手机的时候，发现就这么一会儿工夫，漏接了姬时意的三个来电和一长串微信。

“人呢？”

“？”

“接电话！”

“到底怎么了？”

“……”

“【发怒】！”

“我告诉你君毅，敢再不接电话……我就……我就等会儿再打！”

“扑哧——”君毅笑了出来。

手机又振动起来，她赶紧接通。

不等对面气势汹汹地开腔，君毅就朗声说道：“家里有大公园的时意公主，过年让我去你家玩吧。”她边说边笑，银铃般的笑声越过了重洋和本初子午线抵达了对岸。

君毅和普通女孩不一样，从不懂拿乔，个性爽朗又直率。电话那头的姬时意半天没说话，直到君毅以为断线的时候，他才傲慢地嗯了一声，仿佛是给了多大的恩赐。

“那就这么说好了？”

“说好了。”姬时意说道，仿佛承诺。

君毅看了眼时间。

“现在M国都凌晨三点了，公主怎么这么晚没睡，是在等什么重要的消息吗？”

只要留意科技新闻，就知道小季风在M国的展会上大获全胜，势头正猛。姬时意忙到飞起也是意料之中。

“还不是你，发了消息不回，我只能等着。”

“等到现在？”

“不然呢？”

君毅心中泛起阵阵涟漪，过去她和卫之发消息。由于时差，卫之常在隔天才回她。这么一来一去的费时费力，有时候等到卫之回答她了，她早就忘了自己问了什么。后来她学乖了，尽量不去打搅卫之的生活，可也正因如此，两人越来越疏离，直到几乎再不联系。如果当时两人之中有一人愿意等待，或许一切都不一样。

君毅沉默了，姬时意也没挂电话，两人保持着静默，耳朵里只听得到对方轻浅的呼吸，仿佛相隔大洋的距离只有咫尺。

“君毅，”姬时意率先打破了宁静，声音深沉而撩人，“我会尽快回来，你不用等我太久的。”

心脏漏跳了半拍，等君毅发现自己被蛊惑的时候，已经说了“好”，挂了电话。

“君君，你在发什么呆？”聂倩倩瞧见君毅，总觉得有些不同。

君毅的穿着和以往一样帅气，却不再是男女莫辨的中性模样。她红润的脸蛋和水灵的眼睛透着少女的甜美，整个人柔软得就像一颗熟透水嫩的蜜桃。

“恋爱了？”

君毅吓了一跳，赶紧回答：“没……没有，我才没有。”可惜她这个惊慌的表情，就像喝醉了的人说我没醉一样，毫无说服力。

聂倩倩逗她：“没恋爱啊……那就是被人表白，超级心动的那种？”

要不要猜得这么准啊？君毅知道瞒不过老司机，老实地点了点头。

聂倩倩了然，露出了老母亲般欣慰的笑容，看得君毅浑身发毛。再被试探下去，恐怕就要被倩倩套出对方是谁了，君毅赶紧转了话题：“不说我了，王牌学长怎么样了？”

王牌学长被送去医院洗胃后，长久地没有出现在众人面前。大家本以为他是怕丢人就此放弃，可模拟器上代号为 A 的飞手，成绩一路走高。

“他说要闭关修炼，”聂倩倩轻笑，仿佛想到了什么有意思的事，“还说啊，争取下次能上场，把和我的约会补上。”

不愧是王牌学长，百折不挠，如果他把这个劲头用在棒球上，可能早冲击甲子园了。

“不过倩倩学姐，你有男朋友吧，丽佳都见过他送你回学校。比我们年长些，很有钱的样子。”

“君君也看见了？”聂倩倩柳眉轻挑，笑容不改，语调却露出试探的意味。

“我没，就是听丽佳说看到你们很亲密。”

聂倩倩不动声色地松了口气：“君君，大人之间的恋爱很复杂，我们的确是亲密关系，但不是男女朋友。我不属于他，他也不属于我，开心就在一起，不开心一拍两散，你明白吗？”

不明白，君毅一点都不明白。她连自己和姬时意的关系都没理清楚，哪可能破解聂倩倩的超纲难题。

“这样岂不是关系很不稳定？”君毅追问，“倩倩学姐，为什么要和那样的人在一起呢？”

“没有约束就不会伤心，我们并不是男女朋友，也没有在一起。”

所以，自己和姬时意也不是男女朋友……有了这层觉悟后，君毅的眼睛都瞪圆了。

“至于赵启峰，也就是王牌学长。”聂倩倩笑，“我会好好考虑，给他一个答案。”

不主动、不拒绝、不负责，向来是聂倩倩的恋爱准则，君毅见过成打的青年才俊在她面前铩羽而归。王牌学长如果真能得到一个认真的回答，那他在倩倩学姐心中已经有了分量。

不知为何，君毅现在就想见人成双成对，好缓解自己的恋爱困扰。她忽然想起姬时意的话，他总说喜欢只是他单方面的事，不会影响到她。

什么不会影响，难道这人没读过高中，不知道力的作用是相互的吗？

“恋爱是不是比飞竞速机要难多了？”聂倩倩拍了拍她的棒球帽檐，“不过呢，君君也不用太担心，一定没问题，君君可比倩倩学姐要幸运多了，那个人一定会好好守护你的。”

君毅迷惘地望着聂倩倩，怎么又绕回来了？

“卫之给我发了邮件，说他最近要回来。”

君毅并不知道聂倩倩为何突然提到卫之，只能顺着话继续说下去。

“对，卫之哥说要给我带礼物的。真是的，在他眼中，我还是小孩子吧。”

“不是哦。”聂倩倩温和地看着君毅，仿佛是在祝福或是羡慕，“卫之不再把你当小孩子了，有些事，他会亲口告诉你。”

“问出来了吗，到底是谁啊？”丽佳一脸的八卦扑向回来的龚鸣。

“你那个团真的第二人半价？要不，我也去吧？”龚鸣一副了无生趣的样子。

龚鸣不敢站得离君毅与聂倩倩太近，只能在稍远处偷听女孩子的情感话题。他努力分辨出仅听到的几个词，并把它们拼凑在一起，得出了惊人的结论：卫之向君毅表白，并在过年时回来，还带了礼物。

“原来是正主回来了，怪不得君毅拒绝了你。”丽佳安慰地拍了拍龚鸣的肩膀，“不是说他全家移民了吗？回来干啥？难道是……”

“是什么？”龚鸣紧张地问。

“求婚？”丽佳爆发出一阵幸灾乐祸的笑声，“哎哟，你不是吧，我开玩笑的，哈哈哈！”

第七章

/

昔日男神归来

几天后，国际机场到达大厅。

“我看上去怎么样？”姬时意整了整衣领，问马助理。

“您真是天神下凡，人中美男。”马助理满脸敬仰，陶醉道，“我从来没有见过如此器宇轩昂又才华横溢之人。”

姬时意皱眉，指着边上的毒舌 Eva：“你说。”

“看得出熬夜好几天，介于亢奋与疲惫之间，强打起精神，所以状态还不错。”Eva 抬了抬黑框眼镜，“可惜选的领带颜色太难看。”

闻言，姬时意非但没生气，还勾着嘴角得意扬扬：“你不懂，她很特别，选的礼物当然也与众不同。”

绿色的领带是很特别，特别像根韭菜。不过有姬时意这张俊脸相衬，说不定能成为明日时尚。

国际机场到达大厅里，时不时有女性回头张望，怀疑自己看到了明星。

无论在哪里，姬时意都能只凭脸受人瞩目。放在平时，他或许会享受四面八方而来的惊艳目光，但此刻他只想快点见到某人。

拉斯维加斯的国际消费电子展上，季风展台爱好者蜂拥而至，其中不少是从视频网站上观看了无人机世界锦标赛而来的。小季风再一次刷新了全球对中国创新的认识。

有无人机界的“苹果公司”美誉的季风科技，终于开始与SL在个人市场过招，尽管M国法令禁止联邦部门和机构购买使用外国制造的无人机，但这阻止不了普通消费者的热情。人人都想拥有一台曾经要几万美金，现在只要几百美金的无人机。

渠道订单纷至沓来，北美分公司的效率极高。姬时意压缩了所有会议，连着一周没怎么睡觉，仿佛一天有四十八小时那般，玩命地工作。

其他人都以为姬总雷厉风行，马助理却知道，老板只是想尽早回来与佳人相聚。

“老板，我们先去开车，您在这儿稍等。”

马助理推着Eva走人。

姬时意点了点头，心情愉悦又期待，仿佛已经见到了因自己提早归来，君毅又惊又喜的表情。他摸出手机刷着黑珍珠餐厅列表，盘算着带君毅去哪家。

“抱歉，借过。”

同一架飞机下来的青年，与姬时意擦肩而过。或许是金边眼镜折射出的书卷气，或许是举手投足之间的温文尔雅，莫名地，姬时意抬头看了他一眼。而那一眼也越过了青年的肩膀，看向了不远处黑压压的接机人群。

滑动手机的动作蓦然停顿，姬时意呼吸一窒——君毅和聂倩倩站在一起，小脸上笑容盈盈，期盼地望着通道口出来的旅客。

君毅是来接他的！真是心有灵犀，不愧是他的小猫。

姬时意从未像现在这般感到过满足，他快步走起来，拨开面前纷杂的人群，迫不及待地跑出通道。

直到火热的视线被另一个人的背影完全挡住。

下一秒，他的小猫就投入了一个陌生人的怀抱。

青年被热情的君毅撞得后退了两步才稳住，眼镜都差点被撞掉了。他赶忙伸手虚笼着君毅，把人扶正。然后，他们又熟稔地说着些什么。青年扬起笑，笑容温暖而含蓄，令人如沐春风。而君毅则眨也不眨地仰望着他，就像虔诚的教徒膜拜着自己的神明。

从聂倩倩的口型，姬时意知道了青年的名字：卫之。

姬时意眼角一抽，目光阴郁下来。万万没有想到，被君毅供在神坛上的虚拟偶像，竟然有天仙下凡的一天！

也就在这时，从背后伸来一双手，将姬时意往后一拽。

“干什么……”姬时意恼怒地回头看去，几乎脱口而出的咒骂在看到那张脸时，猛地收住。

与他相对的美丽的脸蛋上，涂了浓厚的眼妆和粉底，却无法遮盖因戾气而留下的受伤痕迹，楚楚可怜的泪眼中，仿佛有千言万语难诉衷肠。

瞬间，姬时意只觉得眼角隐隐作痛，早已被君毅处理妥当的伤口，就像再次被那人狠狠地撕开。

他不得不深呼吸，才能缓缓吐出几个没有感情的字：“你在这里干什么？嫂嫂。”

一脸伤的月茹，微微一颤，似冬季枝头凋零的枯叶。

“时意……我找你好久了，你都不肯见我，我实在没有办法……我真的有事找你商量。”说着，她单薄的身形，柔若无骨一般向他靠过来。

姬时意厌恶地伸手一推。

月茹失去重心向后仰去，表情震惊。她不相信曾经许过山盟海誓的人，竟会如此绝情。

身后赶来的人急忙将月茹托住。或许是太紧张了，五根手指戴着的夸张宝石戒指，差点硌到女人裸露的手臂。男人赶紧脱下一身华贵的皮草，披在永远穿得很少的月茹身上。

“你干什么呀，时意公主！”金少搂着月茹，又惊又气，“月茹有身孕，有话好好说。”

“是你告诉她我今天回来的？”面对多管闲事之人，姬时意的声音冷出冰碴儿来，“我赶时间，闪开。”

月茹当然不愿姬时意走，姬时意是她最后的希望。

“时意，去见见景礼吧，我求你了。爸爸寿辰你不在，景礼发了很大脾气。”

金少也赶紧拽住姬时意，帮腔道：“怎么说月茹和我们也是发小，不就是向你哥低个头吗，偏要见死不救？”

姬时意本来就在气头上，现在更是火冒三丈。他一点都不想理会这些乱七八糟的事，明明和君毅在一起的时候，什么都可以忘记的。

“我再说一次，姬家和我没有关系。”

“喂。”金少抓住姬时意的手臂，“你这是在报复吧！报复当初月茹在你和姬景礼之中，选了姬景礼！”

“笑话。”姬时意的眼神更冷了，浑身的尖刺从斯文的表皮下冒了出来，散发着令人害怕的压迫感，与他那位同父异母的兄长如出一辙。

金少㞞了，连忙松开了手：“你别这样，怪吓人的啊。”

“既然当初她选了这条路，”姬时意嗤笑出声，“那就是她自找的。”

金少还想解释什么，就听到身后的女人呻吟了一声。

月茹捂着肚子，痛苦地弯下腰去。

“好痛……肚子好痛！”

金少大惊失色，赶紧把她抱起。

“过来帮忙啊时意，要出人命了！”

姬时意理也不想理，他认识月茹多年，早看透她的戏法和盘算——过去的自己是无知，现在若是再出手相助，那就是蠢了。

“车来了，老板。”马助理喜气洋洋地跑来，在看到另外两人时愣了一下。

“送他们去医院。”姬时意面无表情地吩咐。

还没等马助理反应过来，姬时意已经撇下几人向机场大门走去。

自动门外的冷风扑面而来，吹得姬时意烦躁不已。他眯着眼睛，克制着胸口熊熊的怒火，更加急切地搜寻君毅的身形。

可就耽误了这么一会儿工夫，来往的人群中，便再不见到心心念念的人。

姬时意深吸一口气，摸出手机，快速找到君毅的名字，按下通话键，但又立刻挂断。他现在的口气一定不好，不能吓到她。

姬时意改到微信界面，动了动手指发了条信息过去。

“你在做什么？”

刚坐上出租车的君毅看了眼时间，现在是下午四点半，也就是 M 国时间的凌晨。

“又没睡觉？”君毅不答反问。

“告诉我，你在做什么？回答。”

就这么几个字，君毅立刻发现，姬时意状态不对。他平时虽然傲慢又狂妄，但绝不会气急败坏地与人说话。是碰到了不顺心的事？

“到机场接了一个朋友，现在去吃饭，然后回俱乐部。”她又追加了一条，“时意公主，早点睡，熬夜影响心情啊。”

“对，我是心情不好，你不想和我说什么？”

君毅诧异地盯着屏幕，眼睁睁地看到一连串莫名其妙的质问，迅速变成了颜色黯淡的一行“对方已撤回一条信息”。

怎么回事？

“君君？”身边的聂倩倩柔声问，“好不好？”

君毅回神，突然意识到自己太过在意姬时意的微信，根本没留意聂倩倩先前的话。

“我说，先让卫之回酒店倒时差，等明天我们再一起吃饭如何？”

“没事，我们就先去看看吧。”坐在前排的卫之转过身来，微笑地注视君毅，“被君君夸上天的俱乐部训练场，我也想见识一下。”

“啊，好啊。”君毅的脑子还在想姬时意的事，一时没反应过来。

“那好，我叫卓凡在俱乐部等我们一下。”聂倩倩说，“今天下午是放假的，场地没人。”

君毅赶紧再低头看一眼手机，姬时意没再说话，或许是终于睡了。

W 飞行俱乐部是由卫之和卓凡一手创建，早在四年前，W 俱乐部已经获得世界锦标赛的参赛资格，可惜队长卫之突然宣布退出，俱乐部只得放弃了比赛。如今他再回来，W 飞行俱乐部的一切似乎都变了，也什么都没有变。

“戴眼镜了，看上去真像那么回事。”卓凡伸手与卫之相握，“科学家 Dr.W。”

“还是凡凡你聪明啊，英年早婚，现在女儿都有了。”卫之自然地张开手臂与他相拥。

“别提了，家里妻子管得严，君毅他们都说我娶了‘师母’，哪有你逍遥自在。”

“逍遥个鬼，累死了好吧。”

四年的时间似乎没有在两个大男人身上留下任何间隙，明明许久没见，却像是昨天才刚告别。

但聂倩倩敏锐地发现，君毅不在状态。

过去，君毅就像是卫之的小尾巴。卫之喜欢去的地方有君毅，卫之喜欢玩的无人机君毅当宝贝。而现在，除了刚见面时激动不已的拥抱，君毅并没有表现出过多的喜悦。看上去，她与卫之之间甚至有些生疏。就像一只呆萌的小猫，长时间离开了原来的主人，重逢时即使记得对方的气味，却总感觉不对，犹豫不前。

卫之突然看向聂倩倩身后长久没有发声的君毅，勾了勾唇。

“我有带礼物给你哟，你一直躲着就不给你了。”

君毅立刻站直了，瞪圆了眼无措地望着他。

聂倩倩赶忙替她说话：“我们君君长大了，卫之，你可不能再把她当小朋友看。”

卫之轻笑，走到君毅身旁，将她从聂倩倩身边拉过来。

“君君，别看手机了，看看我啊。”

君毅乖乖地抬头看他，迷茫不已。

一个总在心里描绘的人立在面前，她却生出疑惑。卫之哥的眼睛是这样的吗？卫之哥说话是这种调调吗？卫之哥会对我这般笑吗？

四年的时间就像一层磨砂的玻璃，把过往鲜活的记忆相隔得模糊不清。

“怎么了，我长得不像你卫之哥？”卫之勾了勾唇。

“你怎么戴眼镜了？”

卫之的眼神有瞬间的闪烁，但很快恢复了常见的笑意。

“我以为戴眼镜看上去会更斯文稳重一点。”说着，他把眼镜摘下随手插在口袋里，朝她俏皮地眨了眨眼，“这样是不是更像你卫之哥？”

“嗯，这样好点。”君毅没有说真话。她能感觉到卫之身上的变化，不明白为何聂倩倩和卓凡都对此视而不见。

卫之拍了拍君毅的棒球帽檐：“走吧，队长君毅，带我瞧瞧俱乐部的场地。”

卓凡刚要跟着去，突然被身边的聂倩倩拉住，他疑惑地转头看她。

“你有没有发现卫之这次回来，眼神总追着君君，反而君君躲躲闪闪的？”聂倩倩小声说。

“你想说什么？”钢铁直男卓教练没有明白。

“卫之想把君毅带去 M 国，他和我商量最好的办法就是娶她，反正年纪也到了。”

“什么，他们……我一直认为卫之把君毅当妹妹。”卓凡遥遥地看了眼走路都要隔开半米距离的两人，“太突然了吧。”

“君君原本对卫之有多喜欢我很清楚。现在只是时间将他们分开了，既然卫之有这个心，我们就应该极力促成这件美事。你就说，帮不帮吧？”

无论君毅和卫之终成眷属或终成兄妹，对卓凡来说都没差。不过聂倩倩如此坚持，他也没有道理袖手旁观。

两人说话间，君毅已经带着卫之在场地里逛了一圈。君毅试图找回小时候跟在卫之身边做小尾巴的感觉，然而不行，她只是把气氛搞得更沉默而已。

“季风的竞速机？”卫之伸手取了一台小季风拿在手里掂量，“你们用季风的产品比赛？”

君毅点了点头：“季风给了合同，很多飞手都签了。”

“但你没有。”卫之了然一笑，“乖。”

说着，他顺手又拍了拍君毅的帽子。

君毅赶紧把帽檐扶正，两次了，卫之把她的帽子拍歪，就像对小孩那样。

“季风的无人机是不错，不过不适合参加比赛。”卫之没注意到她的小动作，继续说，“自主飞行能力是大赛禁止的。”

“小季风没有自主飞行能力。”君毅忍不住争辩。

卫之仔细端详了几台机器，最后把目光落在君毅曾飞行过多次，外壳伤痕累累的初号机上。

“别的或许换过芯片，这台是原装的。”

卫之迅速将小季风拆解，君毅看了心疼不已，前几天他们才刚刚拼好它。

初号小季风连上电脑，复杂的代码立刻呈现在屏幕上。卫之飞速地敲击着键盘，屏幕的荧光反射在他再次戴上的眼镜上，闪过一道道亮光。

“这里。”他指着其中一段代码，“当前模块是关闭的，远程指令可控。只要有高级权限，任何人随时能打开或关闭任何一台无人机的任何一个功能。这是季风高级无人机的通用配置，为的是在失去信号后，昂贵的飞行器能原路返回主人身边。”

“你很了解啊。”卓凡走到卫之身旁感叹，“我以为你去了 M 国以后就不玩无人机了。”

“季风占据了北美市场一半的销售份额，不了解也难。”卫之耸了耸肩。

“那我们还能用小季风吗？”卓凡问。

“这台肯定不行。”卫之指着君毅参加比赛的初号机。

瞬间，君毅想起环球港站时姬时意信心十足的模样，如果当初真是王牌学长上场，姬时意恐怕另有打算。浑蛋，他难道不知道投机取巧会令俱乐部直接丧失资格吗？！

卓凡又请卫之测试了其他几台，他们发现除了初号机，其他版本的小季风的确是去掉了智能模块。

“姬时意是不小心，还是没在意？”卓凡皱眉，“我们用过这台参加过比赛。”

“姬时意是商人，商人的本质是利益最大化，他或许只是想利用你们完成季风的转型，就没太在意俱乐部的前景。”卫之有一说一。

“不会，季风并不是急功近利的企业。”长久没有说话的君毅，突然说道。

卫之挑眉，略感意外：“君君，你对俱乐部的投资人多了解？”

“我只是就事论事。”君毅心虚，仿佛真的是在维护谁。

“要不要去看看我们的工作室？”聂倩倩眼见着情况不妙赶紧岔开话题，“季风投了不少钱，最先进的设备都买齐了。”

卫之深深地看了君毅一眼，说道：“走吧。”

四人来到二楼的俱乐部工作室，门竟然没锁。

“不知又是哪个粗心的忘记了。”卓凡皱眉，打开大灯。

充满科技感的大平层空间亮起来，仿佛是托尼·史塔克的豪华操作间。顶级的无人机组件随意摆放在各处，建模处理器、切割机床、高速 3D 打印机一应俱全。季风的工程师经常来这里与飞手们交流竞速机的体验，与其说是俱乐部的工作室，不如说是季风的研发后花园。

卫之的目光落在休息吧台后的动态照片墙上，队员的电子影像轮番滚动。很快，墙上浮现一张君毅和姬时意的合影。那是在赛车场拍的，君毅坐在超跑的副驾驶座上，她边上的男人戴着一条丑陋的绿色领带，单手靠在车窗上，得意扬扬地注视着她。

“听说季风的老板，是个爱好节约成本的人，你们是如何说服他投资俱乐部的？”卫之突然问。

“姬时意是我们君君搞定的，一开始的确快要打起来了，但君君的演技提升很快。”聂倩倩暧昧一笑，“当然也是因为我这个师父教得好。”

在利用女性优势方面，聂倩倩是专家。接着，她就把君毅是如何阳奉阴违的各种趣事说了一通，包括提醒姬时意的生日的乌龙和那条韭菜一样的领带。

“没想到姬总对领带挺满意的，我看他戴了好几次，品位独特。”聂倩倩讥讽道。

君毅听了心里泛起反感。一开始的确是她假装顺从，但后来他们互相了解，变成了朋友，如今甚至是朋友之上的关系。

“其实……姬总人还可以。”她试图反驳。

“人还可以？”聂倩倩漂亮的眉毛都打结了，不敢苟同，“君君你忘了吗，姬时意是如何以整个俱乐部的存亡威胁你的。”

“对啊，为了俱乐部获得投资人青睐而委曲求全，真是辛苦你了。”卓凡补充道。

君毅被两人一唱一和说得尴尬无语，她不想让卫之对姬时意印象太差，也不想让卫之知道自己在国内过得有多么惨。

事实上，也没他们说的那么惨啊。可是，卫之显然对倩倩他们的话照单全收，收敛了笑容，脸色变得严肃。他靠着工作室吧台的位置坐下，从包里抽出一份文件，放在君毅的眼前。

“我说过会带礼物来。”卫之修长的手指将文件推到君毅面前，“这就是我送你的礼物。”

君毅拆开一看，竟是一份交换生的文件。

“我是这样想的，你先来我身边，适应M国的生活，然后我会为你申请这里的学校读研。当然你也可以选择不再深造，来我老板的公司工作。”

“太好了君君，以后你能和卫之在一起了。”聂倩倩为她感到高兴。

卫之总能将君毅的前路铺好，无论是练习散打自保，或是成为独当一面的飞手，还是恶补成绩考上 A 大。在每一个人生转折的岔路口，卫之总像是一盏明灯引领着君毅，为她做出每一个关键决策，而今他又来把她带出国了。

可这一次，君毅却没有欢天喜地地接受，她一脸震惊，整个人往后缩着，肢体语言忠诚地表露了没有说出口的想法。

“好好考虑再答复我。”卫之及时阻止了君毅拒绝的话，摘下她用来躲避自己视线的帽子，搁在一边，“的确是我太心急，对你来说有点唐突。你慢慢想，我们还有很多时间。”

君毅心里很乱，从未说出口的孤单和被遗弃感，在四年的时光里，渐渐被高速飞行的无人机甩在了身后。就在她几乎要习惯没有卫之的生活、忘记过往时，卫之却突然出现，再次递上一份她长久以来都求而不得的温暖。

如果是过去，君毅一定会立刻答应，恨不得立刻启程。可现在，她很犹豫，卫之变得陌生，他说的话、做的事都不再是记忆里的样子。另外她若是真去了 M 国，俱乐部的比赛、学校的朋友们怎么办……还有姬时意，他会怎么想呢？

君毅飘忽的视线落在不远处的工作台上，几天前姬时意就在那里，和她一起修好初号小季风。他工作时一丝不苟的帅气，以及凝视她时的款款深情，历历在目。

君毅长久的沉默，令卫之叹了口气，他低头看了看表。

“天黑了，我该走了。”

“不是说一起吃饭的吗？我餐厅都订好了。”聂倩倩试图挽留他，给君毅更多思考的时间，“天黑就回家，你是灰姑娘吗？”

“是啊，天黑了我就失去魔法，连君君都蛊惑不了。”卫之淡淡一笑，将文件袋塞进君毅的怀里，“有什么不明白的联系我。”

“都和你说了，君君是大姑娘了，不能再用管小孩的方法。”聂倩倩心里为他们着急，怕他们再错过什么，赶紧朝卓凡使眼色。

卓凡心领神会，把君毅支开：“君毅去把工作室的窗和门都关好。”

君毅应了一声，松了口气。目送三人下楼离去，她终于能躲开卫之的目光，理一理乱作一团的思绪。

收拾好房间，君毅拿出手机。

一整个下午，她都没等来姬时意的微信，又不能当着倩倩学姐他们的面，堂而皇之地给万恶的资本家打电话。

现在那边是早上了，得关心下时意公主到底是怎么了。按下了通话键，君毅屏息等了几秒。

这时，熟悉的手机铃声，从工作室某个角落冒了出来。

君毅回头看去，只见一人懒洋洋地从背对着门口的沙发里缓缓坐起来。

“时意公主！”君毅大为震惊，“你怎么会在这里？”

姬时意深深地皱眉，按住太阳穴。

“小声点……头痛。”

通宵达旦才把M国的工作时间压到最短，姬时意疲惫不堪，是靠着亢奋勉强维持着精神，碰巧又在机场看到那样一幕，差点当场神经衰弱。

姬时意觉得自己心态都崩了，本想在见到君毅前先睡一觉，免得一开口就控制不住脾气，结果这一觉睡出了梦魇。

现在，他的心情更差了。

“你要和卫之去M国了？”姬时意缓缓吐着气，尽量让自己的声音不那么刻薄，可话到嘴边又变了味，“很好，去吧，恭喜你梦想成真。”

“我还没考虑好。”君毅忽略掉他尖酸的言辞，“卫之哥只是好心，他怕我一个人在国内受苦。”

竟然还真在考虑。

姬时意的火气噌地就上来，胸中又闷又躁，几乎无法思考。

“受苦？让你整天提高演技巴结投资人是挺苦的。另外，真谢谢你替我说话，姬总人还可以，呵呵。”

君毅心中一颤，他都听到了！

“不是那样的。我不知道为什么倩倩姐要这么说，虽然一开始我的确是为了俱乐部……”

“够了，我不想听。聂倩倩是这种货色也罢了，君毅你不准学她。”

聂倩倩给姬时意的感觉与月茹十分相像，表面楚楚动人，实则心怀叵测，唯一能让他继续与聂倩倩公事公办的理由，只有君毅。

可惜身为聂倩倩好友的君毅并不那么认为。

“什么叫这种货色！”君毅本觉得理亏，处处让着姬时意，而他竟然莫名其妙地抹黑倩倩，猫一般的眼睛里有火焰在跳动，“你怎么能这么说倩倩姐？她是精明，没错，但都是为了俱乐部好啊。说起来，时意公主你不也是在利用我们吗？让王牌学长上场比赛，你根本就没打算让他获得无人机的控制权。小季风是可以自主飞行的，你打算用这种手段获胜！”

“卫之告诉你的？”姬时意感到脑子里紧绷的那根弦快被扯断了，“没错，我和你一样不信任王牌学长突击出来的实力，这是下策。”

“你明知道让无人机自主飞行会让俱乐部丧失比赛资格！”

“查不出的，就算飞手本人也不会察觉出来。”

“查不出就可以作弊吗？我是想赢，想俱乐部赢得比赛，但不是这种卑鄙的做法！”君毅怒不可遏，“你这么做，是玷污了所有竞速机飞手的理想！”

理想？呵……

姬时意从来没有理想，只有目的，为了达到目的，可以不择手段。唯独这一次，仅有的一次，他懊悔了。可惜没用，君毅心目中的男神，早就将他的伎俩拆穿。头痛得要命，让他几乎无法思考，只是凭着本能固执地胶着在他最在乎的那个问题上。

“所以呢，你考虑了半天还是要和卫之离开，是吗？”

“这是两回事！”

如果君毅足够冷静，或许能够发现姬时意变得咄咄逼人，全都是因为那份交换生文件很有可能将她带走。心高气傲的时意公主不会主动开口求人留下，他说过不会干涉她的生活，所以只能生着闷气，顺便把自己和对方都气个半死。

姬时意的手机亮了，君毅眼尖地看到是“月茹”，好熟悉的名字……她愤怒地瞪他。

姬时意把手机按掉，但手机又响了起来。

“老板，打扰到您的约会很抱歉，但北美分公司有点事急需您处理。”

马助理是个人精，如果有他必须联络的事，问题肯定不小。姬时意闭了闭眼，深深吐出一口浊气，混沌的思绪渐渐清晰。

在商场上，无论是多被动、多激烈的谈判，他都不会动气，甚至觉得只有把对方逼得面红耳赤恨不得撕了他，才是胜利时刻。而面对君毅，他控制不住自己的喜怒，只要一句话、一个眼神就会被她牵着走。

“老板，您在听吗？老板？”马助理在电话里急切地招魂。

不能再这样下去，他会搞砸的。姬时意瞥了君毅一眼。

“我现在过来。”说完，他就往门口走去。

“等等！”在君毅看来，姬时意是受到月茹的召唤走的，“别走，我

大鱼正版

们先把话说清楚。”

姬时意烦躁地甩手，可君毅动作更快地一把拽住那条韭菜色的领带，用力之猛，险些把不在状态的姬时意给带倒了。

“放开！”

“不放！”君毅死拽着不松手，仿佛只要一松手，就会失去什么。

姬时意透不过气，挣了几次都挣脱不了。于是他便不再与君毅角力，仗着身高将君毅禁锢在怀中，捏住她的下巴，一低头便狠狠吻上毫无防备的她的双唇。

他不再温柔，敲开贝齿长驱直入，吻得毫无章法又霸道无比。慌乱中，君毅挣扎着，狠狠在他唇上咬了一口。

血腥味从交缠的唇舌间蔓延开，姬时意竟感到内心无比畅快，这是他应得的，再痛一点都无妨。

很快，透不过气来的人成了君毅。

初吻都是懵懵懂懂给了人，她哪有什么亲吻换气的经验，只觉浑身发热，心都快要跳出来了。最后，她不得不用力推开他，才喘了一大口气，一双猫眼里就要冒出火苗。

而对方也好不到哪里去，姬时意眼圈涨红，双唇染着血色，仿佛他才是被轻薄的那位。他退了一步，舌尖舔了舔破皮的嘴角，喉结滚动。

君毅又气又恼，不懂为什么有人能在这种时候，仍显得性感撩人。

“我道歉，是我状态不好，过两天我们再谈。”姬时意退了一步。

他的处理方式过于成熟和理性，就像胶着的商务谈判，双方面红耳赤争吵到一半，硬塞进了个茶歇，让人不得不冷静下来。可盛怒中的君毅才不要等待，她现在就要答案。

见姬时意转身要走，君毅连忙抓紧了手中的领带。但这一次，姬时意却并未因此止步，领带的另一头空荡荡地垂着。姬时意在强吻她之时，以进为退，把领带解了。

领带是君毅从聂倩倩的礼物堆里随机抓的，毫无诚意可言，却被姬时意视为珍宝。她的报应来了，如今两人之间本就不坚固的单方关系，就像这条可笑又刺眼的领带一样，被姬时意轻易解开。

君毅慌了神，赶紧扔下领带追了出去。

她连下了两层，到处寻找，可哪里都不见姬时意的踪影。

就在君毅摸出手机要打给他解释时，冷不丁地有人叫住了她。

“君君？”青年站在走廊的灯下，含笑望着她，“你急急忙忙是去哪里？”

“卫之哥！”君毅回头，“你不是和卓教练他们走了吗？”

“刚才经过倩倩的提醒，我发现我忘记说一件事了。今年过年来我家吧，最近几个月我暂住广州。”

“我春节和人约好了。”

“是吗？真可惜啊。”卫之勾了勾唇，“我爸妈很想念你，每次他们见我都说‘君君怎么不来看我们啊，是不是你欺负人家了，让君君不敢来了’。为了给我正名，过年去看他们一次如何？机会难得，他们只有春节几天在国内。”

姑婆病逝后，尚未到自立年纪的君毅，必须有其他监护人，否则就要被送去孤儿院。她在地下室哭了很久，当时是卫之的父母向她伸出了援手。

有那么几年，君毅是在卫家度过的。从小就失去父母的女孩，因为这对充满爱心的夫妻，变得开朗起来。她每天跟着卫之读书、组装飞机，真的以为自己就是卫家的孩子，直到他们也突然离她而去。

“我妈本来是想和我一起来看你的，但君君你知道我爸心脏不好，上海的冬天太冷，她得留在广州照顾我爸。如果我妈知道你因为朋友的约定没法去，可能会很伤心呢。”

来自卫妈妈的邀请，令君毅难以抗拒。

“那……那好吧。我和你去广州。”

话音刚落，君毅感到黑暗中仿佛有什么晃了一下，她努力瞪大眼还是什么都没看到。

自从那晚，君毅就没再联系姬时意，关于他的消息却总是频繁出现在君毅和众人的视野中。

国际电子消费品展上，小季风大获成功的消息传到了国内，媒体对于在两国贸易摩擦日渐严峻的形势下，中国制造的无人机能够再次打开北美市场都惊叹不已。再加上姬时意为人高调，槽点太多，一时间就成了全民关注的焦点。

除了季风科技的商业新闻，姬时意的个人黑料也层出不穷。其中以他与自己嫂嫂的爱恨情仇最为引人关注。当然，敢得罪姬时意的都是匿名号，谁都知道姬时意是一个睚眦必报的狠人。

这样心高气傲的人，在那天晚上发现自己被人耍了，当然会生气，没隔天解散俱乐部已经是他宽容大度。但君毅也很愤怒，他竟然打算靠投机取巧来赢得比赛，还和那个什么月茹纠缠不清，简直……

君毅赌着气，不和姬时意联系，结果发现姬时意也没来联系自己。

这就是他喜欢人的态度？君毅越想越窝火。

“毅哥，小心前面！”

队友的呼声从通信频道里蹦出来，君毅这才发现疾风偏离巷道，障碍门的柱子近在眼前。她连忙打杆改变方向，疾风颤抖着，擦着金属框冲了过去，但切弯过大。可达鸭则利用君毅的失误，完成了超越。

新手都能流畅通过的赛道，被君毅飞得险象环生。

“新战术？”队友表示看不懂。

在竞速无人机的赛场上，每个操作都在分秒之间，别说走神了，就算眨一眨眼都差之千里。君毅一身冷汗，她差点平白无故地让疾风炸机了！

可达鸭将优势保持到了最后，一对一的比赛可达鸭获胜是常有的事，但这次，敏感的少年却发现了什么。

“毅哥，有心事？”

“不，没有，怎么可能。”条件反射的三连否认并没有掩盖住她的惊慌。

可达鸭笑了笑，一副了然的样子：“听说卫之大神回来了？”

“你是说这事。”君毅松了口气，全身的防备突然放下，“是啊，卫之哥这几天在上海。”

和君毅亲近的人都认为君毅仰慕卫之，一有什么烦恼也统统来自他。然而君毅这些天都没有想过卫之的提议。

君毅也搞不清，为何曾经长在心尖尖上的人，现在的存在感却不及姬时意那个浑蛋。

这么想着，君毅的脸色更难看了。可达鸭赶紧安慰：“卫之哥刚回国，比较忙，没来飞场看你训练也是正常的。”

话题莫名其妙地又绕到了卫之身上。两人聊了一会儿过去的事，可达鸭没有见过卫之，只是从俱乐部的各种传说中听闻过大神的事迹，不免好奇。最后在谈到卫之与君毅的关系时，君毅只是叹气。

“卫之哥这次回来变了好多。”变得让她无法与他亲近，“我也不知道怎么办，就是感觉很奇怪，他不再是我以前敬仰崇拜的那个人了。”

“你觉得卫之变了，也有可能，是你变了。”可达鸭一笑，“我们眼中的世界，眼中的对方，总是因为心境不同而发生着变化。举个例子，以前小时候我们看父母，觉得他们无所不能是盖世英雄，可现在你看有几个人是服父母管的。”

君毅顿悟：“问题出在我身上？”

“也不是什么问题，只是你长大了，当初让你仰望的人，如今你已能平视。”

君毅从小失去了父母，失去了家庭，她仿佛一朵攀附在卫家这棵大树上的花蕾，卫之就是她赖以生长的枝条。而现在，她开出了花，长出了根，有了自己的生活和理想，时刻想着乘风而去。因此，当卫之再次设法将她圈在身边时，她生出了百般犹豫。

“犹豫不决，并不是什么坏事。”可达鸭开解她，“人嘛，一生都在犹豫，就比如我。我有没有说过，刚失去双腿时，我考虑过死？”

可达鸭露出手腕上总被腕带遮住的皮肤，那里纵横交错着深深的伤疤。

君毅惊讶地望着他。可达鸭个性温和，比小 Z 安静，比龚鸣亲切，是知心小哥哥一般的存在，以至于大家几乎忘记了他腿脚不便的事实。

在怀念起那段低落时光时，可达鸭眼中闪动温润的光芒：“有整整半年时间，我什么都干不了，每天躺在床上哪里都不想去，觉得一切都没了意思。”

仿佛一切都有天意，在翻来覆去的寻死觅活中，可达鸭偶然看到了一则无人机花飞的视频。

无人机从南浦大桥的斜拉索顶端一跃而下，在接近江面时又猛地拉起，横滚飞入大桥立柱下。它飞得太快，一口气掠过廊柱隧道冲向江面，狭窄的视线突然开阔，它乘风破浪穿越一切阻碍，仿佛没有什么可以让它停下。

极限运动是属于欧美人的，竞速机在国内并不普及。就在可达鸭惊叹到底是哪位高手操纵了这架无人机时，无人机飞了回来，绕着飞手“刷锅”（竞速无人机术语，绕着固定目标盘旋转圈）。

那是一个娇小的姑娘，视频上抖动的干扰条纹没能遮去她脸上自信的笑容，干扰的条纹像是她背后藏着的隐形翅膀，随时都能够迎风飞扬。

“当时我就想，”可达鸭的目光落在残疾的双腿上，“不能走路又有什么关系，我或许能飞呢。”

君毅还记得可达鸭来的第一天。

坐在轮椅上的少年一点不在乎众人打量他的怪异目光。良好的心态、专注的意志，让可达鸭在起飞后，轻松击败了所有对手。之后，就再也没有人敢小看他。

竞速无人机是单纯的竞技，飞手只能通过无人机的前置摄像头看到景象，看不见侧面也看不见上下，只看着前方。与其说是与他人较量，不如说是在完成自我的超越。

“所以呢，我们飞手才会有那句话——”可达鸭爽朗地说，“没什么糟心事是一圈爽飞甩不掉的，如果真有……”

“那就两圈。”

他们对视，会心一笑，那是只有飞手才懂的默契。

“你说得对，我得去解决我的麻烦。”君毅情不自禁地拥抱了轮椅上的少年，“谢谢你可达鸭。还有，帮我和教练请假，我出去了！”

还没等红着脸的可达鸭答应，君毅风风火火的身影已经跑出了好远。

她要见到姬时意，告诉他内心所想之事，不再让流言蜚语和欺骗隐瞒横亘在两人之间。

在去季风的路上，君毅刷手机熟读了三篇公众号推文，分别是“无人机霸主的不伦恋”“一个富二代的创业（躺赢）路”“他拿什么令M国臣服，当然是爸爸的钱”。

一篇比一篇翔实可信，就像作者亲眼所见。阅读过万，点赞上千，由此可见姬时意的当前热度。

季风科技突然成为网红圣地，各路人马纷纷前来打卡。为了防止公司被无关人员骚扰，楼下的安全措施加强。上次那位擅自给姬时意债主刷门禁的前台小姐姐，已被换成了一位面容严肃的中年妇女。

君毅被前台阿姨看得浑身不自在，又不想打电话给姬时意，只能采取老办法，出门左转，守株待兔。

她没料到的是曾经蹲守的地方，早就有其他人埋伏。

“高清大图，前几天机场拍到的。”一个记者模样的人，晃着单反相机给身边的小弟看。

“姬时意和杨月茹？前辈，你超厉害啊，这两人平时很注意不同框的。这么说地下情是真的？”

“管他是真是假。”

开局全凭一张图，内容全靠自己编！

“前辈，我想了个标题：好吃不过饺子，好玩不过……”

“小子有悟性啊！”

“原来月茹就是传闻中的嫂子？不过他们明明离开那么远，姬时意的脸还特别臭，不像是有奸情。”

君毅突然出声，两个娱记吓了一跳，这才发现身边蹲着个穿着夹克衫的学生。看她年纪不大，又帮着姬时意说话，娱记猜测：“你是姬时意的粉丝？”

姬时意在圈里特别出名，比他有钱的没他高调，比他高调的没他有钱，再加上一张不亚于流量明星的俊脸，就算是路人也可能分分钟转粉。

君毅摇了摇头，又点了点头，怎么说她也算得上颜粉吧。

“小同学，叔叔告诉你，像这种富二代创业者人设很容易崩的。别看他现在风光无限，还不是靠着家世背景玩创业还玩女人，要我说抛去姬家他算个啥？”

“小叔叔，同学也告诉你，姬时意仗着点才华心高气傲，创业一分钱都没用家里的，平时自恋又傲慢，普通女人统统看不上，而且他向来斤斤计较、心胸狭窄，最不喜欢别人叫他‘富二代’。”

两个娱记愣了愣，恍然大悟：“原来你是黑粉！”

没得聊了，君毅拍了拍蹲在两人身边落下的灰，起身走人，随手把之前看的公众号推文和两个娱记的照片发给了马助理。

得换个没那么乌烟瘴气的地方蹲着，君毅想来想去，就只有上次被姬时意拉着跑过的大楼侧门。

可偏偏呢，侧门也有人把守。被那人看到的时候，君毅已经来不及掉头走了。

“又是你。”月茹记得君毅，在酒店时，这小姑娘披着姬时意的外套让她吃了闭门羹，“你也来找姬时意？”

今日的杨月茹穿得更少了，一件低胸的天鹅绒短裙，几乎掩饰不住她越加丰满的身材。君毅的视线从杨月茹脸上的大黑墨镜一直滑到她微突的小腹，惊讶不已：“你胖了。”

“我怀孕了！”杨月茹美丽的面孔抽搐。

公众号里倒是没提，不然关于孩子他爹的问题又是一番人性深讨。

“哦，恭喜。”君毅平淡地说。

在君毅坦荡的目光下，杨月茹越发辛酸，想她用所有青春陪伴姬家两兄弟，如今换来的却是姬时意一句“你自找的”，他连她的面都不愿意见。

心中的抑郁化作了尖锐和刻薄，月茹愤怒地将其吐了出来：“我猜，你喜欢姬时意？”

“对，我喜欢他，而且他也喜欢我，我们只是没有公开而已。”君毅大方地承认，“不信你可以去问他。”

少年气的直率不加掩饰，刺得月茹一身鸡皮疙瘩。她不明白，一个什么能耐都没有、毫无背景的小姑娘为何能爱得如此理直气壮。

“喜欢你这种小姑娘不过是他一时性起。一个女学生能给他什么？姐姐教你一件事，一个男人如果真喜欢你，绝对不会告诉你要保密。不公开只有一个原因，那就是他准备随时抽身，到时候你就哭去吧，你知道姬时意是多狠的人。”

平白无故被人这么讲，君毅自然很生气。

但月茹有一点说得没错，姬时意和她的关系的确是单方面的，姬时意喜欢她，却对她没有任何要求，甚至在听到卫之要把她带去 M 国时，也没说要她留下来的话。

见到少女眼中闪过了片刻的动摇，月茹在心中舒了一口恶气：“小姑娘，听姐姐的话，成人的恋爱不适合你。”

君毅拉了拉帽檐，狡黠一笑：“谢谢大姐的好意，不过作为一个纠缠小叔的嫂子，应该教不了恋爱课。我劝你，赶紧离开这里。”

月茹失笑：“就凭你能把我怎么样？我就不走。”说着，她身后强壮的保镖便向前走了一步。

“我是不能把你怎么样，但有人可以。”君毅环顾左右，突然扯着嗓子大叫，“好巧啊，这不是杨月茹本人吗？在季风见到你真人，太意外了！”

就像是豺狼嗅到了空气中的生肉味，散在季风科技周围的娱记立刻成群结队，扛着长枪短炮而来，跑在最前面的是离侧门最近的大叔青年二人组。

见这场面，美人变了脸色，只得戴回墨镜坐进车里。身边的西装保镖再顾不上君毅，纷纷上车。一行人嚣张而来，落荒而逃。

君毅遥望着他们狼狈的背影，脸上毫无高兴之色。她本想来解决的问题，其实并不能由她一个人解决。

“前面怎么回事？”姬时意靠在车窗上，望着不远处被围堵的几辆车。

“老板，是大姬总的夫人被记者堵住了，要不要去帮忙？”马助理问。

“帮她做什么。”姬时意一脸嫌弃。杨月茹的事他一点不想掺和，都自顾不暇了。姬时意不由得摸了摸破皮的嘴角，丫头真狠心，一连好几天都不主动联系他。

“哎，君毅给我发过微信。”马助理关导航的时候有新奇发现，“怎么都是这种内容？”

“给我看！”

姬时意突然将头凑过来，马助理正开车呢，差点一头撞到人行道上。

他仔细看着，这几天不去找君毅就是因为不想把她拖进浑水，结果倒好。

“这张是在公司门口拍的。”坐在副驾驶座的Eva眼尖，认出两个娱乐记者蹲守的地方，“十分钟前。”

姬时意一抬头，正好看到站在路口等着过马路的君毅。她身材矮小，棒球帽檐又遮住了一半的脸，他却能从人群中一眼认出。

“停车。”姬时意拍了拍马助理。

“老板现在下车会被拍到的，得低调……”

姬时意没有理会，戴上墨镜，推门下车。

副驾驶的Eva皱了皱眉：“今天是阴天，戴墨镜会更醒目，他知道吗？”

“知道……吧。”

姬时意快速走向十字路口，几步之间，已构思了千言万语，准备诚恳又不失体面地与君毅好好谈谈。眼看就要走到她的跟前，只见少女转了个身，朝马路对面走来之人，露出了甜美的笑容。

“卫之哥，你怎么会来找我？”

“我去过俱乐部，他们说你下午请假了。”卫之走来，拍了拍君毅的棒球帽笑道，“队长也逃训练啊？”

君毅把帽子扶正，表情超认真的。

“我没有逃。”

卫之不知从哪里变出一杯热巧克力塞在她手中，忽而又不太确定地问了句：“现在你还喜欢喝吗？我记得小时候你一直让我买的。”他笑得有些无奈，“我现在都不知道怎么讨好君君，倩倩说得没错，不能再当你是小孩子了。”

君毅的确不再喝热巧克力了，她更爱简单的柠檬水。

可达鸭说得没错，变化的并不是卫之，而是日渐成长的自己。君毅接过热巧克力，对卫之甜甜一笑。

“哟，终于笑了。我还以为，君君不和我亲了。”卫之夸张地松了口气。

君毅这才发现，卫之何尝不是在小心翼翼地接受崭新的自己呢。

“怎么会！”君毅笑得更甜，“卫之哥一直是我最亲的人啊。”他不再是神明，不再是生命的全部，只是时光里最值得感谢的一位重要朋友。正因为理清了，才能发现。这种感觉真棒。

几米开外，电线杆后的人恨得牙痒痒，很好，君毅从来没有对他这么笑过。

姬时意不知道自己是什么心态，他大可以走上前去强行将两人扯开，而不是躲在电线杆后面，心里直冒酸泡泡。

“卫之哥，你讨好我是有什么事情要说吧？”

“被君君看穿了。今天晚上我得飞深圳，不能来看你们比赛了。”

“啊？”君毅失望极了，“卫之哥再考虑一下嘛，我能赢得比赛的，我赢给你看啊！”她忍不住炫技，想让卫之知道自己现在有多强多快。

“我来不来看你比赛，你都会赢。”卫之一笑，目光掠过君毅看向她的身后，“你说是不是啊，姬总？”

被人点名道姓，姬时意再不能装模作样地躲在电线杆后面偷听。

他大大方方地走了出来，摘下墨镜，冷眼扫过亲近的两人，淡淡吐出两个字：“好巧。”

君毅的猫眼倏地睁大，她还没理清解决问题的办法，像有千言万语要与他言明，到了嘴边却无从说起，她只能讷讷地低下头去，看自己的脚尖。

而在酸透了的姬时意看来，君毅躲避的表情就是不想见到他，脸色更加阴郁。

卫之主动伸手与姬时意相握：“感谢姬总照顾我们君君，小姑娘脾气挺倔的，给你添麻烦了。”语气就像出门前把宠物寄养在了别人家，现在旅行回来把她接走，顺便感谢一下照看的人一般，给人一种物归原主的理所当然之感。

“哪里，常听君毅提起卫之大神，当年W俱乐部的创始人。”姬时意故意把“当年”两个字念得清脆响亮。

两个男人明明都体面地微笑着，周身却涌动着一股暗流，让身在漩涡中心的君毅汗毛竖起。她既不想让卫之误会姬时意，也不想叫姬时意讨厌卫之，双方在不同意义上，都是她重要的人。

“卫之哥，我们先走吧，姬总很忙的。”君毅拽了拽卫之。

卫之反手将她的小手握在掌心，浅浅一笑，似乎看穿了她的意图。君毅不敢再轻举妄动，只好任他牵着。姬时意眼皮一跳，两人相视相携的温馨画面落在眼中，让他胸口发闷。

“姬总，”卫之拉着君毅的手，“我准备带君毅去 M 国读书，没有什么问题吧？”

君毅刚想说话，手背就被捏了一下。卫之对她安抚地一笑：“我知道君君还在考虑，不急。只是先问下俱乐部的投资人，毕竟你是队长。”

“卫之哥！”她不想在姬时意面前讨论这些。

“我不干涉飞手的生活和比赛，何况君毅并不是季风的合约飞手。”姬时意装作若无其事，只觉得心在滴血。他底气不足地移开了眼，因此也错过了君毅脸上一闪而过的失望。

“也是，姬总最近也挺忙。”卫之笑了笑，意有所指。

姬时意眉心一蹙，手指不由得握紧了。

就在这时，身后响起汽车喇叭声。

“老板！”马助理从车窗里探出头，“我们得走了。有记者埋伏，我看到闪光灯了。”

如果不想把君毅卷入奇怪的事件，最好现在走人。姬时意深吸一口气，向两人点了点头，转身坐进车内。

他保持着高傲的姿态，仿佛凯旋的帝王。

“老板是不是有病？”Eva 问。

“怎么说话的你？”马助理立刻表示不满。

“在商场锱铢必较，硬上也要把对手逼死。谈个恋爱却缩手缩脚的，活像个小男生，你说是不是有病？”

“大姐，拜托你别说了！”马助理恨不得堵上 Eva 的嘴，“老板，您别听她瞎说，像您这样英明神武帅气逼人多金又有才的男人，肯定招人喜欢，君毅那丫头是一时受宠若惊不知如何是好……”

后座一片沉默。

马助理忧心忡忡地朝后视镜看去，发现姬时意根本没有听他们说话。大老板单手支着车窗，脸色灰暗不知在想什么。

过了很久，姬时意才吐出了一口气。

“我不强求。”他低声自语，仿佛是要以此说服自己。

不久，网络上姬时意的黑料陆续消失，不少公众号收到了法院传票，有些记者甚至被吊销了执照。

公众哗然，纷纷议论姬时意的手段。

如今，不可一世的无人机霸主姬时意，依然频频出现在各大媒体，仿佛时时刻刻提醒着君毅，这个傲慢的家伙不曾，也不会从她的生活中退场。

第八章

/

最后的拼搏

很快就到了工厂赛。之前的网络直播，积累了不少人气，W 飞行俱乐部的粉丝组团到了比赛现场。

相比于热火朝天的现场气氛，飞手这里的气压就显得很低了。

“唉……”

君毅和龚鸣同时叹了口气。

“喂，你们怎么了？”小 Z 咧着一口钢牙，“毅哥的原因我知道，不就是卫神没来看比赛吗？我都听说了，也不能怪人家，工作要紧嘛。龚鸣哥你叹什么气？”

“丽佳竟然去相亲！”龚鸣心里说不出什么滋味，他都没机会向君毅告白，丽佳倒好，自己偷跑了。以后她有了男朋友，他们俩会不会就没机会一起行动了？

“那你到底是担心她相上，还是相不上？”

龚鸣被小 Z 问得哑口无言，他没理由阻止丽佳，只有心有不甘。

君毅想起龚鸣喝洁尔阴的壮举，为他的勇气感到惋惜。两人对视一眼，又同时叹了口气。

“拜托两位队长，振作一点！”小Z抓狂了，“干吗唉声叹气的，好运要被你们叹光了！”

“没问题，只要有我王牌在，运气永远站在这一方。”王牌学长雄心壮志，“你们两个谁不上就把席位让给我！”

作为棒球队的王牌选手，W俱乐部的新人飞手，跨界失败的王牌学长勤学苦练，在模拟器上的成绩直逼君毅。唯一的缺点就是用不了第一视角眼镜，一次比赛都没飞完。

这就仿佛水球运动员不会游泳那么荒谬。

“坐下，观赛。”卓凡教练吩咐道。

“又是替补？”王牌学长不满意地嚷嚷，“我可是棒球队的王者！到底要到什么时候，我才能和倩倩约会啊。”

如果他的目的不那么明显，卓凡可能还会理睬。

几支参赛队也陆续进入了场地。随着比赛的升级，对手的实力也水涨船高。

“毅哥，那个是SL去年刚签约的飞手。”龚鸣指了指不远处的小矮个儿。

“有什么特长？”君毅随口问。

话音未落，对方也看到了她，巴巴地跑来热情握手。

“你好啊，君毅。我是龙卷俱乐部的PKO，我知道你是W俱乐部的队长。虽然戴口罩那位挺帅的，但我就是知道你是队长。没错对吧，我看人很准的。话说君毅你模拟器上的成绩高出普通人太多了，有没有考虑签约SL？福利很好的，每季度都能拿到SL最新的无人机，还有特别邀请赛，发钱的那种。要不要考虑下？对了对了，你们俱乐部的东家超级厉害，我要过小季风，很适合初学者……”

君毅和龚鸣对了对眼神，原来是废话特长。

经过抽签，W 俱乐部在第三轮比赛，托季风航拍机的福，他们现在能够在准备区与现场观众一同观摩比赛实况，这样一来越在后面出赛的俱乐部，获得的优势越多。

本场赛道相当紧凑，选手席的布置与往日亦有不同。以往隔开老远的两个队伍被安排成上下两排，犹如电影院的阶梯座位，飞手间挨得很近。

第一场比赛很快开始。

工厂赛道，狭窄而拥挤，除了人为布置的闪光障碍门，四散的大型机械及墙壁上突出的挂钩都是死亡的陷阱。赛道中的一些地方是重叠的，如果没有规划好线路，竞速机很有可能垂直撞击或迎头相撞。

季风出动数台概念机跟拍比赛，据说是小季风的迭代产品，具备高速自主飞行能力，赛道上的分秒之争被完整地呈现在了观众的眼前。

两位专业解说员就位。

“工厂赛道非常考验飞行技术，也是我见过的最狭窄赛道没有之 ，每一次超越都必须冒着炸机出局的风险。”

“但什么都阻止不了他们，竞速无人机就是为了超越而存在！”

气氛很快在解说的极快语速中点燃，PKO 所在的龙卷战队强势开局，对手亦不甘示弱。第一集团军几乎并驾齐驱通过第一道菱形障碍门。

“PKO 领先一步进入发夹弯，哦！跟在他后面企图超越的飞手擦到起重机，出局了！为什么会有起重机在赛道边上……好吧，这就是工厂赛道的魅力，你根本不知道还会出现什么。”

“距离逐渐拉开，他们通过了方形门和环形门，一个急转，有人撞上了墙面反弹回来，天哪！三架同时炸机，他们转弯都太大了，两队飞手进入了混战。”

此起彼伏的爆炸和火光，引发人们的阵阵惊呼。由季风航拍机传回的景象，就像一场明日世界的星球大战。

赛事网络直播关注度持续走高，大有超越前一次比赛的趋势。

现在赛道上已经只剩下三架无人机，PKO 一路领先。坐席上的其他飞手都按捺不住了，他们并不是输不起，而是受不了 PKO 的无差别言语骚扰。

“感谢你的炸机，感谢你的失控。”PKO 手上不停，嘴上也不停，“赛道上无人机少一点才能全速啊，非常感谢。天哪，红色的那架，你挡住我的道了，快闪开，追尾了，要碰到了……好吧，你也炸机了。咦？原来你是我方队友，哈哈哈，抱歉。”

“浑蛋 PKO，你能不能闭嘴！”龙卷战队被他误伤的选手一把砸了手里的遥控器。

进入第二圈，PKO 仍处于第一位，SL 签约飞手实力一点不假。还在赛道上的唯一对手，已被他轻松套圈。可很快重叠赛道让位列第二的飞手在弯道又与 PKO 相见。

“啊！危险！”

PKO 爆出一声惊叫，位于同飞手席的第二名被他吼得一哆嗦，油门打死，机身一歪，立刻撞到障碍物炸机出局。

第一轮，龙卷战队以仅存的 PKO 得到了第一，但他恐怕不会有朋友了，只是他本人并未察觉，还在滔滔不绝地与炸机队友述说自己几万字的飞行经历。

“你们看到没，刚才那个轮旋上升手表门，我用相当大胆的线路切弯，基本上完全侧着过了手表门，就像武士的拔刀斩。哈哈哈，我就是拔刀斋本斋！干吗走啊？别走啊，我还没讲完呢！”

“PKO，闭上你的臭嘴！”飞手席上立刻有人表示不满，“我在全神贯注控制无人机的时候，不想听到垃圾话！”

原本的第二名也向主办方投诉：“PKO他吼死我的，他故意的，我抗议！”

“哪条规定比赛时候不能讲话？”PKO不甘示弱，“比赛一紧张，我内心活动就剧烈，想说话很正常啊。你们难道想活活憋死我，来继承我的冠军宝座？还有没有人权了，还有没有人性了？我也抗议！说起来说话就和流汗一样，一紧张就流汗，有规定比赛时候不准流汗吗？”

由于PKO实在太聒噪，而且说得挺有道理，为了维护广大飞手的利益，主办方不得不临时更改比赛飞手的坐席——搬出数张折叠凳发给后面比赛的飞手。

“你们竟然放着飞手席不坐，拿个板凳离开那么远，我们是一个队的好吧！”PKO不敢相信竟然连自己的队友都嫌弃他。

只有W俱乐部的可达鸭愿意与他一起坐在原席位上。

“没想到我还能在其他队伍里找到心灵相通的伙伴，我就知道龙卷那些人嫉妒我的才能！你好啊伙伴，下一场比赛我们一起加油。对了，你叫什么名字？”

PKO不甘寂寞试图与可达鸭搭讪，每分钟可吐字五百个，就像机枪一样。幸好可达鸭老僧入定，刀枪不入。

飞手们躲瘟疫般四散开去，君毅不讲究地搬了把凳子，坐在悬空的赛道下面，距离终点也就百来米距离。

“毅哥，你坐这里万一炸机掉头上，可是要脑袋开花的。”通信频道里响起龚鸣的声音。

“那边没位置了。”君毅很无奈。她只慢了半拍，远离 PKO 的场边好位置全被占满。

龚鸣刚想说，要不和我换吧，通信器的绿灯闪烁，小 Z 抢到了频道。

“姬总来了。大老板之前不是说公司忙，不来的吗？”

君毅倏地抬头，与姬时意的视线撞了个正着。姬时意没什么表情，很快撇开了头，往转播室走去。

君毅松了口气，又感到失望。她赶紧甩了甩头把杂念摒弃，她还得带着俱乐部赢下比赛。

“君毅，”王牌学长的声音在频道响起，“刚姬总叫我传话给你，叫你比赛后别走。”

这口气怎么听都像校霸撂狠话：有种放学后别走！

“怎么回事？”聂倩倩担忧地问。

“我看是他‘大姨夫’来了，阴晴不定的。”王牌学长替君毅回答，“没事，倩倩不用担心，这种人晾着不睬就好了。”

“王牌学长懂得真多。”

“不愧是新人，就是敢说。”

其他飞手幸灾乐祸，你一言我一语。可怜龚鸣再也没有抢到麦，就听到频道里传来一个冷飕飕的声音。

“我没有大姨，也没有大姨夫。”

是姬时意！所有人都知道大老板姬总就潜伏在团队频道里，只有新人不知道，王牌学长顿时脸色铁青。

“君毅，等比赛结束，过来找我。”姬时意说得旁若无人，“我们的问题，当面解决，听见了吗？”

君毅心中一颤，没有出声。

飞手们虽然早就认了金主，但身心都是向着队长的，听出姬时意兴师问罪的语调，不免担忧。

“姬总你不要欺负我们队长啊。”

“大人有大量，别和不到一米六的毅哥一般见识。”

“有什么事现在说不行吗？”

“都闭嘴！”卓凡教练关闭团队频道多人通话，“你们都被PKO传染了吗，废话那么多？”

比赛开始，飞手之外的人都被请出赛道区域。

君毅戴上FPV眼镜，眼镜中的视野亮起，正对着录播室，姬时意双手抱胸靠在椅子上。

或许是并不知道君毅能够通过无人机的前置镜头看到他，姬时意肆无忌惮地看着她。那种眼神像是受尽了委屈，又不被理解，与在人面前趾高气扬的人设完全不符。

君毅心中一紧，忽然好想跑过去安慰他。也就是这么一瞬的恍神，她错过了开场，一抬头起飞倒计时已经开始。

情急之下，君毅下意识地拨动油门，在赛场绿灯亮起之前，疾风箭一般冲了出去。

“怎么回事，W俱乐部的君毅抢跑了？”解说员疑惑不解，“难道是战术？开局抢跑可是会被扣2秒的。”

赛前分析中教练卓凡指出，开场必须推足油门，先声夺人才能获得优势，而他们的对手亦采取了同样的策略，这就使得开局相当混乱，数架无人机险些撞到一起。

君毅的愣神抢跑，给了她躲开混战的绝佳机会。

“君毅，稳住。”通信频道响起卓凡的声音，“扣罚2秒而已，你还在赛道上！”

她的神志终于收敛，在胡思乱想什么，这可是比赛！

全速的疾风冲破了机群，一马当先势如破竹。W 俱乐部其他飞手，立刻跟上。

他们相距太近，仿佛在毫厘之间殊死争夺，所有人注意力高度集中，手指的操作没有任何失误空间。

很快，机群进入高速二连弯。

“这是狭窄工厂赛道关键的区分点。他们需要以完美的时机，精准地通过菱形门，随后向右急转！”解说快速说明。

“哦，天哪，他们撞在了一起，复杂赛道增加了飞手的非受破性失误，W 俱乐部的飞手炸机了，是上一站的冠军，年仅十四岁的 Z，他还是太冲动了。”

小 Z 泄气地将眼镜摘下，但他没有孤单很久，半分钟后，龚鸣也因过于激进撞到了障碍门炸机。

两人相视无语，怪只怪他们太想获胜，错误估计了 PKO 除了话痨 SL 签约飞手的真正实力。

“我还以为你有多厉害，结果开局就炸机。”

龚鸣的耳麦里突然响起丽佳的声音。

“你不是去相亲了吗？”龚鸣惊讶地站了起来，四处张望，并没有看到丽佳的身影，“你在哪儿？”

“我在外面，说开始了不让人进了。早知道你这么丢人，我就不来了。”话虽这么说，但丽佳的语气里却没有幸灾乐祸，“算了，反正还有君君，她会负责赢。”

“哼，我看你是相亲失败才来得那么早。”

“谁说的，那么多青年才俊都要加我微信，我一个都没看上，又怕他们为了我打起来才提前走的，谁知道你已经输了比赛。”

两人互相吐槽，谁也不让谁，龚鸣输掉比赛的郁闷被日常斗嘴的快乐一扫而空。不知为何，他竟然庆幸丽佳相亲失败。

“等着，我来接你。”龚鸣离开飞手位置向场边走。

另一边，君毅和可达鸭听到了队友炸机的信息，同时降低了速度。

现在的排位是疾风领先，PKO、可达鸭位列第二、第三。相距 5 秒之后是龙卷的其他飞手，他们非常默契地选择不参加前三名的争斗，拿一个基础完赛分。四对二的局面对 W 俱乐部非常不利。

眼看就要抵达 PKO 擅长的天空门，可达鸭突然发力直逼 PKO。PKO 看不到后面的情况，但能听到解说的慷慨陈词。为保住第二的位置，他也再次加速。

“哎，你要干什么，坐在我身边的这位同学，告诉你别想超过我啊，玉石俱焚相不相信？”他说得超大声，“我！ PKO，说到做到！”

可达鸭没有理睬，处在通信频道上的君毅先受不了。本来就已经因为起飞失误紧张不已，PKO 的噪声从可达鸭的麦克风里源源不断地传来，对她而言简直是音波攻击。

“我关频道了，终点见。”说着，君毅一马当先飞出机群。

PKO 的视线里疾风突然加速，他吃了一惊，只好改变策略，紧追上去。

“君毅，”通信频道响起卓凡冷静的声音，“注意航线！君毅！”

“教练，她关频道了。”可达鸭替君毅回答。他知道君毅要做什么，长年的默契，这点配合还是有的。但疾风的速度太快了，她心急火燎要追上 2 秒的进度，随时都有撞上套圈机的可能。

那么就让他为她开路！

可达鸭已有了计划。

他逼迫PKO不断提速，赶上套圈的第二集团。赛道重叠，PKO和可达鸭正好落在龙卷的三架无人机之中。

“闪开闪开闪开，本大爷来了！”

就算隔了老远也能听到PKO嚣张的声音。龙卷的飞手当然不想被自己人带走，但PKO速度更快，瞬间就和龙卷的其他飞手混成一团，重重砸向天空门。

PKO反打螺旋桨，从混乱中脱出。在他身后的可达鸭则猛地撞击到天空门的立柱，高速状态下的竞速机撞击，不亚于小钢炮，巨大动能让金属支架发出呻吟声，一时间火星四溅。

在人们还来不及惊叹他惨烈的炸机时，后面三架好不容易从混沌中挣脱出来的高速龙卷无人机，也无一例外地撞向了倾斜支架的同一位置。

天空门终究承受不起接二连三的猛烈撞击，它摇摇欲坠，仿佛一张血盆大口，向地面扑了下来。

“不好，下面有人！”解说嘉宾叫起来。

“倩倩！”王牌学长发出怒吼。

聂倩倩站立的位置正处于天空门下方，她仰头呆立着惊讶不已。

犹如慢镜头，王牌学长突然发动，以惊人速度跑向聂倩倩，顺手抄起地上铁棍，朝着炸机坠落的龙卷无人机大力击去。

只听哐的一声，无人机被大力击飞。冒着黑烟的四爪机器，划过一道清晰的弧线，精准撞击在即将倾覆的障碍门一侧。

瞬间的外力作用，令缓慢倒塌中的障碍门，改变了方向！

“好球！”位于演播室的解说嘉宾激动地站了起来，“不愧是棒球选手，无人机杀手！”

与此同时，王牌学长以上垒跑的速度赶到了聂倩倩身边。他长臂一揽，便将美人搂抱在怀中。在他们背后，数吨重的天空门轰然倒地。扬起的烟尘带着红色的铁屑，铺天盖地。

“启峰你……”聂倩倩半躺在王牌学长结实的臂膀中，不知是因为心有余悸，还是被舍身相救的王牌学长所感动，双颊红润，美眸蒙着一层水汽。

这都是什么神仙比赛啊，分明是爱情惊险动作大片。直播的弹幕井喷，几乎把整个屏幕遮住了。

然而灾难并没有结束。

“看！天花板！”不知道是谁喊了一声。

倒塌的天空门压垮了工厂大梁，年久失修的钢铁天顶裂开了一道大口子，露出苍茫灰暗的天色。空气中弥漫着落下的铁屑和房顶恐怖的吱呀声。

丽佳见到将自己包裹严实的龚鸣从人堆里钻出来，兴奋地朝他挥手。

“这样都能认出我？什么眼神。”为了躲避粉丝，龚鸣套了件连帽衫，拉链拉到了顶，又学君毅戴上棒球帽遮住脸，远远看着就像一个可疑的变态。

“说什么呢，咱俩那么熟，你穿不穿衣服我都认得出。”

龚鸣噎了一下：“女孩子家，留点口德吧。”

丽佳刚想反驳，就见门口拥出一大群人，他们面带惊恐跑得太急，几乎要将她撞倒。龚鸣赶紧拉了丽佳一把，将她护在自己怀前，转头向场内看去：“里面怎么回事？”

“所有人离开这里！”演播室里传来呼喊。

卓凡也在同时开启团队频道，冷静地说道：“退出比赛，外面集合。”

小Z反应最快，狂奔至飞手席，推着腿脚不便的可达鸭就要跑，忽然他瞥了眼可达鸭身边头戴FPV眼镜的PKO。

聒噪的SL签约飞手阻止龙卷队友靠近，他的手指紧张而又迅速地推杆，全身紧绷，仿佛遇到了这一生最大的敌手，不争个你死我活决不罢休。

是君毅，她还在赛道上。为什么没有人通知她？

“去找毅哥！龚鸣哥！她没有听到撤退信号。”

君毅耳中的团队频道保持关闭状态，视线随着疾风正看向几百米之外的拱形门，与PKO进行生死厮杀。她的灵魂与疾风融为一体，身体却被笼罩在即将倾倒的屋顶之下。

红色的细屑飘落在视野之中，原本已经很大声的电机声中掺进了杂音，咔咔作响。但她管不了那么多，只要一分心，就有被PKO超越的可能。

不能停下，绝对不会在这一场止步！

疾风保住了领先，率先冲过了终点，但君毅还没来得及解开眼镜，就被熟悉的气息扑倒了。

歪到一边的眼镜脱落，君毅看到姬时意那张许久不见的俊脸近在咫尺。他的表情异常轻松，甚至得意扬扬。君毅疑惑极了，却也在同时透过他的肩膀看见了头顶自由落体中的钢板。

她倏地瞪大了眼，想要推开他，牢牢护着她的人却像是一堵铜墙铁壁。

姬时意紧紧搂住她的脑袋，粗糙的大手盖上了她的眼睛，轻声在她耳边说道：“别怕。”

一声巨响，工厂的屋顶塌了下来，烟尘散出数米，遮天蔽日。

四周一片死寂。

“太不像话了！气死我了！”马助理在病房里团团转，“简直是忘恩负义、背信弃义，唯有小人和女子难养，古人诚不欺我！”

马助理一反常态，从溜须拍马一键切换到骂大街风格，令姬时意略感意外。

其实都怪Eva那个反套路的家伙，嘴巴那么坏句句是戳心大实话，老板反而开心。马助理也得与时俱进更新迭代啊，只要老板心情能好一点，别说语言刻薄了，就算叫他跳钢管舞，也行。

姬时意按着太阳穴，用没受伤的那只手朝他挥了挥：“别在我面前晃，头痛。”

“老板！”马助理一秒回到狗腿状态，滑跪至他床前，“您会头痛实在是因为工作太辛劳了，受了那么重的伤，才休息了几天就在床上坚持主持工作。我可能不是您最优秀的员工，但您就是我最完美的老板！”

“好了，闭嘴。”姬时意看向病房里另外一个人，“Eva，叫你查的事怎么样？”

马助理立刻闭嘴了，一副忧心忡忡的样子，很是担心带伤伏案工作的老板，顺便在心中又把君毅那没良心的丫头骂了一遍。

当天，消防员切割开倒塌的房顶，把老板和君毅从废墟里救出来的时候，马助理惊呆了。被老板护在身下的小姑娘浑身一点擦伤都没有，而他家老板脑震荡外加左上臂粉碎性骨折。

也就是命大，那么大块钢板天花板塌下来，只砸断了胳臂，万一房顶有个金属挂钩什么的，肉身可就直接被戳烂了。这样的救命之恩放在过去，是得以身相许、下半生做牛做马的。可君毅倒好，别说感恩之心了，都没来医院探望过一回，前几天，甚至飞去广州找老相好过年去了。

算个啥事啊，马助理愤愤不平，为自家老板感到不值。

“老板，视频中的人的确是他。”Eva推了推黑框眼镜，神情严肃，“另外天空回环的金属支架一侧有切割破坏的痕迹，受到重力撞击便会倾覆。根据世锦赛官方给的信息，每一场比赛中在天空回环发生碰撞的概率都是最大的。”

“既然不是意外，就是人为。”姬时意垂眼，冷笑道，“把视频交给警方立案。”

马助理回过神来，想起前几日姬时意反复查看的比赛视频。

季风高速航拍除了追拍赛道上的竞技，也会偶尔扫过热情观众。就是在那短暂的几秒，画面中出现了一个穿着风衣的熟悉身影。他偷偷摸摸闪进了赛道，一会儿工夫就不见了人影。

这个人，就是半年前被姬时意解雇的季风高管——胡超群。

“我查了胡超群在 M 国的房产，距离 SL 总部很近，租约从去年上半年起，也就是巡风的生产线启动之前。”Eva 刷着平板电脑，面无表情地说，“老板，你可能一开始就被人算计了。”

“胡总的确是可以接触到新品设计方案的人。”马助理凝重地点了点头，“但他为什么要那么做，把自己公司的核心项目卖给竞争对手。”

“是老板做人的问题吧。”Eva 直言不讳，“季风初创成员三年内全部流失，因为老板一点股权都不肯分。”

姬时意孤芳自赏，不相信任何人。

“你的意思是，老板的负面新闻和现在锦标赛上的破坏，也都是他干的？”马助理追问。

“未必。”姬时意沉吟，“胡超群的能力我心里有数，必然还有人与他打配合，这个人对季风科技、对我、对俱乐部竞速机比赛都非常熟悉。”

三人之间的空气突然沉默。

“干吗？你们这么看着我干吗？”马助理跳了起来，“我像吃里爬外的人？”

“像！”Eva 掷地有声。

“你你你……你平时嘴巴毒就算了，凭什么污蔑我！我跟着老板那么多年，对老板的忠心那是日月可鉴天地可表。”马助理前一秒还火冒三丈，下一秒就跪下抱住了姬时意的大腿，几乎要哭出来，“老板，您可要为我做主啊，这个来路不明的女人竟然怀疑我！”

“Eva 是我的学妹，信得过。”

能让不可一世的姬时意亲自请人，并且一再忍受那张刻薄的嘴，可见一脸晚娘相的 Eva 小姐有多厉害。

马助理不可思议地看向 Eva，由衷地感叹：“是老板学妹啊？我以为她都五十岁了！”

“你才五十岁了，整天拍马屁，关键时候有什么用？”

“够了，都闭嘴。”姬时意按住太阳穴，“Eva 你只管和警方联络，等胡超群落网必定真相大白。”

“胡超群没有找到，他一定是藏起来了。这样我们就没办法用他指控 SL 的不正当竞争。”

Eva 点了点头，起身刚走向门口又折了回来，推了推黑框眼镜：“不过，老板，你若是在谈恋爱时用这种态度对付情敌，早就抱得美人归，犹犹豫豫步步退让是赢不了的。”

马助理立刻盖住她的嘴，用力把人推出病房。他搓着手走回姬时意面前，一脸讨好：“老板，需要我为您做点什么？”

“今天出院，你去结账后也可以走了。”

“啥？老板，我怎么忍心抛下身负重伤的您自己回家过年呢？”

“陪着我也行，没加班费的。”

此言一出，马助理立刻收起了款款深情，变得和 Eva 一样干练起来。

“好的老板，既然您想一个人好好休息，我就不打搅您了。我这就去结账。今天是小年夜，医院下班早，得赶快去。”说完，马助理一溜烟儿跑没了影。

没了马助理的聒噪，病房里总算安静下来。事实上，整个医院，整个城市都逐渐宁静。

快过年了，能动弹的病人都被家属接走。企业陆续放假，街道不复往日繁华，仿佛所有人都回到了自己的家。每到这个时候，上海这座大都市就像一座空城。

而姬时意的心亦是如此。

长久以来，季风就是姬时意的所有，虽总是外有猛虎内有豺狼，但公司还是在一步步地前进。眼下需要处理的事很多，他却无法集中于此，只觉得心中有一部分随着君毅去广州的消息，彻底落空。

并不是高傲过头，也不是自负狂妄，姬时意只是遵守着一开始的诺言，不干涉君毅的生活和决定，哪怕他曾豁出性命，也不需要她的回报。

因为但凡强求的关系，最后都离他而去。

“咚咚……”

冬季风大，树枝被风扑打在窗户上的声音，在寂静之中更加明显，姬时意没太在意，继续刷着平板电脑。

“咚咚……”

窗外的声音又大了一点。

他这才懒懒地转头，那景象却令他露出了惊异——光秃秃的树枝上，蹲着一个人。

“君毅？”姬时意揉了揉眼，怀疑自己因脑震荡看到了幻觉。

但他幻觉里的人很快就说话了：“公主，麻烦开个窗，外面好冷。”

姬时意起身，单手拉动窗锁的动作笨拙又焦急。他蹙着眉头，费力地拽着，明知道对方不会因为他稍慢一点就转身离去，却片刻不敢耽搁。

终于，他磨破了指甲打开了窗。冷风迎面扑来，少女从枝头跃至窗台，无声无息地落在了他的面前。

“楼下有记者，我进不来。”君毅解释道。

“你没和卫之去广州？”姬时意退了几步，坐回窗沿，他小心翼翼地打量君毅，琢磨她的想法。

“去了，刚回来的，我有话对你说。”

猫儿一般的眼睛从姬时意的俊颜扫过，落在他受伤的胳膊上，瞳孔微微一缩。即使外表看不出，但她知道他的左臂肱骨里钉着两枚钢钉。

姬时意心中咯噔一声，已大概猜到了君毅的心思。接下来的几分钟尤为关键，他得好好表现，既然人已在面前，就一定还有办法。

“我不想再继续我们的关系了。”君毅说。

姬时意眼角微抽，尽管做好了准备，胸中却仍因为君毅的这一句话疼痛不已。

“为什么要结束我们的关系，因为卫之？因为你要跟他去M国了？”

“不。”君毅连忙否认，“和卫之哥无关。”

君毅很感激在过去懵懂的时光里，卫之为她点亮的道路。他的光芒把年幼的她从泥泞中带了出来，让她看到了新世界。但现在她长大了，也想要自己选择。

“那么就好办了。”姬时意刻意轻松一笑，“你把刚才的话收回吧，反正我也没听到。”

“啊？”

“没什么，我说过的，喜欢你是我个人的事情，你无权过问，否则就是侵犯我的隐私，我可以起诉你。”

我喜欢你，但与你无关。君毅再次被姬时意的霸道逻辑震惊。

“害你受伤的人是我……”

“是吗，就为这个？”姬时意的眼中毫无波澜，“君毅，你过来。”

君毅站着没动。

“我是伤员，想看我表演从床上跌下来？”他朝君毅伸出那只没有受伤的手臂。

这招很管用，原本都打算从窗口再跳回树上的小猫，乖乖地靠了过来。

姬时意趁机抓住君毅握成拳头的小手。君毅不敢挣，只能眼睁睁地看着姬时意费力地将她蜷曲的手指一根根摊开。那些划过指尖的温暖触碰，令君毅心跳加速，遮住情绪的睫毛微微颤着。

“看，我也让你受过伤。”姬时意捏起了她珍珠般的食指。

曾被纸割开的小伤口，只留下一条浅得几乎看不见的痕迹。对满手都是老茧和磨损伤的飞手君毅来说，根本不算什么。

“能一样吗？”君毅搞不懂他的脑回路。

“在我看来没有差别，当然，如果你良心不安，也有解决方案。”

谁能把强词夺理，说得如此义愤填膺？

在姬时意状态好的时候，别说是君毅这般处世不深的学生，就连老练的商业对手也觉得他难缠。姬时意在谈判桌上的名望，可不是充话费送的！

“什……什么方案？”君毅果然很快上钩。

奸商姬时意挑眉一笑。

君毅收拾了行李，跟着姬时意回到了他位于市中心的大平层。

这是一种奇妙的体验，分手没分成，还把人拐回了家。姬时意不禁得意地在心里夸自己，无商不奸。

一进门，君毅就被房间里的大小飞行器吸引，扔下包和姬时意，赤脚跑了过去。正如马助理所言，季风所有的飞行器设计草图，均出自姬时意之手。他的客厅就像一个设备齐全的工作室，足以打磨出每一块机用配件。

“为什么会有遥控直升机？”君毅拿起模型问他。

“季风是做直升机飞控起家。”姬时意靠在沙发上，看着他的小姑娘，

“遥控直升机的飞控远复杂于现在的四轴旋翼无人机。”

飞控就是无人机的“大脑”，先进的算法不但体现在对机体控制的精度上，也直接影响图传效果。

“几年前，季风是做得最好最便宜的一家，飞控远销Y国和M国，后来又被不少多旋翼无人机发烧友从国外买回来，重新编译，其实是大材小用了。”

疾风上的飞控，多半是这样来的。君毅惊讶极了，怪不得用上了从季风中继机上拆下的飞控后，疾风的飞行毫无影响，原来它们是同根同源的。

“那，为什么要做整机？”

“我们飞控做得好，就要一辈子给外国人供货？中国制造不应该仅限于物美价廉的零配件。”

君毅自动帮他翻译：“所以，就是整机更赚钱。”

“这么说也没错。”姬时意好笑地朝她勾了勾手，“君毅，我叫你来不是来玩的。”

君毅乖乖地放下模型，挨近他，认命小媳妇一般。

“公主有何吩咐？”

既然过去能以俱乐部逼迫君毅妥协，那么现在姬时意也能用伤情让她顺从。深深的自责像锚一样，将君毅牢牢地拴在姬时意的身旁。姬时意早在医院见到君毅的第一眼就发现了她的弱点，而他不满足于此。伤势会好，苦肉计不能常用，他得让君毅心甘情愿地留下。

“我想洗澡。”姬时意笑眯眯地仰头看着她。

“能洗澡？”君毅指了指他用绑带吊着的左手臂。

“髓内钉固定，皮肤愈合就能碰水，只是以后我过安检都会嘟嘟响而已。”

君毅的心一下子就揪起来了。体内植入钢铁，听着都觉得疼。她内疚的表情一目了然，姬时意笑了下。

“好痛啊，我需要你的帮忙。首先，帮我把衣服脱了。”

如果说时意公主靠脸蛋吸引小姑娘是下三烂套路，那他现在就是彻底没有底线。

君毅跪在沙发上，弯着腰给他解扣子。她是第一次脱男人的衣服，手指都不免发颤。他的衬衫终于被她撩起来了，露出精壮的腰线。壁垒分明的腹肌并不过分偾张，肌肉群像是鱼鳞一般分散在腰际，显得性感而有力。

“还满意你看到的吗？”

霸道总裁说出经典台词，可惜君毅没有拿着同一部剧本。她的目光落在姬时意的后背，结实的背部肌肉嵌着几条陈年旧伤，淡到看不清，却令人不禁猜想当初姬时意是受到如何的创伤。

“小时候被打的。”姬时意轻描淡写。

“对方也被你修理得很惨吧？”

姬时意的眼神闪烁了一下，没有回答。君毅就当他是默认，睚眦必报的姬总绝不会轻易放过任何一个得罪过他的人。

“哎，等一下，钩住了。”君毅跨坐在他的双腿间，双手绕到他脑后，仔细解开衬衫钩在绷带上的倒扣。

少女温热的吐息落在姬时意敏感的脖颈上，柔软而曲线分明的身子整个压在他裸露的胸膛。

姬时意的眼神黯了黯，想让君毅下来，却又舍不得离开她无意间张开的温暖怀抱。这是一种自作自受的快感，姬时意觉得自己就快要自虐到变态了。

与此同时，君毅也感到一丝燥热，呼吸变得急促，可越是急切就越解不开绑带。她倾斜着身子，努力伸长手，倒扣松开的瞬间，她的手指顺着惯性，沿着姬时意背脊的伤疤，往下一划。

姬时意浑身一僵，突然站起身，顾不上君毅的惊讶，动作迅速地走进浴室，狠狠甩上了门。

“公主？”君毅急忙跑到门边，“要不要我帮忙啊？裤子还没脱呢。”

话一出口，君毅终于意识到什么，小脸一红，蹑手蹑脚地赶紧走开。

浴室里面没了动静。

姬时意单手蒙着绯红的脸，坐在浴缸边缘，心想真是个坏主意。这大冬天的，还得洗冷水澡，自作孽不可活。

夜晚来得很快，才六点光景，窗外的天空已一片漆黑。

等姬时意终于把自己打点好，穿着宽大的浴袍出来，客厅里已不见了君毅的影子。姬时意心头一紧，不由得快步走向大门。

终于，他在厨房找到了她。

君毅围着围裙，站在料理台前。炉灶上的水汽蒸腾，令少女的侧脸染上不同以往的柔美。

窗外万家灯火，不及她眸中璀璨。一时间，姬时意空荡荡的心被填满，就连看出去的光景都变了模样。

厨房里荡漾着暖意，平淡无奇的白色橱柜，仿佛开出了粉红色的花。

“卫之哥？”君毅小声说。搁在料理台上的手机，插着无线耳机。她一边准备晚餐，一边与电话那头的人聊天。

盛开的粉花，瞬间凋零，姬时意整个人绷紧了。

“不用担心，我很好，对，没事……”君毅背对着姬时意，露出甜美的笑，“嗯，我知道了，我答应你，再见卫之哥。”

她挂了电话，浑然不觉背后的低气压，哼着小调把炒菜翻了个面。

姬时意无从得知君毅到底和对方约定了什么，难以掌控的不确定性让他心中升腾起一股烦躁。

该来的还是要来，姬时意深吸一口气。

“你可以去 M 国念书，不用顾虑。”

姬时意突然出声，君毅吓得差点把勺扔到汤里。她回头看去，姬时意盯着她，似在压抑着一股说不清道不明的郁悒之气。

“季风在北美有分公司，我本来就会经常过去，我们之间不会改变。”

即使分隔两地都不用担心，世界上任何距离都不值一提。他的目光沉甸甸的，传递着就连自己都不知道的承诺。

“我没说要去啊。”君毅把饭菜端到桌上，刚想转身去拿碗筷就被姬时意抓住了手腕。

“你说什么？”他蹙眉。

若是这次不走，以后他就不会放手。折断翅膀也好，打断腿骨也罢，绑也要把她绑在身边。

“公主，我说想结束我们的关系，是认真的。”

握住她手腕的大手一紧，姬时意想不出君毅拒绝卫之后还要离开自己的原因，急切地追问：“我对你不好吗？还是谁对你说了什么，别听其他人的，你想要什么？我都给。”

“不是那样，你冷静点。”君毅扭动着手腕。

她的手劲更大些，硬是将姬时意形如桎梏的手指一根根掰开。姬时意的心，也一点点往下沉。最后，指尖所有的温度散去，君毅脱离了他的掌控，跑回了房间。

“君毅！”姬时意倏地收紧了手指，快步走向房间。他满腔愤怒，满怀失望，理智崩溃，甚至不知道自己在做什么。

可下一秒，君毅就从房间里出来了，笑盈盈地拿着一份季风的飞手合同，交到了他手上。

“你……”姬时意皱眉试探地问，“你只是想签飞手合同？”

“我得赚钱。”君毅不好意思地说，“以前是我想得太简单了，人不是为理想活着，而是为现实活着，我得经济独立才行。”

“你不需要赚钱，我可以给你的。还是你觉得我姬时意比不过卫之？从你姑婆去世之后，生活费、学费都是卫家给的，怎么到我这里就得自己赚钱了？”

姬时意对君毅与卫之的关系调查得相当清楚，他本来不想说的，可就是胸闷。

果然，君毅不可思议地瞪大了眼。

“不，我没想打探你的隐私，我只是……”姬时意脸上似有悔意，但他无法说出“我只是嫉妒他比我早遇到你”这句话。

“公主，”君毅认真地注视着他，“我没谈过恋爱，经验少得可怜，一开始没搞明白你说得对不对。后来我想了很久，你说你喜欢我但不会干涉我的选择，不会影响我生活，也不求我的回报，其实都是极其不负责任的话。我又不是你的宠物，干吗平白无故享受你的好？甚至我要跟着卫之去 M 国读书你都没有意见。”

“因为我喜欢你。”姬时意咬了咬牙。

“不对。你的喜欢只是单方面的，和喜欢一朵花、一只宠物、一本书是一样的。对那些东西你不用索取回报，但对人，当你说不求回报时，其实是担心没有回报，或者是你求了却连对方一起失去。与其这样不如就维持着单方面的喜爱，不去关心对方是怎么想的就行了。”看似高人一等的施舍，其实只是不敢强求的妥协，君毅不明白高高在上的姬时意恋爱观为何会如此奇葩，甚至有点卑微，“总之我们先结束之前的关系吧，那是不健康的。”

姬时意眯起眼，只觉得心脏被人狠狠拽住，硬生生地疼。他源于自卑的傲慢从来没有被人识破。人们只看到他不可一世的桀骜，却不知道他虚张声势的伪装。猫咪一般敏锐的君毅，发现了他的破绽，并将他不正常的心态剖析在光亮之下。

他想躲起来，可是不行，他不能放手。

“你到底要怎么样？”姬时意努力维持着平静，任凭内心碎成一片片，“谈个条件吧，只要我做得到。”

“你问我到底要怎样？”客厅的暖光落在君毅的肩头，少女微微一笑，从没像现在这般笃定，“我想要不会因一方的抽身而结束的恋爱，我想要对等且互相约束的羁绊，我想被需要被认同，我想要一直一直和你在一起。所以，我们得重新开始。这一次，你不再是我的秘密，我们平等相爱，你可以对我有要求的，要求我回报同等的爱。而我也会努力成为公主可以依靠的人。”

饶是在商场厮杀多年的姬时意，都被君毅一波三折的谈判手段震慑住了，他毫无招架之力。

“你……是在向我告白？”他仍感到不可思议，自己用一个吻偷来的小猫，竟然堂堂正正地向他宣告了主权。不，不能说是小猫了，她要成为一个能回报他的可靠之人呢。

“是的公主，我好喜欢你。”君毅直率而自信，大方承认，她俏皮地眨了眨眼，凑到姬时意跟前追问道，“时意公主要不要接受和我重新谈恋爱？”

好半天，面无表情的姬时意才以单臂缓缓环住了君毅，在她的耳边傲娇地说：“好，我接受你的告白。”

第九章

/

赢不是目的，你是

晨曦小心地跃入顶层的住所，照亮了主人长久以来第一个美梦。

梦里年幼的姬时意没有被母亲带去姬家的老宅，梦里他和小小的少女相遇，梦里他们一起成长吵吵闹闹的，直到爱情在刚好的时机到来。

“公主？”

他听到有人在耳边嬉笑。

“我不是……”

姬时意抵抗着这个丢人的外号，却在梦里看到自己一身粉红洋装，坐等着王子的蠢样。然后王子还真的来了，王子手持宝剑乘风而来，将他身边的荆棘尽数斩破，喝退企图吞没一切的黑暗，仿佛一位英姿飒爽的君王。

“一起走吗，公主？”君王问道。

姬时意心中一动，缓缓睁眼。

梦中的君毅近在咫尺，猫儿般的黑色眼瞳明亮纯净，闪着少女的慧黠与俏丽。他情不自禁地从被褥中伸出手来，将君毅搂住往床上带，亲昵的吻落在少女的脖颈和脸颊。

“哎，公主醒一醒！”君毅小心地挣扎着，既不想被拖上床，又生怕压到他受伤的手，“我要去公园，你说家里有大公园我才来的。”

姬时意一顿，像是终于清醒，停止了对君毅的骚扰，翻了一个身。

“再睡一会儿。”

昨天晚上两人是分房睡的，现在可不能功亏一篑。不料，君毅没那么轻易放弃，她轻手轻脚爬到床的另一边，挨着姬时意躺下，对着他扇子一般的眼睫毛吹气。

“起来嘛公主。说好去公园的，要不我自己去也行，你把门打开，电子锁我用不来。”

姬时意被君毅吹得连连躲闪，她不依不饶，不但往他脸上吹气，还吹进了他的脖颈和胸口。那股温热香甜的气息猫爪似的挠着他，令他浑身发热，口干舌燥。

“你别……”

“怕痒就起床……呜呜！”

君毅的得寸进尺令姬时意不得不伸手扣住她的后脑，用唇堵上她闹人的小嘴。这是一个绵长而深情的吻，经验不足的君毅招架不住，被姬时意吻得气喘吁吁，红润的唇泛着水光，盈盈眼波如晨光浪漫。

“你教我换气，下次我能做好的。”君毅不甘示弱地说。

“换气？”好学生君毅积极的态度逗乐了姬时意，“你怎么不让我教你学游泳？谁掉进湖里捡飞机差点把自己淹死？”

“意外而已！”君毅忽然想到了什么，“对了公主，你刚才做了一个什么梦，什么王子、君主的，童话故事吗？”

姬时意不自在地撇开脸，丢人的梦境他一个人知道就行了。

待两人打闹着洗漱完毕，已到了中午，简单吃了早午饭，君毅拿上疾风眼巴巴地等着出门。

“晚上想吃什么？”姬时意一边穿鞋，一边低头刷着手机。他又翻到了收藏夹里那一连串的高档餐厅，每一家都想带着君毅去试试。

“哎，昨天做的还没吃完呢。”

“大年初一哪有吃剩菜的道理。”姬时意嘲笑她，随手推开了门。

门外的女人一脸惊喜。

“时意！”

姬时意立刻把门关上，差点撞到女人的鼻子。

他转身，一本正经地对正在穿鞋的君毅说道：“不如我们先谈论下吃什么，待会儿再出门。”

君毅狐疑道：“我听到声音了，门口那人是谁？”

门铃嘹亮地响起来，仿佛在说：是我，是我。

“开门啊公主，你不开我开。”说着君毅就要去开门，不料，被姬时意一把拽了回来，藏到了身后。

房门再次被打开，室内的光线照亮了门口的女人。她穿着复古的旗袍，身姿曼妙，有着一张与姬时意七分相似的面容，只不过多了一份柔美和精致。

“妈妈来看你，听说你受伤了。”妇人提起摆在地上的夸张的礼盒，“好重，帮妈妈一下。”

弯腰的瞬间，姬夫人看到了姬时意身后正好奇打量她的女孩，似乎是没想到大年初一能在姬时意的住所见到女性。

“这位是……”

“阿姨好。”君毅大大方方地从姬时意身后出来，姬时意拉都拉不住，

“我叫君毅，姬时意是我昨晚刚交的男朋友。”

她说得好骄傲，让姬时意忍不住骄傲地笑起来，仿佛被称为男朋友是件多值得炫耀的事。

“笑什么，难道不是吗？”

“是，你是。我亲爱的女朋友。”姬时意用完好的那只手搂着她，亲昵地亲了亲她的发旋，全然不顾母亲失手掉落了礼盒，呆立在面前。

只听哇的一声，卿卿我我的两人吓了一跳。

站在门口的姬夫人突然泪奔。她哭得不能自已，仿佛世界末日。

“时意终于有女朋友了，呜呜呜……没事别管我，我只是太高兴了，呜呜呜呜……”

这一哭就哭了一个小时。

君毅一张又一张地给姬夫人递纸巾，不知道原来一个人的眼里可以挤出那么多泪，也不知道原来富家太太可以如此接地气，电影里演的都是富家太太甩出支票让人立刻滚的桥段。

姬夫人抽泣，握住君毅的手力气一点不小：“真是个好孩子，时意没委屈你吧，受个伤而已，竟然大过年的让你照顾。”

“不，一点不委屈。”君毅连忙否认，并坦诚告知了姬时意受伤的经过。

“是这样啊……”姬夫人的美眸瞪圆了，露出欣慰的表情，“太好了，我以为是他和人打架呢，原来是英雄救美。时意你长大了，妈妈好开心。”

思路有点清奇……君毅不由得把目光投在始终未发一言的姬时意身上。他双手抱胸，靠坐在沙发里，露着显而易见的不耐烦。君毅眨了眨眼冲他笑，以眼神说道：你妈真有趣，我喜欢。

没想到母亲会突然造访，还被君毅撞了个正着。若是平日，姬时意早就把母亲赶走了，可他看到了君毅眼中的光。小姑娘从小没了父母，对一切亲情的关系都好奇不已。就忍着吧，姬时意不舍得破坏君毅的念想，开口说道：“母亲若是愿意，可以留下一起吃晚饭。”

这或许是姬时意成年后对姬夫人说出的最有温度的话。

受到鼓舞的姬夫人，突然抹干了泪痕，精神焕发：“不如我们回家去吃，你爸爸也好久没见你了，君毅也一起来。别担心，你哥哥和嫂嫂过年的时候不在。”

说得就好像怕他们似的，姬时意冷哼。

“就吃个饭，时意啊你好久没有回家吃饭了。我们一家团团圆圆的不好吗？君毅也一定要来，我亲自下厨，君毅你说好不好？”

每次都在别人家过年的君毅，并不是因为宿舍关了无处可去，她只是想在阖家团圆的节日里，假装自己也有个家。在姬夫人的盛情邀约下，君毅很快就心动了，眸中亮光点点，充满了期待。

“君毅你喜欢吃鱼吗？我做的‘红烧划水鱼’，时意小时候可喜欢了。就是他长大了总不回家，我都没机会露两手。”姬夫人拉着君毅絮絮叨叨地说着，手掌又柔又暖。

“够了。”姬时意抬眼对母亲说，“我不会回去。只要我不出现，姬家就能太平，我是为了母亲你，为了兄长着想，嗞……”

姬时意整个身子痛苦地扭向一边，君毅在桌下狠狠地掐着他的腰。姬时意敢怒不敢言，眼里透着委屈，那模样与外人熟知的不可一世的冷傲姿态大相径庭。

他揉着火辣辣的腰瞪她，手劲有多大自己心里没个数吗？

“如果我还有机会见到父母，过年一定会回家吃饭。”君毅说。

姬时意一窒，不回老宅有太多原因，在君毅充满期待的眼神中，那些曾经如洪水猛兽一般追着他的阴影，又变得不值一提。

他沉默片刻，终是妥协：“行吧，就去吃个饭。”

“谢谢你，君毅，多亏了你！”姬夫人喜出望外，搂住娇小的女孩热情地亲她的脸蛋，仿佛遗失的母爱都从少女的身上重拾。

姬时意冷着脸却勾着嘴角，从余光里偷窥着君毅舒心的笑容。

姬家的老宅在上海的西郊，和母亲第一次来的时候，小姬时意曾被欧式古堡般的华美建筑物震撼，以为这里就是童话的发源地。

“好漂亮。”君毅发出与当年姬时意几乎无异的赞美，“简直就是城堡哎。”

午后的阳光为哥特式建筑蒙上了一层浪漫的暖光，彩色玻璃反射的光线落在地面，隐约可见彩虹的色彩。有一瞬，姬时意竟无法将眼前鲜亮的景象与记忆里阴暗的大宅重叠在一起。

“公主，我想看看你的房间！”女孩兴奋地拉着他跑过台阶，轻快的脚步敲击在古老的木质结构上，发出清脆回响。

少年姬时意的房间和他在市中心的嚣张大平层完全不一样，规规矩矩，精致而克制，或许是许久没有人住了，显得冷清而寂寞。书架上的一台陈旧的直升机模型吸引了君毅，那或许是房间里唯一像是姬时意所属的东西。

君毅小心翼翼地触碰螺旋翼，老化的机械咔嚓一声，散落在桌上，直接坏了。猫眼瞬间瞪大，她赶紧把螺旋翼重新摆放回去。

“这台模型，有些历史了吧？”

“是小时候，别人送的。”姬时意似乎没发现君毅的小动作。

她挪到另一边，双眼放光。

“哇，是宇宙人科幻漫画，我也有全套！”

“我们时意小时候，很喜欢天空。”姬夫人抿嘴笑，“他以为自己是航天员的儿子。”

正说着，一位管家模样的人出现在房间门口。

“少爷，姬先生醒了，要见您。”

姬时意收起了笑容，身子微僵。他已许久没有见过父亲，自从父亲一病不起。

“快去啊，等什么呢。”君毅突然一巴掌打在他的背上。

力气之大，把姬时意拍得踉跄了几步，背好痛，伤员龇牙咧嘴，但君毅这一掌也把他的犹豫击碎。该来的总是要来的，正好，他得把话说清楚。

“君毅。”

姬时意突然一本正经地叫她，让她收敛了玩笑似的笑容。

“干……干什么？”

他深深的目光凝视少女的眼睛，似有千言万语却难诉说，最后只落下寥寥一句：“等我回来。”

“放心，我会照看好君毅的。”姬夫人笑眯眯地拉住了君毅的手，“我们去小花园等你。”

待姬时意走远，姬夫人终于松了口气，感激地拉着君毅的手。

“多亏了你呀君毅，他们父子好几年没见过面。时意怎么都不肯回家，老爷子的身体又一日不如一日，我真担心他们永远见不上。”

“不，我没做什么。”君毅被姬夫人的热情弄得无所适从，“一家人没什么问题是解决不了的，开诚布公地谈谈就好了。”

“说得没错，时意这孩子也真是，干吗要忤逆景礼呢？等景礼得到想要的，自然就不会再苛求他。”姬夫人的眼中带着与实际年龄不相称的天真烂漫，一厢情愿地说，“叔叔、舅舅们因为不听话，死的死散的散，几派人斗得只剩下时意和景礼了。为什么时意就不能听话一点，和景礼好好相处。”

“什么意思？”君毅突然毛骨悚然。

两人正步入老宅后面的庭院，初春季节幽静的花园里，百花尚未苏醒，唯有几棵挺拔的常青树装点门面。姬家老宅已有五十多年历史，正如眼前的老树根深蒂固。

“我以为你知道呢。”姬夫人纯真地笑了笑，“景礼是老爷子原配的儿子，我和时意是后来的。小时候时意常受景礼欺负，除了脸，身上到处都是伤。我和他说忍忍就过去了，可别像他叔叔、舅舅那样争个头破血流。时意曾经很听我话，所以才能长这么大。”

姬夫人用一种纯真的语气讲述着惊心动魄的秘辛。君毅不禁疑惑地转头看她，中年女人脸上露着少女才有的天真笑容，姬家纷杂的爱恨情仇被屏蔽在认知之外，而她的神智也仿佛没有长大，始终停滞在了踏进这座巨大城堡的瞬间。

这就是姬时意的母亲，她封闭了自己，没有给予幼年的姬时意任何帮助，只叫他一味地忍让。而身后那座庞大的建筑就是姬家的本尊，它张着血盆大口，以利益为饵吞噬每一个姬家的人。

若想保持自我，除了封闭感知，只有从那里逃离。姬时意为何与姬家断绝关系，为何憎恶别人叫他富二代，创业时为何穷苦潦倒，一切昭然若揭。

君毅有些后悔，她竟然怂恿姬时意回到了这样的家。

“啊！”

姬夫人突然大叫一声，惊得君毅跳起来。

“别踩！”姬夫人指着君毅脚下，“时意在这里埋了他的猫。”

大树下有个不起眼的土包，日子长了，上面长出了紫色的野花，看上去很不起眼，但对姬时意有着重要意义。

“时意小时候，很喜欢老宅外面游廊的一只野猫。他刚搬进来和兄长不亲，也不敢和父亲说话，只能和小猫玩。”姬夫人沉浸在回忆中。

后来小姬时意就把小猫带回了家，偷偷圈养在院子里，以为这样就能每天见面每天一起玩。有一段时间，他真的如愿以偿，整个人快活得不得了。可是有一天，小猫突然死了，据说是被老鼠药毒死的，但小猫从不吃他放置的猫食以外的东西。

姬时意很难过，亲手埋了它。之后又经历了很多事，让小小少年逐渐明白这座老宅的可怕。若他没带小猫回来，它就不会死。正如他若没有吵闹着要得到父亲的关爱，就不会彻底失去父爱一样。

在成年之前，曾经活得谨小慎微的姬时意又犯了一次错，这一次他想得到青梅竹马的月茹的信任与承诺，却最终也失去了她。

“月茹现在是时意的嫂嫂了，也好，还是一家人。”姬夫人似乎并不在意自己儿子失去了什么，至少他没像不知死活的叔叔、舅舅那样，缺胳膊少腿。

君毅终于了解姬时意的古怪心结。他不向人索要感情的回报，并不是不求，而怕求不到，因为但凡去求的都没有好下场。明明是不可一世的傲慢家伙，却在人与人的关系上卑微又敏感。

内心一阵阵地酸疼，君毅揉了揉发红的眼圈，对姬夫人说道：“谢谢您告诉我这些，以后我会对姬时意很好很好。”

姬夫人一怔，忽而又一本正经地正视她：“我可以成为你的婆婆吗？”

“啊？”

姬夫人清了清嗓子，眼神少有的清明：“时意在人际关系上的确有障碍，虽不到需要看医生的地步，可我担心他可能永远不会向你求婚，所以啊，就由我这个做妈的来做吧。君毅，亲爱的，无论贫穷富有，无论健康疾苦，我都会承诺爱你善待你，我可以成为你的婆婆吗？”

君毅完全跟不上对方的心路历程，就在她目瞪口呆之际，见到一位身穿黑色大衣的男子大步朝她们走来。

冷酷的眉眼，冰冷的气场以及他不亚于姬时意的冷峻颜值，让君毅立刻想起了他的身份——债主。他怎么会出现在姬家老宅？

管不了那么多了，保护我方婆婆！君毅小小的身躯挡在了姬夫人与那人之间，随时准备使出她最拿手的过肩摔。

“景礼。”姬夫人惊呼。

“大少爷！”家仆鞠躬。

君毅如遭雷击，僵硬地转过脖子：“你们叫他什么？”

“我来介绍下，这位是时意的兄长，景礼，姬景礼。”姬夫人将君毅拉至身边。

是大哥啊！怎么一点都不像？

完蛋了！她竟然当着姬时意公司那么多人的面，把姬时意的大哥摔了个四仰八叉。刚才姬夫人说什么来着？和他作对的人残的残死的死？

此刻姬景礼也正皱着眉上下打量着君毅，阴霾的眼神在她的脸上看了一轮。

“你就是时意带回家的女孩？”

“君毅是我刚认的儿媳。”姬夫人大方地承认。

似乎是已经习惯了后母天真无邪的举动，姬景礼并未像君毅那般露出讶异。

“欢迎你，君毅。”姬景礼微笑，笑意却不达眼底，“姬家欢迎你。”

宛若猫科动物在强大对手前的紧绷，君毅起了一身鸡皮疙瘩——幸好对方没有认出自己来。果然是两兄弟，变个装就认不出来，实在太棒了！

“对了，君毅。”姬夫人兴奋地提议，“我带你去温室看看，我种的花可美了！我要送你。”

君毅巴不得甩开姬景礼，赶紧向他道了别。

望着两人匆匆走远的身影，姬景礼脸上伪装的笑容消失，只剩眼中森冷的光。昂贵的皮鞋一脚踩在树下的小土包上，向宅内走去。

土包上绽放的紫色小花，毫无声息地被踏得粉碎。

路过二楼，姬景礼注意到姬时意年少居住的房间，大门敞开。他走了进去，目光落在书架上的中古直升机模型上，螺旋翼的轴承松动，落在桌面上。

直升机是姬时意刚来大宅时，姬景礼作为兄长送的礼物。当时，小少年笑得多开心。往事历历在目，姬景礼小心翼翼地捏起机翼，抽出手帕拂去灰尘，仔细端详后，从一边的工具箱里摸出螺丝刀。

君毅只在暖棚等了一小会儿，就见到了姬时意。

“怎么样？你爸爸还好吧？”

“他很好，我们聊了一会儿。”姬时意一笑，装作轻松。

“那我们走吧。”说着君毅上前挽住了他。

“嗯？不想在姬家吃饭了？”

“景礼回来了。”姬夫人低头，摸着郁金香的花蕊。

即便装得再若无其事，君毅也能从姬时意手臂的肌肉上感觉出紧绷。对从小失去父母的君毅来说，家庭是一盏温暖的明灯；而对姬时意来说，姬家只是一头凶猛的野兽。为了君毅奢侈的愿望，他忍耐着，克制着，站在嘶吼的野兽面前，甚至展露微笑。

君毅感到心疼和愧疚，不想再让姬时意留在姬家了，一分一秒都不想。

“介绍下，这是我刚认的婆婆。”君毅拉着姬夫人的手，对姬时意说，“既然大家都这么熟了，为什么不出去吃饭庆祝一下呢？”

“婆婆？”姬时意吃惊地瞪视比身边少女还要天真的母亲。

“是啊时意，我替你求婚了！”姬夫人邀功一般。

三人欢乐地开车离去，把阴冷的大宅抛在脑后。他们谁都没有注意到，姬时意的房间亮着灯，遥遥地与姬老先生灯火通明的病房对称，就像一双蛰伏在黑暗中的巨兽的眼。

“大少爷，老爷叫您过去，看着很生气，医生刚给他打了针，怕是……”管家匆匆赶来。

“嘘！”姬景礼做了一个噤声的手势，头也不抬专注于手上细微的调制。他倾听齿轮间细微的声音，皱着眉慢慢拧紧螺母，仿佛在对待一件精致的工艺品。

片刻之后，他才漫不经心地问了一句：“时意人呢？”

“小少爷见过老爷后，带着君小姐走了，说临时有事，不留下吃晚饭了。”

闻言，姬景礼哗啦一下将模型机扫落在地。

刚刚修好的直升机碎成废铁，零件四散开去。他又抬脚狠狠向那堆东西踩去。金属的机翼发出了呻吟，被撕裂被折断，但这阻止不了姬景礼的施暴，仿佛只有把它们碾成尘土，才能驱散他心口的恶气。

管家见怪不怪，朝姬景礼恭敬地弯了弯身便退出去，任凭房间里持续发出重物落地的敲击声，家具损毁的撞击声。

望着满屋狼藉，姬景礼的胸口剧烈起伏着，眼中透着瘆人的戾气。他无法令自己从这样简单的破坏中得到满足，颤抖着从西装口袋中掏出手机，拨通了一个号码。

“我的耐心有限。”姬景礼勾起嘴角，以与暴行截然不同的温文尔雅的语气与对方说道，“让你接触时意时已经说得很明确，放手去做，还有，最好不要令我失望。”

一切姬时意想要得到的东西，他都会不遗余力地亲手毁掉。为了增加乐趣性，必然要在毁掉前让姬时意更加在意，在意到不行。父亲是这样，猫是这样，月茹也是这样……

姬景礼要从姬时意手上夺走每一件东西，欣赏他每一次的崩溃。

短暂的七天假期结束，学校还没开学，俱乐部已开始为最后一场资格赛进行准备。经过大半年的常规赛，W飞行俱乐部积分排名靠前，不出意外便能成功进入亚洲预选赛，从而登上国际的舞台。

看着一切都进入了正轨，突然平地一声雷，炸得众人里焦外嫩。

季风的官微更新了一条消息：愿作比翼双飞燕，只羡鸳鸯不羡仙，恭喜老板喜提女友一位！

配图是姬时意与君毅在山顶用飞无人机拍的合影。

刚被黑了与嫂子有染，现在又官宣与旗下飞手的恋情，姬总的感情波动是不是太频繁了一点？

有网友愤愤然在官微下评论：难道长得帅又有钱就能为所欲为？

很快，这条评论被博主置顶。

因为季风的大老板本人对此进行了回复，姬时意只写了一个字：能。

顺着回复，网友点开姬时意嚣张的个人微博，新加坡金沙酒店、三亚亚龙湾、巴厘岛阿贡火山、九寨沟镜湖……各类名胜以独特的飞行视角展现在眼前。短短几天的假期，长得帅又有钱的姬时意带着女朋友和无人机摆拍出了一整套国家地理杂志。

无论做产品还是谈恋爱，都轰轰烈烈嚣张狂妄。公众人物做到这个程度，媒体对姬时意真是又恨又爱。

很快，君毅的身份也被挖了出来——世界竞速无人机锦标赛个人积分国内排名第一的女飞手。各大媒体顺便也把竞速无人机科普了一遍，加上几段宛若星球大战的比赛视频，吃瓜群众纷纷路转粉。

季风顺势推出粉红色的FPV眼镜，兼容一机双镜模式，广告语就叫“带着你的她一起飞”，官网预订瞬间爆棚。

“毅哥，这是真的吗？”

当事人一到俱乐部，就被队友团团围住，个个激愤不已。

“队长你被骗了！”

“一定是姬时意威胁队长。”

“为了俱乐部，毅哥牺牲太大了！”

“就算为毅哥负伤，也不能让毅哥以身相许啊！”

“毅哥，原来你喜欢的是男生！”

眼看场面就要失控，君毅连忙说道：“是我打赌输了，就被公开了。只是没想到，公主下手那么狠。”

这架势，姬时意恨不得向全宇宙进行爱的广播。

“什么赌？”众人好奇追问。

“时意公主说他家有大公园，我不信，毕竟是市中心嘛，寸土寸金。后来，你们都看了……”

后来公主用实力证明，整个世界都是他家的公园。这一口狗粮塞得众人猝不及防。

“所以，你们是真在一起了？”

君毅点了点头，脸颊绯红，露出罕见的娇羞姿态。

大男孩们突然不说话了。他们终于意识到，最可靠的飞行队长，勇往直前的俱乐部主力，其实也只是个二十出头的姑娘。现在她恋爱了，甜蜜又美好，宛若一颗剥掉外壳的荔枝，细嫩而水灵。

“春天到了啊！”有人感叹了一声，“散了吧。”

“君君，”聂倩倩神情严肃地叫住君毅，“我们谈谈。”

君毅被叫进俱乐部的办公室，聂倩倩顺手关了门，皱起漂亮的眉。

“为什么不和卫之去 M 国？和卫之在一起不是君君你想要的吗？”

“我想要的是飞竞速机。”君毅认真而无保留地回答，“我很感激卫之哥一直以来的帮助，他拯救我的童年，把我领进无人机的世界，可是这次我想自己选择未来的道路，以及陪我一起走的人。”

“姬时意非良人。”聂倩倩斟酌用词，“君君，与其浪费青春在姬时意这样的人身上，不如去寻找更好的。”

“我没打算浪费青春在谁的身上。”君毅的黑瞳里仿佛有跳动的星火，灿烂而炽热，灼得聂倩倩不敢直视，“我喜欢姬时意，我也喜欢喜欢姬时意的自己。倩倩姐，我不想变得和你一样。”

聂倩倩一怔，脸上掠过一丝不易察觉的慌张。她还想说什么，就被风风火火冲进办公室的小 Z 打断。

“毅哥！龚鸣哥从日本发来贺电。”小 Z 刷到龚鸣的信息，学着他的语气大声说，“毅哥你上当了，姬时意只是在利用你！”

龚鸣说姬时意坏话不是一两天了，钢牙少年从未弄懂他为何总对金主抱有根深蒂固的敌意。

“哈哈哈，你别在意，龚鸣哥说笑呢，他说过两天就回来。”小 Z 咧嘴笑，“走了走了，训练要开始了。”

君毅与欲言又止的聂倩倩告别，顺手扎起披在肩头的长发，跟着小 Z 下到了一楼。她边走，边摸出手机，屏幕上闪烁着姬时意的留言。

“训练结束我来接你。”

“好的公主，等会儿见。”君毅回了条消息过去，走去场边交了手机。她戴上 FPV 眼镜，遮去飞扬的神采，甜蜜感却从她翘着的嘴角泄露无遗。

另一边的情况却没有那么甜蜜。

“老板！请你认真点！”Eva猛拍了下姬时意面前的桌子。

季风紧急会议上，一众管理层火烧眉毛，姬时意竟还有心情与女友调情，也只有Eva敢对他大呼小叫。

“淡定。”姬时意收了手机，靠在了椅背上，“官司而已。”

季风没少打过官司，但这次不一样。M国天际线SkyLine依据《M国关税法》第337号条款，指控季风及国内多家无人机产商对M国出口销售的无人机产品，侵犯了SL在M国注册的多旋翼飞行控制器专利。

337号调查实际是以专利和知识产权保护为由，设置的贸易壁垒。海信、联想、OPPO都被使过绊子。若不应诉或败诉，M国贸易协会就会立刻下达排除令，全面封杀季风甚至中国企业出口的同类产品。

“不要脸！”某季风高管怒拍桌子，“我都查过了，明显是买了和咱们差不多的技术，故意坑我们。”

年纪大一点的则眉头紧皱：“现在两国贸易摩擦严重，M国国际贸易委员会肯定用显微镜来看待中方企业问题，SL这个时间搞事是趁火打劫！”

“不怕！就算摆在显微镜下，这场官司季风也可以打赢！”

“而且，季风不应诉难道让其他几家小厂出面应诉吗？虽然他们都是抄袭季风被连坐的。”

“这事得周全考虑，一旦败诉，季风将损失目前70%的销量。”

会议室乱成一锅粥，相比于其他人的神经高度紧张，姬时意可谓是神清气爽、满面春风。

“老板，你怎么说？”Eva问道。

无论季风的高层，甚至股东有什么意见，都不及姬时意的一句话。他手里握着59%的股份，是季风的独裁者。

“与其费力应诉，不如把时间和精力放在新产品开发上。”姬时意似乎早有决定，“337 号调查即使颁布排除令，也只是针对现有的产品。季风只需采取规避策略，在排除令发布之前将产品优化就行了。”

“小季风北美订单破十万，现在仓促更改生产线成本会更高的。本来就是卖一台亏一台，现在卖一台亏一箱。”Eva 提醒他，“说不定这就是 SL 的阴谋，利用诉讼和订单交付期限，让季风周转不灵。而且，现在 337 号针对的是小季风，下一次呢？只要两国贸易摩擦不结束，SL 会不断发起对季风新产品的调查，直到搞垮季风。”

姬时意垂下眼，没有反驳。绕开调查令并不是治本的策略，他必须想出彻底化解之道，同时改造现在的产品线。

“要不，我们把订单撕了吧？”有人小声提议。

“要不，我们把你撕了吧？”姬时意凉凉地瞥他一眼，“季风绝不毁约，这是中国企业对外经商的底线。M 国人订了多少货，我就发多少。”

姬时意未免太过乐观了，大冬天的一屋子人的汗都要滴下来了。

“老板……”财务总监颤颤巍巍地举手，“老板，我们现在的资金恐怕难以开发新品。上一轮融资的几家，第二阶段的资金迟迟没有到位，而且……短时间也没有其他融资机会。”

姬时意眼皮一跳，他早就知道不可依靠资本，那些人随时会在关键时刻背信弃义。

但姬时意脸上没有露出任何顾虑。

他懒懒一笑：“缺钱？简单，先开源节流，比如厕纸我觉得没有采购必要，都自己带吧，和 W 俱乐部的合同暂时中止，所有不必要开支全都砍掉，另外非研发岗位上半年减薪 30%。在座的，如果觉得自己对公司没有什么贡献，也请把自己节流掉。”

这下会议室的气氛更加凝重，即使是先前有怨言的人都噤若寒蝉。

姬时意却姿态轻松地靠在椅子上，就差把脚也跷起来了。

“开玩笑的，钱的事当然不用愁，你们以为我是谁的儿子？”

听他这么说，众人顿时松了口气，毕竟老板是富二代背景，姬家的房地产业如日中天，就算平日里家庭不和，姬时意若能低个头，姬家给钱救急也是人之常理。

只有马助理和 Eva 依然脸色铁青，他们知道姬家人不落井下石已经是良心发现，绝对不会出手相助。姬时意这么说，只是安抚人心。

“老板，前台说有位卫之先生来找您，没有预约，要见吗？”助理小妹敲了敲会议室的门。

姬时意挑了挑眉，露出兴味：“见。”

马助理看得懂眼色，天大地大，不如老板见情敌事大，况且现在老板正因恋爱 buff 加成处在满血满魔状态，没道理不狠狠扳回一城。他立刻把公事放到一边，宣布散会。

可没想到，对方却是为了公事而来。

两人在姬时意的办公室刚坐下，卫之便开门见山。

“姬总，我代表天空线 SL 公司，前来和解。”

姬时意面前的男人身着笔挺的深色西装，头发一丝不苟地梳在脑门后，看起来颇有华尔街精英的风采。他自信而从容，仿佛这样的打扮才是本尊。怪不得君毅见了会有生疏感，那种沉浸社会多年的商业气质，与学生时代的儒雅有着天壤之别。

“我以为，卫先生是赴 M 国求学的呢。”

“导师是 SL 的大股东之一，我现在为他工作。”

“明白了。”姬时意略带讽刺，“原来是这样的机会让一代竞速机大神放弃了亲手创立的俱乐部。”

“人不能活在理想里。”卫之不介意地笑了笑。

突然间，姬时意为先前自己的郁闷和纠结感到可笑。早知卫之是这样的人，他怎么可能把君毅交还回去。

“说吧，SL 想和我怎么和解？”

科学技术发展到现在，就无人机的硬件来说，每个厂商都差不多。竞争的关键，在于软件和创意。就好比闭源的 iOS 系统，数十年来令苹果公司的产品立于不败之地。SL 想要季风的飞行控制的整套算法，包括“凝视”，那是季风商用无人机技术的核心。

“SL 能给予季风最优的收购条件，未来季风将成为 SL 的一部分，继续开发自己的产品。同时，M 国国际贸易委员会也会立刻撤销 337 号调查案。姬总，你会感谢 SL 的。”

“我要感谢你们的趁火打劫？”姬时意冷笑，“卫先生既然也是玩无人机的，就应该知道小季风与 SL 商业机在飞控上的差别之处。官司打起来，季风不一定会输。”

“但也不一定会赢。”卫之推了推金边眼镜，镜片上折射出冰冷的光，“据我所知，第一批出厂的小季风使用的是巡风芯片组，自动避障、智能导航一应俱全。而这些，全都违反世界竞速机锦标赛的基本规则。”

姬时意心下一沉，面上不动声色：“我怎么会违反规则呢，小季风明明都没有智能模组的。”

卫之一笑：“利害关系，我已经说尽了，姬总面对的选择题很简单。”

“小孩才做选择题。”姬时意站起身做了一个请的手势，“请回吧卫先生，务必转告 SL，季风就算只剩下一堆废墟也得姓姬。”

原本以为老板会将前情敌嘲讽一番，没想到从办公室出来的时候，姬时意脸色更差了。

“即日起解除季风与俱乐部的合同。”姬时意想了想，“手续尽快办理，明日在官网公告。”

马助理不敢相信自己的耳朵，老板又被情敌气坏了？打算和君小姐一刀两断？

君毅结束训练前一个小时，姬时意已经到了俱乐部门口。他没去飞场观望女友，而在俱乐部门口给卓凡打了个电话，让人去接驾。

卓凡匆匆赶来的时候，看到就是这般景象。

手臂还绑着吊带的大老板，将西装外套披挂在肩，戴着墨镜，叼着笔盖，以单手在粉丝们的本子上落下一个个鬼画符的签名。一身的桀骜，因高颜值加成，让他看起来仿佛是大明星那般光彩照人。

姬时意朝他扬起自负的笑。

“我说过总有一天国内的无人机玩家都会崇拜我，现在距离我说那句话不过半年。”

姬时意的狂妄傲慢到底是怎么来的，始终是一个谜。然而，当卓凡听他说了季风目前的情况，以及与俱乐部解约的真实原因后，真心感到姬时意在这般逆境中还能保持一如既往的嚣张，的确是个人物啊。

卓凡递给姬时意一支烟，问：“这事，你和君毅说过吗？”

姬时意轻轻呼出一口，缭绕的白雾里看不清他的表情。

“还没。”

“君毅如果知道会怎么样？”

“她会把我过肩摔扔出去。”姬时意很有自知之明，“不过她也没办法，最后还是会接受的。即使没有季风，你们也可以继续比赛，不影响她追求胜利。”

对于君毅和姬时意官宣的恋情，聂倩倩相当反对，直男卓凡倒觉得还好。用一种现在非常流行的说法，卫之和君毅缺乏CP感，互动时的能量一边倒。而姬时意和君毅彼此信任彼此照拂，尽管有时互不相让，到关键时刻，他们却是可以背靠背作战的伙伴。

“卓教练，我一直很好奇。”姬时意夹着烟笑了下，“没有投资人的时候，你是如何养活俱乐部的？”

“偷偷养的，险些入不敷出。内人曾威胁我，如果再在俱乐部上花钱，就和我离婚带着囡囡回娘家。”

“师母吗？”姬时意低笑，“久仰大名。有孩子也不错，你说君毅什么时候肯给我生孩子？”

“什么生孩子？”君毅悄然无声地站在门口，瞧着办公室里吞云吐雾的两人，探头问，“时意公主，早来了怎么也不叫我？”

姬时意赶忙把烟灭了，给卓凡使了个什么都不要说的眼色，单臂一搂将君毅带了出去。

“听说你给粉丝签名时乱写留言。什么永结同心、百年好合、有情人终成眷属、爱就人胆表白？”君毅扯了扯他的手臂吊带，“玩无人机的大多单身，这不是刺激人吗？时意公主，你是手臂受伤，还是脑子受伤？”

“你说呢。”姬时意反问，“难道你不想和我永结同心、百年好合？”

“想啊。”君毅扬笑。

少女眼中的理所当然让姬时意一窒，她的坦白和率真每每令他无从招架。

“如果我……”姬时意看似不经意地问，“如果我一无所有，你会离开吗？”

“不会。”君毅不假思索，“而且，我才不会让你一无所有，我会保护你的，公主。”

她捏了捏姬时意挂着吊带的手，轻轻地与他相握：“等我拿到锦标赛世界冠军，我就能养你了。”

自从进了姬家，姬时意就知道，物质的富足并不能弥补内心的空虚。而此刻，君毅有些天真的承诺，却令他有了一种什么都拥有的释然。仿佛整颗心都填满，快要溢出蜜来。

“君毅，这就是你不对了。”姬时意勾着嘴角自负地说，“也要考虑下其他飞手的感受吧，你都有这么一个身价上亿又帅气体贴的男朋友了，还要和他们抢冠军。”

君毅眨了眨眼，突然凑近伸出舌头，亲昵地舔了舔他的脸。

姬时意呼吸一紧。

“别闹。”

丁香小舌舔了舔红唇，君毅回味着方才的触感：“我就尝尝你的脸是什么东西做的，怎么这么厚？”她一定不知道她这样有多勾人。

“再尝尝？”说完姬时意一弯腰，就将小猫拥在了怀抱里，任她慢慢品尝。

寂静的走道里，只剩下两人缠绵的气息。烂漫的夕阳从窗子外探头张望，立刻变得绯红而羞涩。

等到君毅得知俱乐部与季风解约的消息，已经是第二天。队员们似乎没有太惊讶，显然只有她一人是才知道的。姬时意为了躲过那记过肩摔，连夜跑去了日本。

“教练，为什么？”君毅不敢相信。

“对外的口径是季风遇到了财务危机，需要缩减开支。”

“怎么可能？”

“其实是季风和 SL 之间有摩擦，SL 是锦标赛独家赞助商，他不想让商业上的矛盾影响到俱乐部的比赛。毕竟，小季风是触犯大赛规则的。”

君毅心中一沉，又立刻辩解：“小季风在比赛中并没有任何犯规，飞行器真有智能避障也根本没启用啊，我是飞手，我知道的。”

“可是赛事委员会不知道。”卓凡严肃地说，“这事情谁都说不清，就怕被有心之人泼脏水。君毅，姬时意在保护你，也在保护俱乐部。”

第二天，俱乐部搬了个空，飞手们又降级为游击队员。大赛在即，训练不能停，大家筹出一笔钱用来租借场地和维护设备，卓凡想都没想又搭上了年终奖。

君毅心里不太舒服，而更令她不舒服的是其他俱乐部投资人的到访。他们听说了季风不打算应诉，个个发愁。

“季风为什么不应诉？不是大厂吗？”

“姬时意有钱更改生产线，我们可是要赔本了啊。”

337号下达的封杀令不光针对季风的产品，而是中国境内相同规格的所有无人机。那些曾经抄袭季风的小厂，马上就要付出代价。因此，他们全都希望季风能够应诉并且胜诉。

“君毅，拜托你帮我们求求姬总。”雷霆的投资人诚恳地求她，“本来靠着出口还能赚点钱，姬总不应诉就等于败诉了，我们怎么办啊？”

卓凡朝君毅摇了摇头。

君毅将帽檐拉下，遮住了眼睛：“抱歉，我说服不了姬时意。”

君毅从未涉足姬时意的商业战场，姬时意也无法戴上FPV眼镜跟随她的速度，两人相爱，却并不拥有同一片天空，如今她能做的就是支持他而已。

“怎么可能，你们不是恋人吗？”那人抓着君毅不放，“女朋友都说不上话吗？他真的是在和你谈恋爱？不管同行小厂也就算了，怎么连女朋友所在的俱乐部都不管了呢？”

“够了。”小Z前来赶人，“自己心里有点数吧，若不是山寨季风的无人机，现在着什么急？”

飞手们将君毅与人群隔开，将她保护起来。

卓凡出面轰走了那些人，拍了拍君毅的肩：“别有压力，这事和你无关，好好训练准备比赛。”

事情并未就此好转，没能成功从君毅这里讨到说法的众无人机厂商，开始在微博上制造声势。

由于姬时意之前的狂妄和嚣张，一时间转发、评论飙升，“季风不应诉”竟然成了热搜话题。

网络上某组织有意图地引导，令大家都忘记了，季风到底面临了怎样的困境，网友们只看到作为商人的姬时意为了利益，不愿代表国内无人机行业，正面应对M国国际贸易委员会的调查。

君毅刷着微博，知道姬时意一定也看到了，因为姬时意把与自己有关的微博全部删光，季风官微也删掉了那条“喜提女友”的内容，并且不发一言。

他在忍耐。

君毅试着打了几次姬时意的电话，都被挂断，随后收到一条微信：“很忙，等会儿说。”

在联系不上姬时意的短短二十四小时里，君毅焦虑不安，最后试着拨了一个号码。也不知道对方是不是还愿意和她讲话，毕竟过年前，她已经冲动地跑去广州，与卫家撇清了关系。

“卫之哥，我有件事不知道怎么办好，想请教你……”电话被接通，害怕对方会挂了一般，君毅一股脑地将事情倒了出来，好半天没有得到回答，她追问，“卫之哥，你在听吗？”

“在。”卫之轻笑出声，“在听。”

“你笑什么？”

“很高兴你能找我商量。”他的声调一如往常的温和有礼，在君毅看不见的地方，脸上早已露出克制不住的狂喜，甚至握拳朝半空兴奋地挥舞。姬时意没有告诉君毅卫之的身份，而现在，一无所知的君毅又给了他绝佳的机会！

“君君，你知道姬时意不应诉的理由吗？”卫之按捺住窃喜问道。

“我听卓教练说过，姬时意是不想连累俱乐部。”

“只是不想连累俱乐部的话，终止合同就可以了。姬时意到底是在做什么，再好好想想。”卫之深知自己对君毅的影响，刻意引导她一定会走向他希望的方向，“君君，如果姬时意本打算应诉，却受到了其他方面的牵制呢？”

收购季风遇到的最大问题，是姬时意仍打算放手一搏。卫之不知道姬时意的底牌。唯有让他自愿站在被告席上，SL才能得手。

事情就是这么简单，在M国的法庭上，一切都会变得简单。

“有什么能牵制他的？姬时意就是个自大狂。”君毅不解地说。

“据我所知，有的。君君，想想他最在乎的事。”

最在乎的事……

一幕幕与姬时意相处的美好画面从君毅眼前闪过，不可一世的他、脆弱柔软的他、在工厂房顶坍塌前不顾一切扑来的他……

君毅终于明白了姬时意不应诉的理由，若应诉，他必须向世人阐明初代小季风的性能与SL的飞控的区别。然而，一旦公布细节，使用小季风飞参加比赛的君毅就完了。她会因为重大违规被禁赛终生。

“牵制他的人是……我？”

卫之的眼里冒出精光："正是如此，现在的问题就是，你是否能为姬时意放弃比赛。只要你放弃了今年的比赛，姬时意就没有顾忌，按他的性格，不与 SL 斗个你死我活是不会松手的。到时，姬时意无论输赢都会成为国内无人机行业的英雄人物。"

君毅心中翻滚着混乱的思绪，原来，她和姬夫人一样，成了姬时意必须忍耐的原因。姬时意爱母亲，愿意忍受姬家的一切，因为他的母亲需要生活在姬家，而姬时意也爱她，所以在 M 国人不公平的诉讼中选择避让，让她能够继续在天空赛场飞翔。

一小时后，君毅召集了所有飞手。

"各位，我想以俱乐部队长的身份，向大家宣布一件事。"

"队长不是在日本吗？哈哈哈！"

笑声戛然而止，每个人都意识到问题的严重性。他们的队长露出以前从未出现过的严肃表情，目光灼灼下定了决心。

"我打算退出下一场资格赛。"君毅说道，"俱乐部将放弃这个赛季的锦标赛。"

"什么？"小 Z 第一个跳起来反对，"毅哥，你不想赢了吗？还有一场我们就可以出线参加国际赛事，与一流飞手较量不是我们的理想吗？"

君毅没有理会，只在可达鸭不敢相信的视线中，心虚了一下。她安慰自己，还有来年的，等来年俱乐部还能参加新的赛季，只是姬时意和季风等不了。

"倩倩姐，拜托你了。"君毅当着所有飞手的面，交出了退赛申请表。

聂倩倩不敢去接："君君，卓凡今天不在，你要不要和他先商量一下？"

"不用。"君毅直接把退赛表塞在了聂倩倩的手里，"就当是我的任性，我想为姬时意做一点什么，而不是成为阻碍。”

“队长，龚鸣哥怎么说？”有飞手质疑。

“他会支持我。”君毅回头，肯定地说。

与此同时，龚鸣打了一个喷嚏。

“谁在想我啊？”他摸了摸鼻子。

“肯定是你的粉丝呗。”丽佳揶揄他，“龚鸣啊，你凭借短视频的流量，以后不做飞手，做网红也可以的。”

“闭嘴吧丽佳，赶快拍好照走了。”

他们走在东京歌舞伎町，清晨的歌舞伎町少有游客，空荡荡的巷子蒙在水雾中，令人看不到全貌。手机国际流量用完的龚鸣，这几天完全与世隔绝，浑身都不舒服。当然，如果他看到手机上小 Z 发来的君毅要退赛的信息，一定会更不舒服。

“哎，时意公主？”丽佳突然指向小路一侧，“啊，边上的是杨月茹？这两人怎么又同框了？哎哟，他要走过来了！”

下一秒，龚鸣拉着丽佳躲进了小巷。歌舞伎町的巷子太过狭窄，仅能通过一人，他们两个只能紧贴在一起。

“你干吗？”丽佳抱怨着，“和服的清洗费很贵的！”

租借的和服厚重而华丽，让丽佳行动迟缓，此刻她整个人都倚靠在龚鸣胸口，少女抬手推阻龚鸣，馨香不断扑面而来。

“别动！”

龚鸣的喉结上下滚动，非常不自在。这几天的相处让他清楚地意识到青梅竹马的丽佳早已出落成漂亮而精致的女生，稍加打扮就能吸引众多男性的目光，也包括他。

有什么东西，在两人之间慢慢发生了变化。

“叫你别动。”龚鸣不得不抓住丽佳的手腕，“看姬时意在干什么，他才刚刚官宣了和君毅在一起。”

两人偷偷探出头去，眼前的一幕让龚鸣怒不可遏。杨月茹依偎在姬时意身旁，姬时意毫不避嫌，任凭她拉着。

啊，这家伙，果然是骗了君毅！渣男！

“喂，你要干吗？”丽佳拉住龚鸣。

“我要去揍他！”

然而，很快就有人替他那么做了。

从车上下来的男子，不由分说地朝着姬时意的脸挥去一拳，姬时意猝不及防跌倒在地。

“景礼，别这样。”怀着身孕的杨月茹挡在两人之间，“时意这次是真的知道错了，他会向你道歉的。”

“我道歉。哥，我错了。”

姬时意跪在原地，尚未痊愈的手臂挂在胸口，嘴角渗出血丝。他的狼狈完完全全落在了龚鸣的眼中，他不再是高高在上的无人机霸主，不再狂妄不可一世，只是一个被打了也不敢还手的普通人。

姬景礼的脸上露出高深莫测的笑容：“看来，你知道了。”

“是，姬氏阻断了季风所有的资金来源，收买胡超群破坏巡风发布秀，一次次操纵利达资本试图收购季风股份，甚至在我身边安排奸细，与胡超群里应外合几乎毁了小季风的比赛。这一次，甚至胁迫季风的投资人延缓第二阶段的款项。”姬时意态度卑微，但说出的每一个字都充满力量，这便是姬景礼最忌惮的反抗，“哥，这些我都知道了。”

姬景礼慢慢俯下身，凑近他垂着的脸，噙着冷笑。

“我的弟弟果然聪明。我早就说过，你在乎的所有东西，我都要毁掉。

我知道你想从我这里讨钱，可是我一个子儿都不会给，我要看着你辛辛苦苦搭建起来的小城堡，毁于一旦。”

“很可惜，有人比你快了一步。”姬时意抬起头，目光灼灼地盯着姬景礼，“SkyLine 能比你先一步，从我这里抢走季风。得不到的东西，也就谈不上销毁，对吧，哥？”

瞬间，姬景礼面孔扭曲：“你想把季风卖给 M 国人？”

“没有办法，季风没有钱了，即使想改造生产线规避排除令也来不及，不得不接受 SL 的并购方案，毕竟我还有那么多员工要养。”姬时意迎着兄长阴冷的目光，毫不躲闪，“哥，你会给我钱的，毕竟这是你从我手中夺去季风的最后机会。否则，你就永远也得不到了。”

回应他的，是姬景礼又一记重拳。

他无名指上的戒指，再次在姬时意的脸上落下一道口子。凶残的野兽不再控制力气，将姬时意狠狠击倒后，抬脚向姬时意受伤的手臂用力踩去，一下又一下，还未复原的骨头发出可怕的断裂声。

姬时意却一声不吭，一如每一次被虐待时的忍耐，只是弓起身体护住断骨。姬景礼气得红了眼，猛地向他胸口踹去。

“够了景礼，你会打死他的，够了！”

月茹尖叫着冲上前拉住姬景礼，但红了眼的姬景礼哪里控制得住暴行，他随手一挥，打在月茹的腹部，力量之大立刻让月茹惊恐地向后倒去。

“夫人！”司机从车里冲了出来。

可一切都来不及了，仿佛慢动作，怀有身孕的杨月茹重重摔倒在地，她捂着肚子发出悲鸣。

姬时意费力地翻了个身，胸痛难忍，模糊的视线中，兄长已抱起月茹匆忙地坐车扬长而去。

"时意公主！"丽佳从藏身处奔了出来，"你要不要紧？我帮你叫救护车。"

龚鸣从来没见过那么狼狈的姬时意。他们只对视了一眼，龚鸣便不自在地撇过头去，他心跳得很快，似乎不习惯看到这样狼狈的姬时意。

"救护车就不必了，我只坐C级以上的豪华车。"姬时意在丽佳的搀扶下，捂着胸口从地上站起来，"刚才的事，不准说出去，嗯？"

眼看姬时意要走，龚鸣挡住他的去路："姬时意，你到底在干吗？季风是不是没钱了，要倒闭了？"

"算了，龚鸣。"丽佳拉着他，"别人的家事。"

"不能算了。"龚鸣不肯妥协，"我不能把君毅交给这样的人！"

姬时意终于正眼看了看龚鸣，懒懒地解释："季风遇到了危机，的确需要很多钱，不然我怎么养员工，怎么养俱乐部？我哥多的是钱，他又喜欢从我手上抢东西，所以我就给了他机会。"

"你打算……"似乎是明白了什么，龚鸣不可思议地望着他，"你会失去公司的。"

"少年人，这就是我和你的不同啊，我的赌注一直比你大得多。"姬时意微颤着手从口袋拿出墨镜戴上，遮去脸上恐怖的伤口，仿佛还是那个不可一世的狂妄姬时意。

"嗯？你们在说什么，我怎么听不懂？"丽佳不明白。

"不要告诉君毅今天发生的事。理想这种东西，我没有，不过不妨碍我全力支持她。"姬时意抬起完好的那只手，艰难地拍了拍龚鸣的肩膀，"这是男人之间的约定，说好了。"

告别了两人，姬时意摇摇晃晃地走进一间居酒屋，颤颤巍巍地摸出手机，打通了一个号码。

“老同学，有空出来见个面吗？我知道你也在东京。”

利达资本的年轻 PV 尖叫：“时意，我……我什么都不知道。不是我去威胁其他资方的，季风上次的竞价融资真的得罪了好多人，加上现在外贸局势不稳定，都是你哥哥……没人再敢投季风了。”

还没说什么陈子生就都招了，姬时意心下好笑。

“子生啊，你在上学的时候，是唯一一个在我去姬家前后，对我的态度没有变化的人。以前我曾把你当作最好的朋友，你妈生病，我把偷偷打工的钱给你，你说你以后要赚很多很多钱，帮助所有人。”

陈子生沉默了。

人生就是这样，理想很丰满，现实很骨感。

利达很早以前就是姬家的傀儡。陈子生明白自己的背叛也是姬景礼的计划之一，宁可面对姬时意对他如平日的冷漠和厌恶，却受不了姬时意提起过往。

“姬景礼摒除所有资本，为了让你只能把筹码交给他。”亲情、友情、爱情、理想、信念……姬时意但凡有什么，姬景礼就要夺走什么，陈子生咬了咬牙，“我只能说这么多了，对不起，帮不上你的忙。”

“谁说要你帮忙？子生，你只要按照姬景礼的要求，想尽办法把季风买下就行。我的确需要他的钱来渡过难关。”姬时意风轻云淡地说，“不过，必须将时间拖延一周，能办到吗？”

“你信任我？”陈子生不懂姬时意在谋划什么。

姬时意一笑：“有人告诉我，人和人之间的关系应该是建立在互相索取信任的基础上，我想试试再次给予你我的信任，并且要求回报。”

第十章

/

我把世界赠予你

刚从机场回来的龚鸣冲到了俱乐部。俱乐部大门紧锁，贴着封条。他赶紧给君毅打电话：“毅哥，俱乐部怎么没有人？”

君毅古怪地问：“你去的是外星球，没有网络吗？”

断网好几天的龚鸣，终于问清了情况。他听得鸡皮疙瘩都起来了。姬时意为了君毅舍去了季风，君毅为了姬时意退出了比赛。

“不，毅哥，你不要这样，听我说，姬时意他……”龚鸣突然闭嘴了，他想起姬时意的拜托，无法说出口，“总之，你一定要参加比赛！”

“龚鸣，退赛申请，昨天就送出去了，我亲眼看着倩倩姐交给快递的。”君毅冷淡地说。

龚鸣挂了电话，赶紧打给姬时意，但是姬时意的手机是关机状态。

怎么会这样？龚鸣突然想起一个悲伤的故事。

曾经有一对相爱但贫穷的夫妻，男人有块祖传的怀表没有链子，女人有头海藻一样的长发没有梳子。圣诞节那天，男人卖掉了怀表送了妻子木梳，而女人却早已剪掉了长发用头发换了一条链子。他们都为了对方舍去了最珍贵的东西，到头来什么都没有了啊！

君毅在挂了电话之后，内心涌起了失落。她几乎一个晚上没有睡，一直为退赛的事感到难受。她打算出去走走，换个心情。可等她发现的时候，自己已经站在了俱乐部的门口。

“你是君毅吗？”

突然，有人从身后叫住了她。

对方是一位陌生的女人，看上去年轻、丰韵又有活力。

“你好，我是你们的师母。”女人大方地介绍自己。

“卓教练的……夫人？”

W俱乐部的飞手从未见过师母真身，仅从卓凡教练手机里听到过她著名的河东狮吼。

“我想和你谈谈，君毅，我发现卓凡又挪用私房钱了，本该是给图图报早教班的。要不是我知道你们这个俱乐部，还真以为他在外面养了个人，不，不是一个人，是一群。”

君毅被说得好惭愧，她也是那一群之一，并且一意孤行放弃了比赛。卓教练投在他们身上的钱，预付的场地租借费全都打了水漂。

师母有一种正主的逼人架势，君毅不敢不从。两人走去附近的咖啡店，因为心虚，君毅一路低着头。直到坐到位置上，她才被师母砸在桌上的一袋钱，惊得抬起了头。

周围人指指点点，八成把两人联想成了连续剧里的关系，都等着师母说出“不就是要钱吗，给你钱立刻离开我老公”这句台词。

可惜，师母没有按照套路来，她牢牢握住了君毅的手，说道：“这笔钱给俱乐部做经费，千万不要告诉卓凡，算是我个人投资给你们的。”

“你不是反对教练在俱乐部上花钱吗？”

“以前，我的确觉得他是在无所谓的理想上，浪费时间、浪费积蓄，但最近我突然就明白了。”师母微微一笑，圆润的脸蛋显得亲切又温和。

师母读大学的时候与教练相识，当时她还是个美术生，一架无人机从天而降，两人的姻缘就此开始。毕业后，他们分别踏上了与理想无关的工作岗位。师母从事财务工作，卓教练是做销售的，两人好不容易攒了钱把家养了起来，生了可爱的囡囡，却因为卓教练总拿私房钱给俱乐部花销，天天吵架。

“我曾经的理想是当画家，上了班之后工作忙就不画了。因此，我不理解卓凡，为什么还要在不可能实现的理想上，花费时间、精力和金钱。直到最近，我去看了一次画展。”师母的眼中出现了光彩，那是一种即使身心俱疲被生活压到不堪重负，仍不会熄灭的亮光，“当时我就有一种忍不住想哭的冲动，就像看到了阔别多年的好友。一直以来，我忙着工作忙着家庭，生活越发单调，内心空虚如沙漠，但是看到了这些画，就好像白纸上突然出现了艳丽的色彩。它们在呼唤我，你懂吗？君毅，那一瞬间我感觉自己又活过来了。”

姬时意说过一句话，一个人无论在物质世界里有多强大，都不能代表他内心坚强，真正的强大来自精神世界的富足。

“我决定支持卓凡。”师母神采飞扬，“我不想让他变得和我一样对生活麻木，这些钱你先拿着。不过可别告诉卓凡，不然他准嘲笑我。”

“师母，我不能收这些钱。”君毅又把钱推了回去，“我们退赛了。”

“啊？为什么？”

从师母失望的双瞳中，君毅看到了愧疚的自己。

她做出的决定，原来如此残酷，令所有人的一切努力付之东流。原来选择放弃远比坚持，更令人难以忍受。啊……她后悔了，可已经来不及，也不愿意承认。

师母见君毅脸色不对，赶紧从另一边的座位挪过来，将她搂在了怀里，哄小宝宝一般。

“没事啊君毅，我不问了，你别难过。”

师母的怀抱温暖又柔软，透着一股初为人母的奶香，像极了君毅小时候曾经想要的一切。她陷落在温柔乡里，眼前的蒙眬挡住了视线。忽地，她感觉到滚烫的眼泪自脸颊滚下。

君毅哭起来，哭得不能自已，怎么也停不下来。

仿佛心有灵犀，姬时意的来电也在此刻亮起，清脆的手机铃声将君毅从混沌中敲醒。

“还在生气吗，君毅？”姬时意问，“这么久才接电话？”

“公主，我放弃了比赛！”君毅止不住哽咽。

正走过28层透明玻璃长廊的姬时意一顿。

他位于M国的微R总部，玻璃外观的建筑物群气派非凡。这条连接南北大楼的走廊是姬时意前往战场的最后通道。此刻，一往无前的姬时意，突然停下了脚步，跟在他身后西装革履的下属们，不由得紧张，难道是关键谈判出了差池？

“怎么了？”姬时意沉声问。

君毅断断续续把前因后果告诉了姬时意。姬时意在心中叹了一口气，他做过很多算计，宁可选择将季风拱手让人，也想让君毅的理想高飞，却算不到君毅愿意为了他拔去羽毛。内心柔软而酸甜，就像一杯被太阳晒融化的草莓冰沙，但他同时也知道事出有因。

“君毅，是谁告诉你，退赛能够帮到我？”

“是卫之哥。”

姬时意眯了眯眼。当初，为了不破坏君毅童年的美好，他才对卫之的身份守口如瓶，看来是做错了。

“卫之在为 SL 工作。”

“怎么可能？”君毅瞪圆了眼。

“SL 打算并购季风，卫之找我谈了谈，我叫他滚了。”姬时意轻笑一声，“我猜，他让你放弃比赛是想刺激我，令我怒火中烧毫无顾忌与 SL 当庭对证。但是君毅，我一开始就没打算应诉。”

“为什么？”君毅惊讶出声，“难道你不想堂堂正正地赢吗？”

“赢并不是我的目的。”季风是他可以承担的损失，而君毅不是，“如果说这个世界上真的有什么是我姬时意非赢不可的，那也只有你。”

“可是，我退赛了。”君毅忽然觉得自己可笑，以为下定决心放弃了所有，结果对方并不需要她的勇气，“我是不是做了件蠢事？”

“不是。”姬时意肯定地告诉她，“你为我做的任何事都绝不是蠢事，是你令我相信，付出爱也能得到爱的回报。谢谢你，我收到了，我不会辜负你，不会让你的勇气成为徒劳。”

君毅的眼里又涌出泪来，这一次却不是因为退赛的懊悔。

“你放心，一切都会好起来，我保证。”姬时意郑重其事地承诺。

“君君！”

有人推门从外面走进咖啡馆，是聂倩倩。

总是一丝不苟女神装扮的聂倩倩，此时头发凌乱，膝盖的丝袜钩破了洞，她不管不顾地全力奔跑，用尽浑身解数弥补了错误。

“君君，”聂倩倩兴奋地摇着手里的一张纸，那正是君毅下定了决心要将一切终结的退赛申请，“还没有结束！我把它追回来了！”

姬时意透过手机，听到了君毅兴奋的尖叫，他笑了笑挂了电话，仿佛早就知道故事的结局。在君毅的身边可不止卫之那样的人。

“老板，会谈的时间要到了。”Eva 小声提醒。

一群人剑拔弩张准备打仗呢，姬时意却在一边哄女朋友，他到底心有多大？

“你不懂，”姬时意低头笑着，“每个人都有自己的战场，都有必须一个人单挑世界的时刻，在这个战场这个时刻，只要一点点的鼓励，就会变成巨大的力量。”

“我看不出你哪里受到鼓励了。”Eva 推了推黑框眼镜。

“君毅的存在，对我来说就是鼓励。”阳光照在他俊美的侧颜，他伸手推开了那扇开启征程的命运之门。

不久之后，消息从外媒传来。

微 R 与季风达成了一项重要的战略合作，季风发布面向视窗软件的开发工具包，这相当于把季风无人机的核心飞控技术，免费开放给了全球将近 7 亿微 R 用户。

这股杀敌一千，自损八百的魄力，令 SL 不能再打收购的主意。一来他们无法与季风的新伙伴微 R 抗衡，二来也没人会花大价钱去买一个网上随处可见的开源系统。

对于季风与 SL 的积怨来说，这便是化解的最终之道。

季风的官网随即更新了一条微博：

任何人或团体都无权以国籍限制竞争与创新。中国制造也不会因贸易摩擦，而停下脚步。我们的确在经历前所未有的困境，但一定会如期交付全球所有订单。

请带上理想，起飞吧。

这便是姬时意为季风做的最后一件事，零点过后，他的名字从季风科技的股东中消失。利达资本将委托新 CEO，全权接管姬时意一手创建的公司。

而在交付所有订单前，姬景礼也不敢对季风轻举妄动，给了季风足够的时间恢复元气。这一招以力打力的并购经典案例，在之后的十年里，因其传奇性，不断被人提起。

两天后，竞速无人机世界锦标赛如期在深圳大运体育中心举行。出线热门队伍的 W 飞行俱乐部因与季风的爱恨情仇，特别引人注目。他们也是唯一一支完全由业余选手组成、没有投资人的俱乐部。

在比赛开始前，龚鸣将君毅拉到一边。

“毅哥，我有话要对你说。”

君毅歪头看着戴着口罩的清秀男生：“又有话说？你每次欲言又止的，我都不好意思问。”

龚鸣缓缓解开了口罩，口唇依旧长着水泡，他顾不了那么多了。

“姬时意……他……”龚鸣承诺过姬时意不说出那天的事，但他总觉得应该告诉君毅。现在季风还没传出高层变动的消息，是为了局面的稳定，君毅迟早会知道姬时意因为她已经一无所有。

“你到底要说什么？”君毅催他。

龚鸣一急，口不择言：“姬时意，其实是个好人。”

“哈？”君毅扑哧笑了出来，“真难得你会夸他，我知道他很好。”

“不，不是，我的意思是……”

龚鸣一颤，肩膀上多了一只手掌，手掌的主人正嫌弃地睨视他。

“少年人，遵守约定是做人底线。”

“公主！”君毅兴奋地扑向来人，她力气太大，差点就把满身是伤的男人撞倒。

“我说过，我会赶上的。”姬时意用完好的那只手臂环抱着少女，亲昵地轻吻她的头顶。

忽地，他又被君毅推开了。

“脸怎么回事？还有手臂，不是说快好了吗？”君毅狐疑地望着他，“你明明说是去谈生意的。”

姬时意不自在地挠了挠脸。

“我摔了一跤。”

“是的，姬时意摔了一跤！我亲眼见证！”龚鸣立刻做伪证。

“你们什么时候关系变好了？”

就在这时，体育场内响起了召集飞手的广播，姬时意顺势将君毅往场内推去，并用眼神威胁龚鸣。

“好好比赛，我在看台上。”说着姬时意转身就走。

等在一边的马助理立刻迎了上来。

“这边走，老板。”

“我不是你老板了。”姬时意耸了耸肩。

“哎，瞧您说的，给我发钱的就是老板。何况您一口气给我发了那么多……那么多遣散费。”马助理边说边把看台座位给姬时意擦了一遍，擦到一尘不染这才扶着姬时意坐下，“季风虽然不是您的了，但以后您还会有东风、西风、南风和北风啊。我小马昨天跟着您，今天跟着您，明天的日日夜夜也跟着您！”

姬时意一笑，矮身坐下。昔日不可一世的无人机霸主，如今戴着墨镜、穿着运动衫，混在普通的观众中。

“老板，您说季风里和胡超群内外勾结的奸细到底是谁啊？Eva 姐留在季风，她可以帮您抓出来，报仇雪恨！”

“重要吗？”姬时意勾了勾唇，曾经锱铢必较的人现在一身轻松。

而有一个人，此刻却绷紧了神经。

聂倩倩坐在体育中心的咖啡店里，优雅地托着手机。从微微发颤的手指可以看出，她并不像表面那么平静。

手机另一头的男人，怒气冲天。

“聂倩倩，你太令我失望了！君毅为什么没有和那个人去M国？”

“在我看来，姬时意比卫之更适合君毅。君毅选择姬时意，我乐见其成。”

“那我要你有何用？”男人咬牙切齿，“我那么爱你、信任你，到头来你却偏袒姬时意？”

“我没有偏袒姬时意。”聂倩倩凉凉地说，“以前你总说，姬时意的出现害死了你原本就体弱的母亲，所以你要抢走他的东西，让他也尝尝失去一切的滋味。我爱你，站在你这一边，不在乎看到姬时意一无所有，愿意为你与胡超群联络搞垮季风。但君毅是我的朋友，我不允许有人伤害她。”

“所以，你选择朋友而背弃我？”姬景礼嗤笑出声，“你会付出代价的！”

聂倩倩毫不理会他的威胁。

“讲到代价，我得提醒你，我和杨月茹联系过了，问候了她肚子里的宝宝，顺便把我们两个的事，联络的信息、出去玩的照片都给了她。”

“你！”

“姬景礼，你真可怜，口口声声要惩罚破坏你家庭的人，结果你早就活成了自己最讨厌的样子。”

聂倩倩挂了电话，抬起美眸，不加掩饰地看向坐在她对面的魁梧男子。

“赵启峰，你听到了，这就是真实的我，惊不惊喜，意不意外？”她不再甜美，挑眉看的样子甚至和杀伐果断的君毅有几分相似。

王牌学长突然站了起来，转身离去。

聂倩倩笑了一下，泪从漂亮的眼睛里掉落在桌上，她明知道结果会是这样的。没有男人能够忍耐她，没有男人会喜欢真实的她。无论有多少追求者，她都不能满足，因为他们爱的只是她的外表和伪装。

她颤抖着双肩，将脸遮住，生怕妆容毁去，生怕哭声溢出。

“倩倩，喝点热的吧。”很快，王牌学长又回来了，不太好意思地拍了拍聂倩倩颤抖不已的肩膀，又守规矩地坐回自己的座位。

聂倩倩诧异万分，又不敢奢望。

“我很高兴你愿意告诉我真实情况。”王牌学长慢慢地揉着聂倩倩遮住脸的手，“而我也喜欢你原本的样子，一直喜欢。如果你现在没有男朋友，能不能考虑一下我啊？”

“你在说什么？”聂倩倩抬头，不可思议地盯着他。

王牌学长红了老脸：“我说，我喜欢你啊。”

“可为什么……”

“爱情是没有什么理由的，我从第一眼看到就喜欢你了。如果你非要我说个原因，那就是只有你始终知道我的名字。”王牌学长深情地注视着聂倩倩，就像每一次与她的目光接触，“在君毅他们的故事里，我只是个配角，只是个连名字都不被人知道的王牌学长，可你从一开始就知道我叫赵启峰。所以我想啊，只要在你的身边，我们就是自己故事的主角。聂倩倩，我赵启峰，想认真地和你处对象。”

“你是傻瓜吗？明知道我是怎样的人。”

“对啊，因为你也知道我是怎样的人。”王牌学长没有放弃，“给我一次机会，倩倩。”

聂倩倩默不作声，令王牌学长的心脏悬空了半天。终于，她叹了一口气：“好吧，我们就再来打个赌。”

“不不不！”天不怕地不怕的王牌学长露出了惊恐的神情，他记得被速度和旋转支配的恐惧，“我不想再坐过山车了！”

聂倩倩破涕为笑：“这次我们就赌，君毅的疾风是否能带队出线。”

王牌学长如释重负，长舒一口气：“躺赢了！”

旋转，拉升，垂直俯冲！

极速过山车承载着乘客最大的恐惧，360 度连续翻滚，以自由落体的姿态，坠下 38 层楼的高度。

风驰电掣中，人们歇斯底里的惨叫被扯得支离破碎。

只有一个声音冷静而突兀。

听，他在念诗，就是声音抖得厉害。

“多、多少人，爱过你昙花一、一、一现的身影……爱、爱、爱过你的美貌，以虚伪或真……”

“唉，公主不要勉强自己。”君毅握住了姬时意冰冷的手，“你要吐了。”

“不，不……不勉强。”姬时意的俊脸铁青，被风吹得歪到一边，但他仍然一字一句，准确清晰地背诵着，“唯有一人爱、爱你灵魂的至诚，爱、爱你渐衰的脸上愁苦的风霜……”

经过 1 分 32 秒漫长的酷刑，过山车载着魂不附体的众人，缓缓驶入站台。

君毅搀扶着双腿发软的姬时意，挪出车厢。

“不要紧吧，公主？”

“我可以再坐十圈。”姬时意忍住胃中的翻江倒海，挤出绝美笑容，“是不是比卫之厉害多了？”

“公主，你早就把他击败了。”君毅哭笑不得，“放过自己吧。”

“哼。”姬时意傲娇地发出鼻音。

这是媒体公开姬时意离开季风的第一天，君毅还没来得及问清姬时意缘由，就被带到了熟悉的游乐场。他赌气一般，非要证明自己也能在高速的过山车上念诗。

“好了，过山车也坐了，该告诉我发生了什么吧。”君毅追问。

“你说过即使我一无所有你也不嫌弃我的。”

“啊，我当然不嫌弃你，我只想问清楚季风到底怎么回事。时意公主，你能不能正面回答我一次？”若不是姬时意满身是伤，君毅早就使出顺手的过肩摔，“我讨厌被蒙在鼓里。”

姬时意并不是不想告诉君毅整个故事，只是现在还在等待一个重要的消息。

季风的开源不是穷途末路的下策，他借力打力挑衅姬景礼的时候就清楚地明白，自己会失去公司。而他又和世界上每一个微R用户一样，能够得到季风开源的飞控。

即使不再是无人机界的苹果又如何，他可以学习谷歌的安卓，将季风加载到除了无人机的其他设备上。

“先不说季风，我失业了存款不多，不能再随便花钱，以前你送我的领带，放哪儿了？”姬时意撇开话题，笑着看向君毅。

“领带？”君毅一愣，吵架之后，她随手就把绿到刺眼的领带扔了，哪可能留到现在，“我再给你买吧，正好赢了比赛发奖金了。”

“哎呀！”马助理突然指着地上，大声喊道，“这是谁丢的领带，绿得如高山流水又似冬去春来，领带的主人一定俊逸非凡！啊，我知道了，是老板，您的领带！怎么丢这儿了？真不小心。”

姬时意弯腰捡起来，拍了拍上面的灰尘，装模作样地仔细辨认了一番：“没错，就是君毅你送我的那条，来给我戴上。”

两人睁眼说瞎话，明明不是一个色号的绿。见姬时意那么兴致勃勃，君毅又闭上了嘴。

旧伤加上新伤，姬时意的左手根本抬不起来，他已许久没有系过领带。

此刻他像是加冕的帝王，带着至高无上的骄傲，缓缓地朝心爱的女孩低下头来。

“我家狗子要出门时也喜欢叼来项圈，趴在脚边让我帮它戴上。”不远处，Eva 抬了抬黑框眼镜认真地说，“老板真像……唔唔！”

马助理紧紧地捂住 Eva 的嘴：“拜托大姐，看破不说破，懂吗？”

绿色领带的一头被君毅拽着轻轻一拉，姬时意便低着头靠过来。他显然不满足于这样的距离，顺着惯性就要一吻芳泽。

就在两唇即将相触之际，马助理煞风景地叫起来：

“老板，有个叫李砺的投资人打来电话，他说想和您谈谈。妈呀，是东南亚最大的寰宇财团，我们可以东山再起了！”

本书由亦落芩委托长沙大鱼文化传媒有限公司正式授权花山文艺出版社，在中国大陆地区独家出版中文简体版本。未经书面同意，本书的任何部分不得以图表、电子、影印、缩拍、录音和其他手段进行复制和转载，违者必究。